핵 벼랑을 걷다

MY JOURNEY
AT THE NUCLEAR BRINK

MY JOURNEY AT THE NUCLEAR BRINK by William J. Perry published in English
by Stanford University Press
Copyright © 2015 by William J. Perry.

This translation is published by arrangement with Stanford University Press,
www.sup.org.

This Korean edition was published by Changbi Publishers, Inc. in 2016
by arrangement with Stanford University Press through Shinwon Agency Co.

핵 벼랑을 걷다

MY JOURNEY AT THE NUCLEAR BRINK

윌리엄 페리 회고록

윌리엄 J. 페리 지음
정소영 옮김

예순여덟해 동안 함께해온 사랑하는 아내 리오닐라 그린 페리,

다시는 핵무기가 사용되지 않도록 하기 위한 나의 노력을

그만둘 수 없는 가장 큰 이유인

나의 자식들과 손주들, 증손주들에게 이 책을 바칩니다.

이 책을 한국어로 출판하게 되어 정말 기쁩니다.

이 책이 기본적으로 전하고자 하는 내용은 이렇습니다. "오늘날 핵으로 인한 참사의 위험은 냉전시대보다도 더욱 크다." 어느 나라에서나 그러하듯이 이는 한국도 마찬가지입니다. 핵으로 인한 참사는 전 세계 사람들에게 영향을 줄 것이므로 당연히 한국인들도 예외는 아닙니다. 하지만 북한에서 개발되고 있는 핵무기와 그들이 취하는 호전적인 발언과 행동은 특히 남한에 위협적입니다.

나 자신이 핵으로 인한 위험을 줄이기 위해 노력해왔고, 이 책의 14장과 22장에 그 경험을 꽤 자세히 기술하기도 했습니다. 14장에서는 국방장관으로서 북한이 핵무기를 갖는 일을 막기 위해 기울였던 노력을 다루었습니다. 그 협상에는 북한에 대한 위협도 있었고, 그에 북한은 격분했습니다. 그러나 결국 북한은 핵 재처리과정을 중단하고 기본합의문을 위한 협상에 나서는 데 동의함으로써 영변에서의 모든 핵관련 활동은 중단되었습니다.

　장관의 임기가 끝나고 몇년이 지났을 때 클린턴 대통령은 북한의 장거리 미사일 발사실험 재개라는 문제를 해결하기 위한 대표단으로서 정부직위를 임시로 맡아달라고 요청했습니다. 북한이 그런 발사실험을 계속한다는 것은 그들이 핵무기개발을 재개할 것임이 분명하다는 뜻이고, 이는 곧 기본합의를 위협하는 위기가 발생한 것입니다. 클린턴 대통령으로부터 이 문제를 해결하라는 명령을 받고 일본과 남한의 지도자들을 만나러 갔습니다. 세 나라의 지도층들이 승인하는 대북 제안서를 공동작성하기 위한 고위 대표자들을 지정해달라고 요청했습니다. 제안서의 목표는 북한이 모든 위협적인 프로그램을 검증가능한 방식으로 포기하고 우리 삼국과 평화로운 관계를 유지할 수 있는 대안을 제시하는 것이었습니다.

　후에 '페리 프로세스'라고 불리게 된 그 외교 노력은, 우리 삼국의 지도자들이 승인한 후 1999년에 평양에서 열린 회담 당시 북한 지도층에 제시한 제안서에서 정점을 이루게 됩니다. 내가 보기에 그 당시 북한 지도층은 그 제안을 받아들일 용의가 충분히 있었고, 그 생각은 지금도 마찬가지입니다. 이후 북한은 클린턴 대통령, 매들린 올브라이트 국무장관과 함께 논의를 하기 위한 고위 군지도자를 워싱턴으로 보냈던 것입니다. 그런데 합의문에 조인하기 전에 클린턴 대통령의 임기가 끝나게 되었고, 이어 대통령이 된 조지 W. 부시가 북한과의 대화를 끊어버리면서 합의문 작성도 중단되고 말았습니다.

　현재 북한은 얼마간의 핵무기와 상당수의 중거리 미사일을 보유하고 있습니다. 또한 대륙간탄도미사일(ICBM)을 개발하면서 남한과 일본, 미국에 큰 위협을 가하고 있습니다. 두말할 것 없이 우리는 북한과 위험천만한 관계가 되었고 지금 단계에서 열려 있는 외교의 가능성은 10년이나 20년 전에 비해 훨씬 제한적입니다. 이렇게 위험한 지경에 이르게 된 과정을 이해하는 일은 분명 그것을 해결하는 열쇠가 될 것입니다. 이 책이 담고 있는 경험이 그러한 이해에 중요한 역할을 하리라고 확신합니다.

2016년 10월
윌리엄 J. 페리

윌리엄 페리는 높은 지성과 도덕성, 뛰어난 비전으로 놀라운 업적을 이루어냈고, 인류에 대한 확고한 신념을 보여준 훌륭한 인물이다. 핵의 위협을 줄이기 위해 빌(윌리엄 페리)이 요직을 거치며 수행해온 비범한 노력을 기록한 이 회고록의 긴박감 넘치는 이야기에서 그 점을 확인할 수 있다.

빌이 핵안보문제에 관여하기 시작한 것은 1940년대 중반으로, 미 점령군으로 일본에 복무하면서 2차대전의 여파로 발생한 어마어마한 참사를 목격했을 때였다. 일본에서의 군복무에 이어 그는 미 정부의 고위급 안보보좌관이 되었고, 냉전 시의 핵위협을 탐지하는 정찰기술을 개발하는 데 참여했다. 카터 행정부에서는 연구기술 국방차관으로 일했다. 스텔스를 비롯한 첨단기술의 병력증강 씨스템을 통해 재래식 병력 면에서의 소련의 우위를 상쇄(지금도 미군에서 효과적으로 이용하고 있는 그의 '상쇄전략')함으로써 소련에 대한 억제

8

력을 강화했다.

빌은 클린턴 행정부에서는 국방장관으로서, 그리고 이후 트랙 2 외교활동에서는 예리한 분석력과 효과적인 설득력으로 안보를 둘러싼 다양한 이해관계에서 균형을 잡고 성공적인 협상방식을 발전시켰다. 그리고 냉전 이후에는 예전의 적대국들과 군사동맹을 맺기 위한 뛰어난 외교술을 보였다. 유럽에서의 '평화를 위한 동반자관계'가 그 한 예다. 그는 소련이 해체된 후 신생독립국들에 남겨진 핵병기들을 제거하기 위한 넌-루거(Nunn Lugar) 프로그램의 시행을 가능하게 했다. 또한 국제적인 군축방안과 핵물질의 안전을 보장하는 조치를 시행하도록 했는데, 모두 핵안보를 위한 핵심조치들이었다.

빌과 나는 핵무기와 핵분열 물질을 통제하기 위해 함께 노력했고 그 기쁨도 컸다. 지난 10년 동안은 씨드 드렐과 헨리 키신저, 쌤 넌과 함께 주요회의를 수없이 열고 전세계의 주목을 끌 만한 의견들을 발표해왔다. 그러한 노력을 필 타우브먼이 『동반자관계』(*The Partnership*, 2012)에서 자세히 기술하고 있다. 우리는 핵안보라는 궁극의 목표를 위해 필요한 단계적 조치들을 강조해왔다. 쌤 넌이 떠올린 산의 비유에 우리의 그러한 생각이 집약되어 있다. 산꼭대기에 핵무기 없는 세상이 있다. 산 아래 세상에서는 많은 나라들이 핵무기를 보유하고 있고 핵폭탄을 제조할 수 있는 핵분열 물질에 대한 감시가 허술하다. 이러한 세상에서는 핵폭탄이 터져 참혹한 피해가 생길 가능성이 매우 높다. 우리는 세계가 산꼭대기로 올라가는 길로 들어서게 하려고 노력해왔고, 얼마간 나아갈 수 있었다.

냉전이 끝나면서 무기보유량을 엄청나게 감축할 수 있는 분위기가 조성되었다. 현재 전세계의 핵무기 비축량은 로널드 레이건 대통령과 미하일 고르바초프 서기장이 레이캬비크에서 만나 회담을 가졌던 1986년 당시의 3분의 1 수준도 되지 않는다. 하지만 세계는 다시 불안정해졌고, 핵무기가 늘어날 위험에 처해 있다. 이러한 위협에 맞선 우리의 노력과 빌의 헌신은 계속되고 있다. 특히 젊은 세대에게 핵무기의 위험과 사용을 막을 수 있는 방법을 알리는 데 중점을 두고 있다. 빌은 스탠퍼드 대학의 학생들을 위해 혁신적인 핵안보 프로그램을 만들었다. 또한 온라인 과정도 개설해 전세계의 청년들에게 이러한 생각을 전하고 있다.

핵무기로 향하는 흐름을 끊고 다시금 세계를 건설적인 방향으로 이끌기 위한 빌의 여정은 이 책에 생생하게 그려졌고, 그 여정은 아직 끝나지 않았다. 이 여정 내내 그의 곁에는 아내 리가 있었다. 빌과 리가 함께해온 건설적이고 사랑이 바탕이 된 동반자관계는, 위대한 남성 뒤에는 위대한 여성이 있다는 진리를 보여준다. 빌의 여정에서 리는 항상 빌을 지지하며 자신의 목표 역시 성취해왔다. 군은 군인가족들의 삶의 질을 향상하기 위해 그녀가 보인 노력을 치하하면서 메달을 수여했고, 알바니아 군병원의 상태를 개선하기 위해 쏟은 노력에 대해 알바니아 대통령이 마더 테레사 메달을 수여했다.

빌은 공직생활을 하는 내내 미군 병사들의 복지를 위해 헌신적으로 노력해왔다. 그는 사병으로 복무했기 때문에, 각 사병과 그 사병 가족의 복지에 대한 그의 관심은 무척 개인적인 것이다. 군사력과 병사들의 삶의 질 사이의 철의 논리를 인식하고, "당신 부대를 잘 보살피면 그들이 당신을 알아서 잘 보살필 것"이라는 리처드 키드 원사의 조언을 마음으로 받아들였다. 나 역시 해병대에서 복무한 바 있지만, 군복무를 한 사람이라면 누구든 부대가 언제나 우선이어야 한다는 사실을 잘 알 것이다.

군의 주택문제, 특히 군인가족들의 관사가 굉장히 심각한 상태임을 알게 된 후 그가 시행한 조치를 보면 빌이 군인가족의 삶의 질을 향상하는 데 얼마나 온 마음을 다했는지를 알 수 있다. 빌이 군 주택문제를 파악하기 위해 다닐 때 운 좋게도 그에게는 한쌍의 눈과 귀가 더 있었다. 그가 군대를 찾아다니는 동안 부인인 리가 군인부인들과 대화를 나누었으니 말이다. 그렇게 함께 노력한 결과가 바로 기발하고도 참신한 공적·사적 동반자관계인데, 이를 통해 그들은 1996년에 의회의 승인을 받아 군 사택의 질을 획기적으로 개선했을 뿐 아니라 지금도 개선해나가고 있다.

1997년 1월 이임식에서 클린턴 대통령은 빌에게 대통령 자유훈장을 수여하면서 다음과 같이 말했는데, 그는 분명 빌의 그러한 타개책을 염두에 두었을 것이다. "빌 페리는 미국에 있었던 국방장관 가운데 가장 생산적이고 유능한 장관으로 기록되어 마땅합니다."

합동참모본부 의장인 존 샬리카시빌리 장군은 이 걸출한 장관을 이렇게 평가했다.

그래요, 그는 대단한 재능의 소유자입니다. 그래요, 그는 엄청난 에너지로 주변에까지 열정을 전파하는 인물입니다. 자신의 가족을 위해 군대에서 복무하고 있는 군인들에게 말할 수 없이 큰 애정을 가진 것도 맞습니다. 하지만 그는 그 무엇보다 고결한 인품을 지녔습니다. 그는 어떤 댓가를 치르든 옳은 일이라면 꼭 해낼 사람입니다.

국가의 안보를 위해 인생을 바친 빌 페리에게 미국은 신세를 졌다. 그는 전문지식을 갖춘 사람으로서 온 힘을 다해 절대 꺼지지 않을 열정으로 그 인생여정을 계속해나갈 것이다.

조지 P. 슐츠

우리 시대 안보문제에서 가장 심각한 위협은 어느 도시에선가 핵폭탄이 터지는 것이다. 그것이 바로 오랫동안 많은 경험을 한 후에 내가 갖게 된 핵악몽인데, 자세히 얘기하면 다음과 같다…

한 상업동력 원심분리 시설의 은밀한 구역에서 작은 비밀집단이 30킬로그램의 우라늄을 핵폭탄을 만들 수 있는 수준까지 농축한다.

그런 뒤 농축 우라늄을 근처의 비밀시설로 옮긴다. 그곳의 기술팀이 이후 두달간 농축된 우라늄으로 원초적 핵폭탄을 만든 다음, 농업용 장비라고 표시된 커다란 화물상자에 실어 가까운 비행장으로 옮긴다.

민간비행사의 마크가 찍힌 수송기가 상자를 국제공항 겸 물류 중심지로 실어 나르고, 상자는 다시 워싱턴 D.C.로 가는 화물기에 옮겨 실린다.

화물기는 워싱턴의 덜레스 국제공항에 착륙하고 상자는 워싱턴 D.C. 남동쪽에 위치한 한 창고로 배달된다.

상자에서 폭탄을 꺼내 배달트럭에 싣는다.

자살폭탄 테러범이 개회 중인 국회의사당과 백악관의 중간쯤인 펜실베이니아 애버뉴의 한 지점으로 트럭을 몰고 가서 오전 11시에 폭탄을 터뜨린다.

폭탄은 15킬로톤의 위력으로 폭발하고, 백악관과 국회의사당 그리고 그사이의 모든 건물이 파괴된다. 대통령과 부통령, 국회 대변인, 그리고 폭탄이 터질 때 회의에 참석 중이었던 국회의원 320명을 포함한 8만명이 그 자리에서 숨진다. 중상을 입은 사람들이 10만명 이상에 달하지만 사실상 그들을 치료할 만한 의료시설이라고는 없다. 대부분의 휴대전화 중계탑을 비롯한 워싱턴의 전자통신 시설이 작동하지 않는다. CNN은 워싱턴의 참혹한 상황을 화면으로 내보내면서 미국 내 또다른 다섯 도시에도 핵폭탄을 숨겨놓았다고 주장하는 전갈을 받았다고 보도한다. 게다가 그 전갈에 따르면 해외에 주둔한 모든 미군에게 즉시 미국으로 귀환하라는 명령을 내리지 않는다면 앞으로 매주 하나씩의 폭탄을 5주에 걸쳐 터뜨리겠다는 것이다. 10분 만에 주식시장이 곤두박질치고 모든 거래가 사실상 중단된다. 사람들이 주요 도시에서 썰물처럼 빠져나가면서 나라 전체가 공황 상태에 빠진다. 전국적으로 제조업도 중단된다.

더 나아가 미국은 헌법상의 위기에 직면한다. 대통령직은 임시로 상원의장에게 이양되었는데, 폭발이 일어났을 때 그는 매요(Mayo) 클리닉에서 췌장암 치료를 받고 있었으므로 지금 비상계엄이 떨어

진 워싱턴으로는 돌아올 수가 없다. 국방부 장관과 합동참모본부 의
장은 최근의 예산요청과 관련해 증언하러 하원 군사위원회에서 참
석했다가 폭발로 인해 숨졌다…

이렇게 참혹한 시나리오를 상상하는 것조차 견디기 힘들 것이다.
그러나 해야만 한다. 위의 이야기는 단지 하나의 예시일 뿐이다. 테
러리스트 집단이 북한이나 파키스탄에서 핵폭탄을 구입하거나, 고농
축 우라늄을 경비가 허술한 시설에 보유하고 있는 나라들 가운데 어
느 한 원자로에서 핵분열성 물질을 훔쳐냈을 때에도 똑같은 결과가
일어날 것이다.

어느 도시에선가 핵폭탄이 터지는 것이 현실이 될 수 있다. 그로
인해 9·11테러의 사상자보다 백배는 더 많은 사상자가 생길 것인데
도 대중은 이 문제를 그저 막연하게만 느낄 뿐 제대로 이해하지 못하
고 있다. 그 결과 우리의 현 조치들은 심지어 소규모의 핵무기 공격
이 초래할 비극조차 감당할 수가 없다.

우리가 당면한 위험을 대중에게 알리고 그 위험을 줄일 수 있는 조
치를 마련하는 데 힘을 보태기 위해 이 책을 쓰게 되었다. 핵무기가
다시는 사용되는 일이 없도록 해야 한다는 목표를 어쩌다 나의 삶에
서 최우선으로 삼게 되었는지에 대한 이야기다.

내가 겪은 특별한 경험으로 인해 나는 항상 핵의 위험을 첨예하게
의식하고 무시무시한 핵전쟁의 결과를 예상해왔다. 일생 동안 전략
적 핵 선택에 대한 최고 기밀사항에 특별한 접근권한을 갖고 관련 업
무를 했기 때문에 사태를 파악하기에 좋은 지점에 있었다. 그로부터

핵무기가 이제는 우리의 안전을 보장해주는 것이 아니라 오히려 안전을 위협한다는 결론을 내릴 수 있었다. 사정을 아는 내부자로서 이러한 위험에 대해 알고 이해하게 된 것을, 그리고 해가 갈수록 점점 더 커지는 핵의 위험으로부터 다음 세대를 안전하게 지키기 위해 꼭 해야 할 일을 널리 알려야 한다고 보았다.

냉전기간에 거대한 규모로 핵무기를 증강함으로써 세계는 계산착오이든 돌발적이든 핵으로 인한 재앙에 직면해 있다. 내게 이 위험은 절대 이론상의 것이 아니다. 쿠바 미사일 위기 당시 분석가로 일하고 이후 국방부에서 세차례 고위직을 거치는 동안 난 그 재앙과 매일 얼굴을 맞대다시피 했다.

냉전이 종식되면서 핵의 위험도 물러났지만 이제 그것은 더욱 우려할 만한 모습으로 돌아왔다. 21세기에 들어서 미국과 러시아의 긴장관계는 갈수록 심해지고 있다. 재래식 병력이 미국이나 나토 회원국에 비해 현저히 떨어지는 러시아는 안보를 위해 핵전력에 의지하고 있다. 나토가 자신의 국경까지 확장되고 동유럽에 미국의 미사일 방어체계가 들어서는 데에 위협을 느끼면서 러시아는 호전적인 발언 수위를 높이고 있다. 그리고 그 수사를 뒷받침하기 위해 상당한 규모로 핵전력을 증강하기 시작했는데, 차세대 미사일과 폭격기, 잠수함을 비롯하여 그러한 운반체계에 알맞는 차세대 핵폭탄이 그것이다. 가장 우려할 만한 일은 러시아가 핵무기의 '선제 불사용' 정책을 폐기하면서, 핵무기든 아니든 어떤 위협을 감지하기만 하면 바로 핵무기를 사용하겠다고 천명한 것이다. 러시아가 국가안보를 위해 핵무기의 선제 사용이 필요하다고 오판하게 될 우발적 상황에 대한 염려가 커지고 있다.

이러한 위험 외에도 우리는 냉전 시절에는 존재하지 않았던 두개의 새로운 핵위험에 당면해 있다. 인도와 파키스탄 사이에서 일어날 수 있는 지역적 핵전쟁과 앞의 악몽 시나리오가 예시한 핵을 이용한 테러이다.

핵테러의 현실성은 국방부 장관 재임 마지막 해였던 1996년 절감한 바 있다. 사우디아라비아의 미국 항공병 숙소인 코바 타워 근처에서 트럭에 실린 폭탄이 터졌던 것이다. 그 폭파로 19명의 항공병이 사망했는데, 220명의 해병대가 희생된 1983년 레바논 공격 때처럼 테러범이 좀더 숙소 가까이까지 트럭을 몰고 올 수 있었다면 수백명이 사망했을 것이다. 미국은 누가 이 공격을 감행했는지 알아내지 못했지만, 앞서 레바논 폭탄테러 이후에 그랬던 것처럼 미국이 어쩔 수 없이 그 나라에서 군대를 철수하도록 만드는 게 목적이었음은 확실했다.

나는 사우디아라비아에서 미군의 임무가 중대했고 그런 식의 위협 때문에 물러나는 건 중대한 실수가 될 것이라 믿었다. 그래서 사우디아라비아 파드 왕의 협조를 받아, 임무수행을 계속하면서도 우리 부대가 안전할 수 있는 좀 떨어진 지역으로 미 공군기지를 옮겼다. 나는 기지 이전을 공식발표하면서, 새로운 기지는 철통방어될 것이므로 미군이 사우디아라비아에서 수행하는 임무는 어떤 테러 집단도 막지 못할 것이라고 천명했다.

오사마 빈 라덴이라는 이름의, 당시에는 별로 알려진 바 없는 인물이 나의 공식발표에 대한 답을 인터넷 상에 올려서는 사우디아라비아에 주둔 중인 미군에 대해 지하드를 벌일 것을 촉구했는데 나를 겨냥한 위협적이고 기괴한 시도 있었다.

> 오, 윌리엄, 내일이면 알게 될 거네
> 거들먹거리는 자네 형제가 어떤 젊은이를 대면하게 될지
> 어린 녀석이 전쟁의 한가운데로 뛰어들어 웃으면서
> 피 묻은 창을 들고 다시 나오리라는 걸.[1]

5년 후인 2001년 9월 11일에 세상은 빈 라덴에 대해 훨씬 더 많이 알게 되었고, 그제서야 그가 보낸 전갈의 의미를 이해할 수 있었다. 분석가들이 빈 라덴의 테러 집단인 알카에다에 대해 집중적으로 연구하면서, 그들이 천명한 임무 가운데 하나가 단지 수천명(9·11테러의 경우처럼)이 아니라 수백만명의 미국인을 죽이는 것이었고, 이를 위해 핵무기를 손에 넣기 위해 부단히 노력해왔음을 알게 되었다. 알카에다가 핵무기를 손에 넣었다면 미국인을 표적으로 그것을 사용했을 것임은 의심의 여지가 없다.

지금 당장 조치를 취하지 않는다면 앞서 하나의 드라마처럼 보여준 핵악몽은 현실이 될 수 있다. 그 조치들에 대해 다들 잘 알고 있지만, 대중이 이 문제에 적극적으로 나서지 않는다면 그 조치는 시행되지 않을 것이다. 이 책에서 나는 이 위험에 대해 알리고 그런 위험을 줄일 수 있는 조치들에 대해 말해주고자 한다.

우리가 가고 있는, 갈수록 위험해지는 이 길의 방향을 바꿀 수 있기를 여전히 희망하면서, 가능한 모든 조언을 주고자 한다. 그것을

기반으로 대중이 행동에 나서는 일은, 그 위험이 지금 당장이라도 일어날 수 있는 일임을 절실히 깨닫게 되면 가능해질 것이다.

윌리엄 J. 페리

이 책에서 기술하는 사건들은 내가 성년이 될 무렵 시작된 핵의 시대와 그 시대를 형성하고 억제하려는 노력에서 내가 해왔던 역할들, 그리고 핵무기가 오늘날 제기하는 위협과 관련해 어떻게 나의 생각이 바뀌게 되었는지에 관한 일종의 '선별적 회고록'을 구성한다. 너무나 운이 좋게도 수십 년 동안 이 길을 걸어오는 동안 나의 아내, 리가 사랑과 지원을 아끼지 않았고, 세상을 좀더 안전한 곳으로 만들기 위한 나의 헌신에 훌륭한 이들이 함께해주었다. 이들 모두에게 큰 은혜를 입었다. 특히 이 책이 출간되기까지 도움을 아끼지 않은 이들에게 빚을 졌다.

이 회고록과 여기서 나온 교육자료의 출간을 위해 난 핵위협방지구상(NTI)의 후원 아래 윌리엄 J. 페리 프로젝트를 결성했다. NTI의 최고사령탑인 쌤 넌과 조앤 롤핑과 데버러 로젠블럼이 프로젝트에 대한 나의 구상을 처음부터 지지하고 격려해주었을 뿐 아니라 재정관리를 맡아주었다. 또한 그들의 박식하고 유능한 직원들의 도움을 받게 해주었다. 더글러스 C. 그리섬과 엘리자베스 홈즈, 탈린 슈와 조이스 슈 부부, 프레드 아이즈먼, 피치 존슨과 캐시 존슨 부부, 조지프 캠프, 김정과 신디 김 부부, 마셜 메도프, 마크 L. 페리와 멜라니 페냐를 비롯한 창립 공동후원자들의 전폭적 지원이 없었다면 이 프로젝트는 결코 세상에 나올 수 없었을 것이다. 그들의 사려깊은 아량에 진정 감사를 표한다.

또다른 프로젝트의 주요 파트너는 스탠퍼드의 국제안보협력센터(CISAC)와 프리먼 스포글리 연구소(FSI)다. 그들은 연구공간을 내어주고 뛰어난 안보전문가들을 언제나 만나볼 수 있게 해주는 등 협조를 아끼지 않았다. 특히 티노 쿠엘라와 마이클 맥펄, 에이미 지거트, 데이비드 렐먼, 린 이든에게 감사한다.

나아가 스탠퍼드는 이 책의 내용에 기초한 시범강좌를 제공해줌으로써 온라인 교육자료를 개발할 수 있도록 해주었다. 이에 함께해준 스탠퍼드의 교수와 연구원들로는 마사 크렌쇼, 제임스 굿바이, 지그 헤커, 데이비드 헐러웨이, 라비 퍼텔, 스콧 쎄이건, 조지 슐츠, 필 타우브먼이 있고, 초청강사로는 애시 카터와 조 치린치오네, 안드레이 꼬꼬신, 조 마르츠가 있다.

나는 기억에 의존해 이 책을 썼다. 심지어 40년이 지나고 50년, 60년이 흐른 뒤에도 어떤 이야기들은 마치 방금 일어난 것처럼 생생하기만 하다. 그렇지만 내 기억에만 전적으로 의존해서는 안 된다는 것을 잘 알았다. 자신들의 시간과 전문성을 바쳐, 지난 일을 떠올리고 사실확인을 하고 편집하고 문헌적 조언을 해줌으로써 이 회고록의 저술을 도와준 많은 이들에게 깊이 감사한다.

내가 일을 하는 동안 중요한 역할을 맡아준 다음의 사람들, 모두 나의 친구라 할 다음 사람들은 인터뷰에 응해주고 이 책에 기술된 핵심사건들의 세부사항에 대해 의견을 주고 협조해주었다. 애시 카터와 씨드 드렐, 루 프랭클린, 조슈아 고트바움, 폴 카민스키, 폴 컨, 마이클 립피츠, 쌤 넌, 조지 슐츠, 래리 K 스미스, 제프리 스타, 그리고 고(故) 앨버트 '버드' 윌런이 그들이다. 현명하고 헌신적인 그들과 함께 작업할 수 있었던 것은 진정 행운이었다.

이 원고가 신속하게 안보상의 검토를 거칠 수 있도록 지도와 지원을 아끼지 않은 펜타곤의 안보문서검토실 실장인 마크 랭어맨에게도 감사한다.

젊고 뛰어난 네명의 군장교들이 스탠퍼드에서 대학원과정을 밟으면서 사실확인과 자료인용에 큰 도움을 주었다. 로버트 케이 육군소위, 테일러 뉴먼 해군소위, 조슈아 데이비드 와그너 해군소위, 토마스 다우드 해군소위가 그들이다. 사관학교의 최우수졸업생인 그들이 스탠퍼드에서 해낸 작업을 보면 우리 군에 대해 충분히 안심해도 될 것 같다.

프로젝트 초기에 우리는 핵무기의 위험을 어떻게 알릴지를 연구하고 학부생들이 이 문제에 관심을 갖게 할 방안에 대한 조언을 받기 위해 학부생 자문위원회를 조직했다. 그들에게 고무되어 온라인 교육 프로그램을 개발하게 되었다. 클레어 콜버그, 이사벨라 가브로스키, 재러드 그린스펀, 테일러 그로스먼, 대니얼 칼레시, 헤이든 패지트, 카밀 피즈, 라켈 색스, 사힐 샤, 피아 울리히. 우리 프로젝트에 열정과 헌신을 다해준 데 대해 이들 모두에게 고마움을 전한다.

전문기술과 창조성을 갖추고, 대중에게 핵무기의 위험을 알리고 그들을 행동에 끌어들이는 일에 헌신하며 어려운 일을 마다하지 않은 프로젝트 구성원들인 데버러 C. 고든과 크리스천 G. 피즈, 데이비드 C. 페리, 로빈 L. 페리에게 특히 감사한다. 책임자이면서 이 책의 편집까지 맡아준 로빈에게 특히 감사한다. 그의 인내심과 현명함, 편집기술이 없었다면 결코 이렇게까지 해낼 수 없었을 것이다.

신디 킹과 마크 L. 페리가 중요한 법률 사항을 맡아주었다. 에이미 레너트와 필 타우브먼, 린 이든, 데이비드 헐러웨이는 출판편집과 관련된 귀중한 조언을 해주었다. 이 책의 가치를 믿어준 스탠퍼드 대학 출판부의 제프리 번과 이 책이 나오기까지 능숙하게 일을 처리해준 존 페너런, 꼼꼼하게 교정을 봐준 마틴 핸프트에게도 감사한다.

마지막으로 ESL에서 함께했던 전 동료이자 나의 오랜 친구인 앨 클락슨에게 깊은 감사를 전한다. 그는 또한 소설가로서 문학에 대해서도 아주 잘 아는 친구다. 맨 처음 미숙한 원고를 쓰기 시작했을 때부터 내내 내 곁을 지키며 자신의 의견을 로빈과 내게 알려주었고, 그런 논평과 글쓰기에 대한 감각은 물론 실질적인 편집을 통해 더 나은 책이 나오도록 인도해주었다. 반복되는 얘기가 많은 이 책이 앨과 로빈 덕분에 제대로 방향을 잡을 수 있었다. 이보다 나은 편집팀은 없었을 것이다.

목차

ABM	탄도탄요격미사일
ACDA	미 군축청
ALCM	공중발사 순항미사일
AWOL	무단이탈
BMD	탄도미사일방어(비엠디)
CIA	미 중앙정보부
CISAC	국제안보협력센터
CPA	공인회계사
CPD	현위험대처위원회
CTBT	포괄적 핵실험금지조약
CTR	협력적 위협감축
DARPA	방위고등연구계획국
DDR&E	국방 연구기술국장
DMZ	비무장지대
DoD	미 국방부
DPRK	조선민주주의 인민공화국
DRC	국방개혁연맹
ERTS	지구자원탐사 기술위성
ESL	전자씨스템 연구소
FSI	프리먼 스포글리 연구소
GMAIC	유도미사일 및 우주항공정보위원회
GPS	전지구적 위치확인장치
H&Q	햄브레흐트앤퀴스트
HLG	고위전문가단체
HP	휼렛패커드
IAEA	국제원자력기구
IBM	아이비엠사
IC	집적회로
ICBM	대륙간탄도미사일

Joint STARS	통합감시 및 목표공격 레이더씨스템
LANL	로스앨러모스 국립연구소
LMSC	록히드 미사일우주항공사
LWR	경수로
MAD	상호확증파괴
MAED	경제적인 상호확증파괴
MIRV	다탄두 각개유도 미사일
NASA	미 국립항공우주국
NATO	북대서양조약기구
NCO	하사관
New START	신전략핵무기감축협정
NORAD	북미대륙방공군사령부
NPIC	국립사진판독센터
NPT	핵확산금지조약
NSA	국가안보국
NSC	국가안전보장회의
OMB	관리예산처
PFP	평화를 위한 동반자관계
RPV	원격 조종기
SALT I II	1차와 2차 전략무기제한협정
SDI	전략방위구상
SLBM	잠수함 발사형 탄도미사일
START I II	1차와 2차 전략무기감축협정
TEBAC	원격측정과 비콘 분석위원회
TERCOM	지형비교(테르콤)
UN	유엔(국제연합)
UNPROFOR	유엔보호군
USSR	소련

쿠바 미사일 위기

핵악몽

서구의 그 어떤 나라를 향해서든 쿠바에서 핵미사일이 발사되면
미국에 대한 소련의 공격으로 간주하여 전면적인 보복대응을
수행하는 것이 우리나라의 정책이 될 것이다.
—1962년 10월 22일, 전국 방송에서 존 F. 케네디 대통령[1]

나의 서른다섯번째 생일을 기념한 지 겨우 일주일 후인 1962년 어느 아름다운 가을날 전화가 울렸다. 나는 실베이니아 전자방어연구소 소장이었는데, 그곳에서는 소련의 핵무기를 겨냥한 정교한 전자정찰 씨스템을 선도적으로 연구하고 있었다. 난 캘리포니아의 그림 같은 쌘프란시스코만 근처 팰로앨토에 자리 잡은 아름다운 집에서 아내 리와 다섯명의 아이들과 살고 있었다. 남부러울 것 없는 나날이었다. 하지만 그것은 곧 깨질 평온이었다.

전화는 소련의 핵역량을 평가하는 정부 고위급 자문단에 속해 있는 동료인 앨버트 '버드' 윌런에게서 온 것이었다. 역시 30대였던 윌런은 CIA 과학정보국의 역대 최연소 국장이자, 소련의 미사일과 우주 프로그램에 대한 정보를 검토하는 전문가 집단인 유도미사일 및 우주항공정보위원회(GMAIC)의 위원장이었다. 그는 내게 의논할 일이 있으니 워싱턴으로 오라고 했고, 난 일정을 조정해보고 그다음

주에 가겠다고 했다. "안 돼요." 그가 말했다. "당장 봐야겠어요." 그의 다급함에 나는 덜컥 불안해졌다. 미국은 소련과의 핵무기 경쟁으로 걷잡을 수 없이 치닫고 있었다. 소련이 핵실험금지조약을 깨버리고 그들의 '괴물' 50메가톤급 폭탄실험을 한 것이 바로 전년도였다. 난 그날밤 비행기로 워싱턴으로 날아갔고 다음날 아침 그를 만났다.

그가 아무 설명도 없이 사진 한장을 내밀었는데, 쿠바에 있는 소련 미사일 사진임을 바로 알아볼 수 있었다. 순간 내게 밀려든 감정은 두려움이었다. 그 핵무기 배치가 미국과 소련이 서로에게 핵무기를 날릴 촉매제가 될 것임은 분명했다. 핵이 초래할 결과를 연구해온 나로서는 그것이 인류문명의 종말을 가져올 것임을 잘 알았다.

이후 여드레 동안 CIA 국장이 케네디 대통령에게 전달할 보고서를 작성하기 위해 소수정예 팀과 매일같이 수집되는 자료를 집중 분석했다. 아침마다 미국의 전술정찰 비행기가 쿠바 상공을 낮게 날아다니며 이미 미사일과 무기가 있다고 알려진 곳이나 의심이 가는 장소들을 고해상도 사진으로 찍었다. 비행기가 플로리다로 돌아오면 군수송기로 뉴욕 북부의 이스트먼 코닥에 사진을 보내 신속하게 현상했다. 늦은 오후쯤이면 국립사진판독센터(NPIC) 내 깊숙한 곳에 자리 잡은 우리의 분석실로 사진이 도착했고, 분석가들은 이를 세심히 살펴보았다.

난 두개의 분석 팀 가운데 하나에 속해 있었는데, 각 팀에는 두명의 기술분석가와 세명의 사진판독가가 있었다. 각 팀은 약 여섯시간 동안 따로 작업을 한 후 결과를 다른 팀에게 보고하며 서로 논평했다. 소련의 미사일 배치에 대한 주요정보를 밝혀내려 했던 것이다.

미사일이 얼마나 되며 어떤 유형의 것인가? 언제쯤 작동할 수 있을 것인가? 핵탄두는 언제 미사일에 장착될 것인가?

자정쯤 윌런에게 줄 합동보고서를 준비하기 시작했는데, 사실 그는 앞서 몇시간 동안 자주 우리에게 와 논평에 참여했었다. 다음날 아침 일찍 윌런은 우리의 사진분석과 통신정보 자료 등을 기초로 작성한 보고서를 케네디 대통령과 참모진에게 설명했다. 윌런은 발표 후 자리를 떴지만 존 맥콘 CIA 국장은 대응책을 논의하기 위해 남았다.

우리는 곧 쿠바의 사진에서 살펴본 것과 소련의 미사일 시험장에서 보았던 것을 비교분석해 미사일의 유형과 사정거리, 폭발력 등을 알아냈다. 그 미사일은 미국 땅 대부분이 표적이 될 수 있는 사정거리를 가진데다 핵탑재도 가능한 것이었다. 며칠 뒤 우리 팀은 그 미사일 일부가 몇주만 지나면 작동할 수 있다는 결론에 이르렀다.

밀실에서 정보자료를 분석하지 않을 때는 TV 화면에서 펼쳐지는 정치 드라마를 보았다. 케네디 대통령은 해군에 소련 함정이 정해진 선을 넘는 것을 저지하라는 명령을 내렸고, 소련 함정은 계속해서 밀고 들어왔다.[2] 서구의 어느 나라를 향해서든 쿠바에서 핵미사일이 발사되면 '소련을 향한 전면적인 보복 대응'이 시작될 거라는 엄중한 경고가 담긴 대통령의 대국민 연설에서 당시 상황이 얼마나 심각한지를 단적으로 알 수 있었다.

'전면적인 보복 대응'이 무엇을 의미하는지 나는 잘 알고 있었다. 쿠바 미사일 위기가 발생하기 전 10년 동안 핵관련 시나리오와 그 결과에 대해 연구해왔기 때문이다. 정말이지 분석실로 출근할 때마다 오늘이 지상에서의 마지막 날일 것만 같았다.

1962년 10월 쿠바 미사일 위기에 대한 케네디 대통령의 연설을 TV로 보고 있는 미국 시민들. 사진: 랠프 크레인. ©Gettyimages

　난 절체절명의 핵위기에서 벌어지는 이 드라마에 출연하고는 있었지만 매일 열리는 대통령과의 회의에서 이루어지는 토론내용에 대해서는 알 길이 없는 단역배우일 뿐이었다. 로버트 맥나마라 국방장관과 그외의 여러 인사들이 그에 관련된 글을 대대적으로 발표하는데다, 군사 지도자들이 대통령에게 쿠바에 대한 공격을 강행하라고 자문하고 있음을 알게 되자 더욱 심각해지지 않을 수 없었다. 우리가 내린 평가와 달리, 쿠바에 배치된 것으로 확인된 162개의 미사일에 탑재될 핵탄두가 이미 그곳에 있었다는 사실을 그때 그들이 알았다면 어떤 자문을 했을지는 지금으로서는 추측만 할 뿐이다.

　쿠바 미사일 위기가 전쟁으로 이어지지 않고 끝나긴 했지만 세계가 핵재앙을 피했던 것은 대처를 잘해서만이 아니라 운도 좋았기 때문이었다는 게 그 당시 나의 믿음이었고 지금도 그렇다.

이후 많은 사실을 알게 되면서 그 믿음은 더욱 굳건해졌다. 나중에 알게 된 그때의 실제상황에 비추어 생각해보면 당시 통제불능으로 치달아 전세계가 핵의 재앙으로 뒤덮였을 가능성은 매우 높았다. 나중에 밝혀진 사실 하나를 예로 들자면, 당시 쿠바 봉쇄선으로 접근했던 소련의 군함을 호위하는 잠수함에 핵어뢰가 장착되어 있었다. 잠수함에서는 교신상의 어려움이 있어 함장에게는 모스끄바로부터 승인받지 않고도 핵어뢰를 발사할 수 있는 권한이 있었다. 쿠바 위기가 끝나고 몇년 후에야 우리는 그 소련 함장 중 하나가 자신의 잠수함을 수면 위로 올라오게 하려고 기를 썼던 미 구축함을 향한 핵어뢰 발사를 진지하게 고려했었다는 사실을 알게 되었다. 발사하지 않은 이유는 단지 잠수함에 탄 다른 장교들이 말렸기 때문이었다.

마찬가지로 모골이 송연해지는 또다른 사건은 쿠바의 마지막 결전과 직접 연관이 없는 사건에서도 일촉즉발의 상황이 있었다는 것이다. 위기가 최고조에 달했을 즈음 장기간의 임무를 맡고 있던 미 정찰기 하나가 경로를 벗어나 소련 상공으로 날아 들어갔다. 소련 공군은 이를 미 폭격기로 오인하여 즉각 전투기를 출동시켰다. 그러자 알래스카의 미 공군기지에서도 정찰기를 보호하기 위해 핵탄두 미사일을 장착한 전투기를 급파했다.

다행히 미 정찰기의 기장이 자신이 소련 상공으로 잘못 들어간 사실을 알아차리고 소련 쪽에서 항로를 막기 전에 빠져나왔다. 거의 같은 시각 미국의 대륙간탄도미사일(ICBM)이 반덴버그 공군기지에서 발사되었다. 이는 정례적인 시험발사로서 그 일정을 다시 조정할 생각을 아무도 하지 못했던 것이지만, 소련 쪽에서 잘못 해석할 여지는 충분했다.

쿠바 미사일 위기가 있기 전 10년 동안 나는 소련 핵무기의 위협을 평가하는 일을 했었는데, 마지막 두해에 갈수록 긴장이 고조되는 것을 느꼈다. 미국과 소련 사이에 군사대결이 일어난다면 어떻게 될 것인가? 핵의 시대에 군사대결이란 최악의 악몽이 될 것이다. 핵으로 인한 재앙을 막을 결단을 내리기 위한 지침 같은 것은 애초에 존재하지도 않으니 말이다. 인류문명 자체가 생사의 기로에 놓이는 것이다.

10월의 그 여드레 동안 난 바로 그 악몽을 체험했다.

위기가 진정된 후 미 언론들은 미국 "체제의 승리"라는 둥, 흐루쇼프가 "굴복했다"[3)]는 둥 요란스럽게 떠들어댔다. 그러나 이 편협하고 인기영합적인 생각은 허울뿐이었다. 우선 흐루쇼프가 물러선 덕에 세계가 유례없는 대재앙을 피할 수 있었던데다 이 위기가 의도치 않은 결과를 가져왔기 때문이다. 얼마간 시간이 흐른 뒤에야 그 결과가 분명해졌지만, 쿠바의 미사일 위기는 이미 진행 중이던 미국과 소련의 핵무기 경쟁을 가속화했던 것이다.

아마도 쿠바에서의 결단으로 인해 흐루쇼프가 물러나고 1964년에 알렉세이 꼬시긴(초반에만)과 브레즈네프가 그 자리에 올랐다. 브레즈네프는 소련이 핵에서 열세에 놓이는 일은 절대 없을 거라고 선언하며 ICBM과 핵개발을 위한 비밀 프로그램에 박차를 가했다.

처음에는 '승리감'에 취해 있던 미 국방관리들은 소련의 미사일과 항공 프로그램이 그 범위와 정교함에서 비약적인 발전을 이루자 이

미 최우선순위였던 기술 첩보수집에 더욱 총력을 기울일 수밖에 없었다. 그래서 내 연구소 같은 방위관련 연구소들이 번창하게 되었지만, 이 분야의 성장이란 곧 미국과 세계의 위험이 높아지는 것이었고, 우리 방위산업 종사자들은 이후로도 그런 식의 이분법에 시달리게 될 것이었다.

지금 와서 돌아보면 쿠바 미사일 위기는 핵시대의 특징을 단적으로 보여주는 역사적 사건이었다. 절대 잊을 수 없는 충격적인 사실은 그로 인해 역사적으로 가장 잔학무도한 행위가 벌어질 수 있었다는 것이다. 쿠바 미사일 위기로 인해 세계는 핵재앙의 벼랑 끝까지 간 셈이다. 미국의 정책결정권자들은 그러한 절체절명의 상황을 제대로 알고 있지 못할 때가 많았고, 때로는 아예 잘못 알고 있는 경우도 있었다.

쿠바 미사일 위기 이후의 사고방식에는 초현실적인 어떤 면이 나타났는데, 말하자면 예전의 구태의연한 사고방식과 핵무기의 시대라는 새로운 현실이 불화하는 것이었다. 양국의 많은 전문가들이 전쟁을 부추기고 매체에서는 그 위기를 '승리'와 '패배'의 드라마인 양 묘사한다든지, 양국 정치지도자의 능력이 마치 기꺼이 전쟁을 일으킬 의향이 있는가에 따라 결정되는 듯하고, 그 위기의 결과가 긴장완화와 군축을 위해 협조하는 것 ― 그렇게 아슬아슬하게 위기를 모면하고 난 뒤엔 그 방향이 합리적일 텐데 ― 이 아니라 오히려 무기경쟁에 더 주력한다든지 하는 것 말이다.

일단 세계는 핵재앙을 피했다. 그러나 더 길게 보면 ― 적어도 위기의 순간을 아슬아슬하게 넘기고 난 후 숨을 돌리고 있는 상황에서 판단하자면 ── 확실히 쿠바 미사일 위기는 앞으로 더 위험해질 것임을 알려주었다. 그리고 1962년 가을에 상상조차 하기 힘든 여드레를 보낸 후, 나에게는 핵무기의 위험을 줄여야 한다는 힘든 과업의 한가운데로 뛰어드는 길밖에는 없는 듯했다.

쿠바 미사일 위기는 결국 나로 하여금 방위산업과 소련의 핵병기에 대한 최첨단 정찰기술의 연구라는 길에서 벗어나, 국방부에서 핵억제력을 유지하고 강화하기 위해 미군의 재래식 전략병력을 현대화하는 임무를 맡도록 했고, 후에는 입법화와 전세계적 외교와 시민활동 등을 통해 핵무기를 줄이기 위한 국제협력 프로그램을 만들도록 했던 것이다.

하늘 높이 솟구친 화염

고삐 풀린 원자의 힘은 인간의 사고방식을 뺀 모든 것을 바꿔놓았고,
그래서 우리는 유례없는 재앙을 향해 떠내려간다.[1]
—1946년 5월 23일, 알베르트 아인슈타인

어떻게 해서 나는 쿠바 미사일 위기 중에 첩보자료 분석을 위해 워
싱턴으로 불려가게 되었을까? 핵의 벼랑 끝을 따라간 나의 여정은
사실 쿠바 위기보다 훨씬 앞서 시작되었는데, 그것은 최초의 원자폭
탄이 떨어지기 4년 전인 1941년의 그 악명 높은 일요일이었다. 바로
그날을 시작으로 나의 삶은 군복무와 냉전 정찰체계의 개발, 공직생
활, 대학강의와 외교를 망라하는 길 — 대부분 핵의 위협을 줄이는
것이 목표인 — 을 밟게 되었던 것이다. 물론 그 오래전 일요일에 이
길을 밟게 되리라 예견하지는 못했었다. 내가 성년이 될 무렵이 바로
인류가 인간조건을 근본적으로 바꿔놓을 힘을 지닌 무기를 발명해
내는 중대한 시점이 되리라는 것도 그때는 알지 못했다. 문명 자체에
대한 그 전례없는 위협에 대처하는 일이 나의 영원한 관심사가 되리
라는 것도 알지 못했다.

그 역사적 일요일은 내가 막 열네살이 되었을 때였다. 펜실베이니

아의 버틀러에 있는 친구집에 놀러가 있었는데, 친구의 형이 소리를 지르며 뛰어들어왔다. "일본하고 전쟁이 났어! 일본이 진주만을 폭격했대!" 일본과의 전쟁가능성이 무르익기 시작한 건 1년도 넘었고, 많은 라디오 시사평론가들이 전쟁이 임박했음을 예견했다. 열네살이었던 나의 반응은 즉각적이었다. 육군항공대의 조종사로 참전하고 싶었던 나는 그럴 나이가 되기도 전에 전쟁이 끝날까봐 걱정스러웠는데, 실제 그렇게 되었다.

1944년 10월 열일곱번째 생일에 난 피츠버그로 차를 몰고 가서 육군항공대 사관생도 프로그램에 합격했고 입단선서를 했다. 약 6개월 정도 지나야 자리가 날 테니 집으로 돌아가 기다리라고 했다. 기대에 부푼 나는 군에서 부르기 전에 대학에서 두세학기를 마쳐놓을 요량으로 고등학교를 일찍 졸업했다. 1945년 5월, 카네기 공대(현 카네기 멜론 대학교)에서 첫학기를 마쳐갈 무렵 군은 항공대 사관생도 프로그램을 중단했고, 난 단 하루도 군복무를 한 적 없이 명예제대를 하게 되었다. 두학기를 더 마친 후, 열여덟에 육군 공병(工兵)에 지원했다. 군에서 지도제작 훈련을 받은 뒤 일본 주둔군에 배치된 나는 토오꾜오 외곽의 기지로 가게 되었다.

나는 그때까지 읽었던 어떤 전쟁 관련 책에서도 토오꾜오에서 목격하게 될 황폐화를 접하지 못했었다. 한때 위용을 자랑하던 도시는 소이탄 세례에 초토화되어 사실상 모든 목조건물이 파괴되었다. 녹아내려 산더미처럼 쌓인 잔해 속에서 생존자들은 점령군이 주는 배급으로 연명하고 있었다.

두달간의 훈련을 마치고 우리 중대는 오끼나와의 초정밀 지형도

오끼나와전투 후 나하에 남겨진 전쟁의 참상. 사진: 미 해병대의 아서 헤이거.

를 제작하기 위해 그 섬으로 가는 LST 함정에 올랐다. 오끼나와는 2차 세계대전의 마지막 대격전지였고, 그 전투는 상상할 수도 없이 참혹했다. 20만명에 이르는 일본군인과 민간인이 사망했다. 미국의 피해는 그보다는 훨씬 덜했지만 여전히 심각했는데, 그중 많은 수가 카미까제 자살공격의 피해자였다.

오끼나와의 현도인 나하의 항구에 도착해서 목격한 광경은 평생 잊지 못할 것이다. 한때 융성하던 도시였던 그곳에 제대로 서 있는 건물은 한채도 없었다. 생존자들은 천막이나 건물의 잔해 사이에서 살고 있었고 "초목이 울창하던 열대의 풍경은 진흙과 납, 부패와 구더기의 허허벌판으로 변해버렸다".[2] 희생자들을 기리기 위해 마부

니의 최후 격전지 자리에 세워진 '평화의 초석'에는 그 격렬하고도 끔찍했던 전투에서 사망한, 신분이 확인된 24만명의 이름이 새겨져 있다.

토오꾜오에서, 그리고 이후 나하에서 젊은 시절의 나는 현대전의 유례없는 참혹함을 똑똑히 보았다. 역사적인 전쟁의 폭력성을 목격했고, 그 경험이 내 인생을 바꿔놓았다. 이 참사는 수백번의 공습을 통해 수천만개의 폭탄을 쏟아부은 결과였다. 그런데 히로시마에서, 그리고 이후 나가사끼에서 벌어진 참사는 단 하나의 폭탄 때문이었다. 엄청난 파괴와 참상을 불러올, 상상조차 하기 힘든 우리의 새로운 능력으로 모든 게 달라졌다는 사실을 본능적으로 깨달았다.

이 파괴력을 목격한 경험은 나의 인생을 돌이킬 수 없는 행로에 올려놓았다. 핵시대를 맞은 우리는 예전엔 전혀 보지 못했던 엄청난 위험에, 그러니까 2차 세계대전 당시 여러번 있었던 도시파괴 정도가 아니라 문명의 종말이라는 위험에 직면해 있었다. 이 사실은 내게 강한 인상을 남겼다. 아인슈타인이 "고삐 풀린 원자의 힘이 모든 것을 바꿔버렸다"고 한 말이 무슨 뜻이었는지 알게 되었고, "우리의 사고방식을 뺀"이라는 마지막 구절이 뇌리를 떠나지 않았다. 하지만 나의 생각은 이미 변하고 있었다.

1947년 6월에 군복무를 마쳤다. 전쟁의 참상이 여전히 눈앞에 선연했지만 전쟁시절은 기꺼이 잊고 앞으로 나아갈 준비가 되어 있었다. 전쟁 이후 평화로운 신세계가 번성할 거라는 약속에 기대를 걸며 성인으로서 삶을 꾸려가고 싶은 마음이 간절했다. 복학하여 고등학교 시절부터 사귀었던 리 그린과의 열정을 다시 불태웠고, 1947년

1949년 스탠퍼드 시절의 빌과 리.

12월 29일 리 가족의 집 거실에서 우리는 결혼서약을 했다. 그녀를 깊이 사랑하고 있었지만 결혼이 내 인생에 어떤 영향을 줄지 그때는 알지 못했다. 수많은 고난에 맞서면서도 서로를 지탱해주는 든든한 동반자관계와 사랑이 지금까지 계속되고 있으니 말이다.

리와 나는 대학과정을 마쳤지만, 동부에 계속 머물고 싶지는 않았다. 난 스탠퍼드 대학으로 가서 학위를 마치고 싶었다. 일본에 배치되었다가 돌아왔을 때 우리가 상륙한 곳이 쌘프란시스코였다. 그때 쌘프란시스코만의 아름다운 풍경과, 거기에서라면 모든 걸 새롭게 시작할 수 있을 것 같은 느낌에 사로잡혔었다. 그래서 스탠퍼드에 편입신청을 했고, 캘리포니아에서 새로운 삶을 시작하기 위해 1948년 여름 리와 나는 제대군인 원호증서를 손에 들고 대륙을 가로질러 차를 몰았다. 그리고 스탠퍼드 대학에서 수학으로 학사와 석사학위를 받았다.

수학의 순수함과 아름다움에 경외감을 느꼈고 스탠퍼드의 학자들은 내게 영감을 불어넣어주었다. 하지만 석사학위를 마쳤을 때 제대군인 원호증서는 시효가 다 되었고, 부양해야 할 가족은 늘었지만 수입이 없었으므로 스탠퍼드에서 공부를 계속할 수는 없었다. 난 아이다호 대학에서 강사로 1년 동안 수학을 가르치면서 박사과정을 계속할 방법을 모색했다. 그 후에 그것은 펜실베이니아 주립대학에서 강의와 박사과정을 함께 치를 수 있는 기회를 잡으면서 결실을 맺게 되었다.

펜실베이니아 주립대학에서 박사과정을 밟으면서 매학기 세개의 수업을 맡았을 뿐만 아니라, 그 지역의 방위산업체인 '헐러, 레이먼드 앤 브라운'(HRB)에서 반일제로 일하기 시작했다. 경제적 이유로 방위산업체 일을 하기는 했지만, 방위상의 곤란한 문제를 푸는 데 수학실력을 발휘할 수 있다는 사실이 아주 마음에 들었고 그래서 잘 해나갈 수 있었다.

내가 대학원에 진학한 것은 수학교수가 되고 싶었기 때문이었다. 하지만 위험천만한 사건들이 세계적으로 연이어 터지면서 그러한 결심이 흔들리기 시작했다. 석사과정을 마치고 겨우 두주가 지났을 때 북한이 남한을 침공했고, 핵무기를 엄청나게 증강해가며 냉전이 본격적으로 시작되었다.

그때 한국에서 벌어지던 전투와 비교할 만한 전투가 어떤 결과를 가져왔는지를 오끼나와에서 목격한 바 있기 때문에 한국전쟁에 대해 잘 알 수 있었다. 게다가 스탠퍼드 재학 중에 참전군인 대상의 학사장교 고급과정을 밟은 후 미 예비군의 소위로 임관되었기 때문에 참전을 위해 소집되리라 예상하고 있었다. 하지만 끝까지 그런 일은 없었고, 따라서 대학원과정을 계속할 수 있었다.

펜실베이니아 대학에 있는 동안 나는 호전적이고 공격적인 소련과의 대결국면으로 인해 미국 국민이 직면하는 위험이 급증한다는 사실이 갈수록 걱정스러워졌다. 소련은 1949년에 처음으로 원자폭탄 실험을 했다. 1953년에는 수소폭탄 실험을 성공적으로 마쳤다고 공식발표했다. 이것이 세상을 얼마나 바꿔놓을지 이해하고도 남았다. 히로시마에서 처음으로 그 끔찍한 결과를 목격했던 원자폭탄은 가장 강력한 재래식 폭탄보다 천배나 더 파괴력이 있었다. 당시 실험 중이던 수소폭탄은 그 히로시마 원자폭탄의 천배나 되는 파괴력이 있었다. 따라서 겨우 10년 동안 인류는 폭탄의 파괴력을 천 곱하기 천배, 즉 백만배나 늘린 것이고, 그 파괴력의 규모는 인간의 이해력을 넘어설 정도다.

수천명의 미군이 스러져갔던 그 전쟁에서 북한을 지원했던 소련은 이제 엄청난 파괴력도 갖게 되었다. 새로운 것이 개발될 때마다 미래는 점점 더 위태로워졌고, 나로 하여금 진로를 다시 생각하게 했다. 내가 앞으로 걸어갈 길에 결정적으로 발을 들여놓게 된 것은, 스탠퍼드에서 몇마일 떨어지지 않은 캘리포니아의 마운틴뷰에 방위연구소가 문을 연 1953년 중반이었다. 그 연구소는 소련에서 개발 중인 핵무장 미사일에 대한 방어체계를 고안하기 위해 군에서 설립한 곳이었다. 학교를 다니지 않는 채로 박사학위 논문을 끝내기로 합의를 본 후 새로 생긴 그 연구실에 지원했고 수석연구원으로 임용되었다. 1954년 2월, 리와 나는 "우디"(측면이 나무로 된) 스테이션 왜건에 아이들을 태우고 다시 대륙을 가로질러, 내가 출근할 실베이니아 전자방위 연구소가 있는 스탠퍼드 근방으로 돌아갔다. 그곳에서 일급기밀의 정찰 프로그램에 깊숙이 관여하게 되었는데, 그것은 방어체계에서의 내 경력이 되었고 쿠바 미사일 위기에 개입하게 만들었으며 핵무기의 치명적인 유산에 대한 나의 생각을 점차 바꾸어놓았던 것이다.

냉전시대 초기의 그 은밀한 분위기를 지금에 와서는 이해하기 어렵다. 소련 핵위협의 핵심사항에 대해 아는 바가 없었기 때문에 불안감이 매우 컸다. 소련이 '선제공격' 능력을 확보하기 위해 노력 중이라는 우려가 있었기 때문에 소련의 핵무기에 대해, 그러니까 그 수와 배치, 성능 등에 대해 더 많이 알아내는 일이 매우 중요했다. 참담한 군사적 오판을 피하고 무기예산을 더 잘 운용하기 위해서는, 그 당시로서는 아직 완전히 확보하지 못한 새로운 기술에 기초한 강력한 정찰능력이 절실했다.

앞으로 수년 동안 난 이 중차대한 임무와 씨름하게 될 것이었다.

소련 미사일 위기의 부상과
그에 대한 정보수집 경쟁

머리에 떠올릴 수도 없을 만큼 전쟁이 무시무시해진 까닭은
핵무기에 대한 막연한 공포 때문이 아니다.
그것은 양편에서 보유한, 어렵게 확보한 세세한 지식, 즉 핵무기로
어떤 일이 가능한지, 얼마나 많은 핵무기가 있는지, 무엇을 공격목표로
하는지, 그리고 그것이 모든 방어체계를 얼마나 확실하게
뚫을 수 있는지를 알기 때문이다.

— 토머스 파워즈 『정보전쟁』[1]

   핵으로 인한 위험을 줄이기 위한 내 여정의 초반부는 "핵무기로 어떤 일이 가능한지…에 대한 세세한 정보"를 알아내는 일에 바쳐졌다. 2차 세계대전이라는 폭력으로 얼룩진 역사적 사건이 있었던데다가 전후에 그 갈등의 가장 강력한 연합군인 미국과 소련 사이의 적대감이 갈수록 커지면서 국제상황은 그 어느 때보다 위태로워졌다. 훨씬 더 파괴력 있는 핵무기를 제조하기 위한 두 강대국의 무기경쟁은 극단으로 치달았다. 핵병기의 고삐 풀린 질주가 과잉살상으로 이어지지 않게끔 서로 간의 현명한 방안이 필요했지만, 은밀하고 적대적인 분위기에서는 쉽지 않았다. 핵 아마겟돈을 막기 위한 것으로는 MAD(확실한 상호파괴)의 원칙이라는 암울한 실용주의밖에는 없었다. 서로가 갖고 있는 이 공포가 제 역할을 하려면 언제나 합리적이고 상황에 정통한 주자들이 양편 모두에 있어야 했다. 더불어 한없는 행운 역시 필요했다.

열한개의 시간대를 지닌 거대한 국토에 산재해 있는 탓에 소련의 미사일과 우주개발 계획에 대해서 미국이 아는 바가 너무 없었다. 따라서 1960년대에는 소련과 '미사일 격차'가 있는 게 아니냐는 논쟁이 전국적 차원에서 벌어졌다. 우리는 소련의 핵무기 규모와 배치에 대해서뿐 아니라 수행능력, 즉 사정거리와 정확도, 탑재 가능한 규모, 그외의 다른 특징들에 대해서도 훨씬 더 많은 정보를 알아낼 필요가 있었다. 정찰기술상의 혁신이 요구되었다.

정교하고 새로운 정찰체계가 필요한 이유는 여러가지가 있었지만, 소련의 대륙간탄도미사일(ICBM)의 정확도나 핵탄두의 규모와 생산량 등을 고려했을 때 그것이 첫 공격에서 미 지상기지의 보복성 핵무기를 파괴할 역량이 되는지를 파악해야 했다. 그 핵무기는 보통 '강화된 방어시설을 갖추어' 도시 같은 '취약' 표적에 비해 파괴하기가 더 어렵기 때문이다. 이론상으로 소련이 첫 공격에서 미국 지상기지의 핵무기를 위협할 정도가 된다면, 확실한 상호파괴라는 그렇잖아도 위태로운 균형상태는 억제효과로서의 역할마저 잠식당할 것이었다. 왜냐하면 보복으로 인한 피해의 규모가 줄어든다면 소련은 더욱 기세등등하여 미국을 초토화할 수 있기 때문이다. 마찬가지로 소련이 핵공격에 대한 효과적인 방어체계를 개발한다면, 그 효과적인 방어로 인해 미국의 보복위협이 줄어들고 억제효과 역시 약화될 거라는 우려가 국방부의 한편에 있었다.

미국의 냉전정찰상의 승리 — 그로부터 우리가 얻은 중요한 정보 — 는 비록 완전히 안전을 보장해주지는 못했지만, 확실한 상호파괴 원칙을 강화하고 전쟁을 '상상만 해도 무시무시한' 것으로 만들어서 당시로서는 핵참사의 위협을 줄일 수 있는 근본방법이었다.

　게다가 그것은 앞을 내다보는 것이었다. 핵의 위협에 대해 더 잘 알게 됨으로써 '최악의' 위협이 어떨지를 예측하고 그로 인해 무기경쟁의 규모와 가속화를 제어할 수 있었다. 그리고 더 많은 정보가 있다면 '맹목적인' 군비경쟁에 들어가는 비용부담 때문에 양쪽 모두에서 핵무기를 감축했을 때 더 나은 협력관계를 이끌어낼 수도 있었다. 냉전시기 미국의 정찰기술에서는 정말이지 필요가 발명의 어머니였고 그렇게 해서 놀라운 기술력과 정보력을 얻게 되었다.

＊＊＊

　내가 걸어온 길에서 이 단계는 스물여섯의 나이로 캘리포니아의 마운틴뷰에 있는 실베이니아 전자방어연구소의 수석연구원으로 일하게 된 1954년에 시작되었다. 처음 맡은 프로젝트는 소련의 공격성 ICBM의 유도신호를 방해('전파방해')하기 위한 유도 방향전환 전자장치를 평가하는 것이었다. 소련이 이미 핵 ICBM을 개발하고 있고 공격목표로 정확하게 날아가도록 무선유도 방식을 사용한다는 것은 알고 있었다. 방해전파를 만들기 전에 해결해야 할 두가지 중요한 문제가 있었다. 유도신호의 특성과 소련 미사일을 다른 곳으로 보냈을 때 어느 정도로 피해를 줄일 수 있는가 하는 점이었다.

　핵무기의 가공할 만한 위력으로 인해 ICBM을 다른 곳으로 유도했을 때 그 피해를 줄일 수 있을지는 확신할 수 없었다. 방해전파가 미사일의 방향을 돌렸는데 그것이 보스턴에서 뉴욕으로 간다든지,

피츠버그에서 클리블랜드로 가면 어쩔 것인가? 그러나 어쨌든 나는 온갖 가상공격에서 방해전파를 사용했을 경우 줄어드는 피해 규모를 분석했다. 아이러니하게도 이를 위해서, 그러니까 수소폭탄을 설계하는 데 필요한 계산을 하기 위해 스탠 울럼과 존 폰 노이만이 개발한 통계기술인 '몬테카를로' 방법을 사용했다.[2)]

분석결과는 한편으로는 긍정적이었다. 중간 규모의 핵공격 시 효과적인 방해전파는 사망자를 약 3분의 2가량 줄일 수 있었다. 방해전파가 성공한다면 미국의 사상자는 7천 5백만명이 아닌 '겨우' 2천 5백만명이 될 것이었다. 그 결과만으로도 비관적이었지만 사실 그것은 핵공격의 결과를 과소평가한 것이었다. 방사능 낙진과 '핵겨울'로 인해 발생할 추후 사망자를 포함하지도 않았고, 수천만명의 부상자를 치료할 방법이 없을 거라는 사실도 고려하지 않았다. 정치·경제·사회체계의 완전한 붕괴 역시 고려하지 않았다. 까놓고 얘기하자면 대규모 핵공격이 우리의 문명에 끼칠 참사는 수치화할 방법조차 없다.

핵공격에 대한 방어체계의 타당성을 알아보기 위해 진행된 계산은 오히려 핵공격의 파괴력에 맞설 이렇다 할 방어책은 없다는 사실을 확인시켜주었다. 의미있는 방어라면 오직 공격이 벌어지기 전에 막는 것뿐이었다.

난 우리의 최우선과제는 핵공격에 대한 무가치한 방어체계에 자원을 쏟아붓는 것이 아니라 그 공격을 방지하는 것이어야 한다는 결론에 이르렀다. 이 근본적인 깨달음이 국방분야에서 일하는 내내 내 삶의 지침이 되었다.

핵공격에 대한 방어체계인 탄도미사일방어(BMD)를 통해 잠재적으로 수백만명을 죽음에서 "구할" 수 있다는 과학자들의 계산에 대해 C. P. 스노우가『과학과 정부』라는 책에서 적절히 지적한 바 있다.

　　미래의 인간이 우리를 어떻게 생각하겠는가? (…) 인간의 정신을 가진 늑대? 우리가 인간성을 포기했다고 보지는 않을까? 충분히 그럴 만도 할 것이다.[3]

　소련의 ICBM을 전파로 방해하는 것의 효율성을 따져보면서 나는 또한 그들의 유도체계의 특징을 어떻게 알아낼지 고민하고 있었다. 우리 연구실은 소련의 ICBM 실험발사 당시 무선유도신호를 탐지하기 위한 장치를 개발했고, 군은 소련 주변의 지상통제소에 이 감시장치를 배치했다. ICBM은 몇백 마일의 고도를 날아가므로 우리가 원하는 신호는 보통 탐지되는 장소로부터 천 마일이 넘는 범위를 가진 우리 기지의 전파지평선 위를 지나가곤 했다.
　소련 그리고 미국 역시 ICBM에 대해 관성유도 방식(초정밀 가속도계에 기초한)으로 전환하여 더이상 무선유도신호를 탐지할 필요가 없어지면서 미국의 정보수집 기지는 훨씬 더 중요한 신호들을 탐지하게 되었다. 소련 발사시험장에서 시험 미사일의 위치를 추적하기 위해 사용하는 비콘 신호와, 미사일 시험발사 때 미사일의 성능을 측정하기 위해 사용되는 원격측정신호 같은 것들 말이다. 그 신호들을 탐지하여 분석하는 일은 엄청난 집중을 요하는 일이었다. 소련은 미사일이 자신들이 설계한 한도에 이르렀는지를 알아보기 위해 이 신호를 사용했다. 우리는 그것을 거꾸로 짚어가서 그 설계된 한도가 무엇인지 알아내기 위해 신호를 이용했다.

신호의 탐지와 분석 모두에서 우리는 상당한 성과를 이루었다. 우리의 지상기지는 사실상 소련 ICBM(그리고 우주선)의 모든 발사시험에 사용된 원격측정과 비콘 신호를 탐지하는 데 성공했다. 미사일의 특징을 알아내기 위해 이 기호를 해석하는 어려운 임무는 냉전 시한동안 계속되었는데, 그동안 미국은 소련의 미사일체계의 성능에 대한 이해수준을 높일 수 있었다. 자료수집과 처리뿐만 아니라 기호해석의 미묘한 문제를 이 책에서 다룰 수는 없다. 그러나 지금의 맥락에서 고려해야 할 중요한 사항은 우리가 소련 미사일의 수와 배치, 사정거리와 정확도 등에 대한 창의적인 해석 작업을 꿋꿋이 수행했다는 사실이다.

이것이 중요하고도 까다로운 문제였기 때문에 정부는 그 작업을 맡은 정부계약자들과 공무원들을 한자리에 불러모아야 했다. CIA와 국가안보국(NSA)은 여러 정보수집가들과 분석가들이 정보를 공유해 소련의 ICBM을 빠르게 분석해내는 것이 목적인 '원격측정과 비콘 분석위원회'(TEBAC)를 설립했다. 정예인원이 극비로 활동한 이 위원회는 냉전 중 미국의 오판을 미연에 방지할 핵심기구였다. TEBAC은 고위 정책결정자에게 소련 핵무기의 성능에 대한 정확한 정보를 제공했다. 물론 소련 쪽에서도 미국의 핵무기 성능을 단단히 감시하기 시작했다. 그렇지 않았다면 양국은 상대편에 대해 최악의 경우로 추산했을 것이고, 핵무기를 무한정 늘림으로써 이미 위태로워진 무기의 균형상태에 더욱 큰 위기를 초래하는 댓가를 치러야 했을 것이다. TEBAC은 가장 위험한 소련 미사일에 대해 확실하면서

1962년 2월, 소련 안테나의 주파수와 지정된 수신자, 그리고 그 신호를 탐지하는 최적의 방법을 확증한 공로로 앨바 피치 장군이 페리에게 미육군 우수시민봉사상을 수여하고 있다. 이 상으로 인해 이후 정부의 과학국방 자문단에 여러번 위촉된다. ©The archives of General Dynamics C4 System Inc.

정확하게 기록할 책임이 있었다.

TEBAC이 필수 역할을 하긴 했지만 소련 핵무기의 개수같이 철의 장막을 뚫고 얻어내야 하는 정보를 내놓지는 못했다. 초기의 노력 중 가장 성공적이었던 것은 U-2 전략정찰기가 거대한 소련 영토를 초고도로 비행하면서 수집한 이미지였다. 1956년부터 수년 동안 미국은 ICBM과 탄도탄요격미사일, 핵실험장 등 군사상 요지를 고해상도로 촬영하는 임무비행을 해왔다.[4] 이 정찰기들은 몇달에 한번씩 비행을 하며 우리에게 귀중한 정보를 주었다.

U-2기의 영상이 워싱턴에 도착하면 국립영상판독센터(NPIC)로

보내졌다. 촬영된 것 중에 미사일이나 핵무기 관련 장소의 사진이 있으면 특수기술진들이 모여 영상판독요원들과 함께 작업했다. 특수기술진은 그때마다 달랐지만, 거의 모든 회의에 참여했던 인물로는 앨버트 '버드' 윌런(우주공학 실험실), 에버하르트(엡) 레히틴(제트 추진연구소), 칼 더키트와 랜디 클린턴(육군 미사일사령부), 밥 포섬(실베이니아에서 일하는 나의 동료)과 내가 있었다. 우리는 열두시간 단위의 회의('잼 쎄션'이라고 불렀던)를 세번에 걸쳐 가지면서 새로운 자료를 분석하고 사진에 찍힌 소련의 무기를 평가·기술하고 보고서를 작성했다. 정보기관에서는 대체로 그 보고서를 분석대상인 무기에 대한 확정적인 보고서로 보았다.

1960년 5월 1일, 러시아 쪽에서 미국 U-2기를 격추하고 조종사인 프랜시스 개리 파우어즈를 사로잡으면서, 잼 쎄션도 종결되었다.

그러나 CIA는 U-2 정찰기의 취약성을 이미 잘 알고 있었으므로 위성에 기초한 영상 정찰체계를 개발해오던 중이었다. 다행히도 U-2가 격추당한 바로 그해에 "코로나"라는 암호로 불리던 그 체계를 가동할 수 있게 되었다. 코로나에는 U-2에는 없었던 기능이 있어서 넓은 지역을 포괄할 수 있었다. 사진기가 구름에 가려 지상을 찍지 못하는 경우만 아니라면, 코로나는 몇주에 걸쳐 이루어지는 한번의 작동으로 열한개의 시간대를 아우르는 거대한 소련 영토를 담아낼 수 있었다. 그러나 고해상도 사진기를 지니고 있었던 U-2 정찰기의 중요한 기능이 코로나에는 없었는데, 이 단점은 이후 사진위성에 의해 보완되었다. (코로나를 만들어낸 놀라운 이야기는 필립 타우브먼이 『비밀제국』에서 훌륭하게 설명해놓았다.)[5]

우리가 소련 미사일의 실상을 알아내려고 애쓰는 동안, 소련이 우리보다 한참 앞서 있다는 공격적인 '미사일 격차' 주장이 나오기 시작했다. 정치성이 농후한 분위기에서 CIA 국장인 앨런 덜레스는 1959년 8월에 특별조사단 ── 단장인 휴즈 항공사 사장 팻 하이랜드의 이름을 따서 하이랜드 조사단이라고 불렀던 ── 을 소집하여 그 주장의 진위를 가리도록 했다. 하이랜드 외에 이 조사단에 참여한 인물로는 육군 미사일사령부와 해군 잠수함미사일부대, 공군 미사일사령부, 제트추진연구소의 수장들이 있었다. 하이랜드는 이 고명한 '원로들' 외에 월런과 나도 불렀는데, 우리는 둘 다 30대 초반의 '풋내기들'이었다. 하이랜드 조사단이 우리 잼 쎄션의 전문지식을 필요로 했기 때문에 월런과 나는 우리의 '윗분'들께 자문을 드리는 기이한 처지에 놓이게 되었다.

우리는 일주일 동안 가능한 자료를 모두 재검토했다. CIA와 NSA 그리고 삼군에서 나온 정보분석가들이 하는 브리핑을 듣고 광범위한 논의를 했다. 그 결과 만장일치로 내린 결론은, 소련의 ICBM 계획은 단기속성 계획이 아니어서 이미 배치된 미사일은 몇대에 지나지 않는다는 것이었다. 이후 몇십년이 지나서야 공개될 이 보고서는 소련이 효과적인 ICBM을 보유하고는 있지만 아직 많은 수의 미사일을 배치한 것은 아니라고 결론 내리며 다음과 같이 적었다. "이 조사단은 아주 적은 미사일(10대)만이 지금 당장 가동될 수 있는 수준이라고 본다."[6]

하이랜드 조사단의 조사결과 덕에 고위 군관계자와 공직자 들의 미사일상의 소련 우위에 대한 우려는 해소되었다. 하지만 이 조사결과는 최근에야 기밀문서에서 풀렸기 때문에 그 당시 대중의 불안을 잠재울 수는 없었다. 두 핵강대국 간의 긴장은 계속 고조되어, 소련이 핵실험 일시중단 합의를 깨고 '짜르폭탄'(미 유엔대사였던 아들라이 스티븐슨이 소련의 '괴물폭탄'이라고 불렀던)의 시험폭파를 했던 1961년 8월에 정점에 이르렀다. 그 폭탄은 50메가톤급으로 지금까지의 실험 중 가장 규모가 컸다.[7] (이제는 다 아는 사실이지만 원래 '짜르폭탄'은 1백 메가톤급이었는데, 폭탄을 투하하는 비행기에 해를 입히지 않고 낙진을 줄이기 위해 그 규모를 축소했다.)

이것이 우리가 지금껏 경험했던 가장 위험한 핵위기, 즉 앞서 언급했던 쿠바 미사일 위기의 배경이다. 그 위기에 내가 어떻게 관여했는지, 그리고 양국이 어떻게 그 위기를 핵무장 경쟁을 완화하기 위해서가 아니라 강화하기 위해 이용했는지는 이미 설명한 바 있다.

결과적으로 쿠바 미사일 위기를 계기로 미국의 방위산업 전체, 특히 실베이니아 연구실은 새롭고도 중차대한 일을 맡게 되었다. 기술 정보 수집이 정부의 최우선과제가 되면서 방위산업 연구실은 번창했다.

무기경쟁이 가속화되고 있다는 것은 소련이 하나가 아니라 두개의 ICBM 실험을 시작했다는 사실에서 더 분명해졌는데, 이로 인해 미국 정보기관 내에서 열띤 논쟁이 벌어졌다. 공군 정보기관은 새로운 ICBM 중 하나(SS-8)가 1백 메가톤급 '괴물폭탄'을 실어 나르기 위해 특별제작된 것이라고 주장했고, 따라서 그 특성을 알아내는 일이 급선무가 되었다.

소련 ICBM은 시험발사 시 동력비행을 마칠 때까지 대체로 우리

1962년 모펫 필드에서 페리와 실베이니아 동료들이 J. J. 데이비스 장군과 함께 터키와 파키스탄에 배치되는 항공수송 원격감청장치를 점검하고 있다. ©The archives of General Dynamics C4 System Inc.

지상감청기지의 전파 지평선 아래에 있었기 때문에 로켓엔진의 특성과 미사일의 크기를 알아내기 어려웠다. 따라서 군은 두개의 원격감청장치를 제작한 뒤 비행기를 이용해 터키와 파키스탄에 각각 배치했다.

1963년 가을, 난 그 장치가 잘 작동하고 있는지 점검하기 위해 파키스탄을 방문했다. 페샤와르의 공군기지에 도착한 지 몇시간이 지났을 때 경보기가 소련에서 ICBM으로 보이는 것의 시험발사가 임박했음을 알렸고, 난 그것을 감시할 요량으로 그곳에 가보자고 비행사를 설득했다. 힌두쿠시 산맥이 까마득하게 내려다보이는 고도 4만피트의 높이에서 소련 땅을 내려다보니 얼마나 짜릿하던지. 그러나 수백만명의 미국인을 죽일 수도 있는 ICBM의 특성을 파악하는 것이 그 비행의 목적이었기에 그런 짜릿함에 빠져 있을 수만은 없었다.

비행기에 실은 우리의 플랫폼이 몇번의 동력비행을 통해 SS-8에 대해 얼마간 탐지해낸 것은 사실이지만, 소련이 1964년 10월혁명 열병식에 미사일을 전시했을 때나 되어서야 초정밀 사진을 확보할 수 있었다. 소련은 한편으로는 국민들의 사기를 북돋우고 다른 한편으로는 미국의 유럽동맹국에게 겁을 줄 심산으로 열병식을 벌였는데, 우리는 정보 데이터베이스를 강화하는 데 그것을 이용했다. 이 사진을 TEBAC의 원격측정에 의한 분석과 함께 검토한 결과, SS-8은 상대적으로 가벼운 폭탄을 탑재하기 위한 것이었다. 그렇게 괴물폭탄에 대한 공포가 진정되면서, 우리도 괴물폭탄을 만들어야 한다는 미국 내의 압박도 잦아들었다.

쿠바 미사일 위기 이후는 내게 다른 의미에서 생활이 무척이나 빡빡했던 시기였다. 1963년쯤 난 실베이니아에서 있었던 약 10년 정도의 임기를 재평가하게 되었다. 앞선 3년 동안 실베이니아 전자방어연구소의 소장으로 일하면서 일은 힘들었지만 재미도 있었다. 우리가 많은 일을 이루었다는 게 자랑스러웠다. 해내는 일마다 성취감이 컸고, 우리 팀은 아주 의욕적이고 평판도 좋았다. 사업도 확장일로에 있었다. 내가 소장으로 있는 동안 규모가 두배가 되었고 그외의 다른 가시적인 성장도 있었다. 무엇보다 중요한 것은 미 정보기관이 소련의 미사일과 우주개발 체계를 알아내는 데 우리가 뛰어난 조력자였다는 사실이었다. 그리고 그 시대에 우리의 임무는 매우 중요한 것이었다.

그러나 동시에 핵심기술에서 우리 연구소가 뒤처지고 있다는 걱정이 커져갔다. 진공관 제조 면에서 세계적 리더인 우리의 모회사 실베이니아 전자는 새로운 반도체기술을 도입하는 데 어려움이 있었다. 도입할 경우 가장 수익성 높은 생산라인을 포기해야 했기 때문이다. 내가 '선두주자의 난제'라고 부르는 이 증후군은 신기술 도입에 있어 필연적이다.

우리 연구소는 아날로그 기술에 능했지만, 세상에는 휼렛패커드(HP)의 속도 빠른 소형 컴퓨터나 인텔의 새 반도체 장비를 기반으로 한 새로운 디지털 기술이 등장하고 있었다. 인텔이 도입한 집적회로로 인해 훨씬 우월한 신상품들이 나오게 되었다. 나는 새로운 디지털 기술과 소형 컴퓨터를 응용하는 최첨단의 일을 하고 싶었다. 그것이 정찰기술에서도 주요 역할을 하게 될 것이었다. 그러나 우리 연구소가 아날로그 기술에 매어 있다보면 선두주자에서 밀려날 것임이 분명했다. 게다가 우리 모회사의 관료주의 때문에 무력감이 커지고 있던 터라 난 큰 회사의 단점과 싸우는 대신, 팀을 조직하고 임무를 수행하며 기술을 선도해나가기에 적합한 좀더 유연한 회사를 세워야겠다는 생각을 하기 시작했다.

그러한 생각에 골몰한 채로 1963년 크리스마스 휴가를 보냈고 휴가가 끝날 즈음 결정을 내렸다. 1월 초에 사직서를 낸 후, 같이 있던 네명의 고위 관리직원들을 데리고 나와 회사를 차리고 ESL 주식회사라고 이름 붙였다.[8]

최초의 씰리콘밸리 기업가와
첩보기술의 발전

제품을 자세히 설명할 수도 없고 고객이 누구인지 말해줄 수도 없다면
ESL에 투자하는 일은 너무나 위험하다고 봅니다.
— 1964년 4월, 드레이퍼앤존슨 사의 프랭클린 P. 존슨이 페리에게[1]
(원문 변형)

　실베이니아의 남부럽지 않은 직위 — 난 그곳의 전자방어연구소 소장이었으니까 — 를 던져버리고 나중에 씰리콘밸리가 된 그 황무지에서 위험천만한 모험을 시작한 나를, 친구들과 친척들은 무모하다고 여겼다. 때는 1964년이었으므로, 씰리콘밸리가 첨단기술 분야의 당차고 참신한 젊은 기업인들의 산실로 유명해지기 전이었다. 사실 씰리콘밸리라는 명칭도 아직 없었다. 그러나 디지털 시대가 기지개를 켜고 있었고, 노쇠해가는 기술과 관료제에 푹 젖어 있는 모기업의 숨 막히는 분위기에서 벗어나면 우리가 실베이니아에서보다 더 성공할 것이라고 믿었기 때문에 난 내 결정이 옳다고 확신했다.

　냉전시대의 정보임무가 곧 ESL의 중추가 될 것이었다. 사장이자 CEO로서 나는 ESL의 규모나 역량을 키우기 위해 그 분야에 전념했다. 그리고 쿠바 미사일 위기 때는 물론 그전에도 그랬듯이 정보기관을 위해 무료로 자문해줄 계획이었다.

머릿속에 해결해야 할 큰 문제 두가지가 떠올랐다. 소련의 모든 ICBM 성능시험에서 어떻게 좀더 완벽한 원격측정 데이터를 확보할 것인가? 그리고 초기 개발단계에 있는 소련의 탄도미사일 방어체계의 역량을 파악하기 위한 핵심신호를 어떻게 탐지할 것인가? 이는 어려운 과제였고, 그 당시 씰리콘밸리의 신기술을 총동원해야 할 것이었다.

결국은 디지털 기술이 우리의 세계에 엄청난 변화를 가져오리라 믿었기 때문에, ESL이 첨단기술을 선도할 수 있도록 디지털 기술에 우리의 모든 것을 쏟아부었다. 또한 지상과 항공을 통한 정보 수집체계의 한계 때문에 위성 정찰체계가 필요해질 것이라고 보았으므로 그쪽에 중점을 둘 계획이었다.

나중에 핵위협을 줄이기 위한 일을 하는 데 ESL을 설립하고 경영하면서 얻은 경험은 정말 중요했다. 바로 패러다임이 되었던 것이다. 말하자면 ESL에서 핵위기의 다양한 문제를 다루는 학교에 다닌 셈이었고, 거기서 배운 것들이 그때는 물론이고 이후 나의 길을 가는 데 중요한 역할을 했다. 우선 핵위기라는 힘든 과제와 씨름하기 위해서는 조직상의 혁신과 독립이 필요하다는 것을 배웠다. 우리는 단순히 사업을 시작한 것이 아니었다. 더 깊은 차원의 임무를 맡고 있었고 그것이 최우선이었다. 핵위기는 전례없는 문제이자 역사의 전환점이었다. 많은 것들이 걸려 있었고, 전통적인 기업운영과는 다른 방식과 특성이 요구되었는데, 그것은 주로 일이 닥칠 때마다 새로 만들어내야 했다.

소련의 위협을 다루는 데에는 어렵고 도전적인 탐정일도 필요했고 그러려면 창의적으로 자유롭게 일할 수 있는 환경이 조성되어야 했다. 여기서 원칙은 조직 내의 정치적인 문제는 치워버리고 공익을 위해 서로 협력하고 분석적으로 접근해야 한다는 것이었다. 실패한 다고 해도 낙인이 찍히는 일은 절대 없었다. 사실 한번이라도 실패해 보지 못한다면 더 멀리까지 나아가지 못할 것이었다. 더 쉽게 문제의 답과 해결방법을 찾으려면 관료절차를 간소화하고 효율을 높여야 했다. 우리의 일이 촌각을 다투는 일이었으므로 더욱 그러했다. 그리 고 탐지와 수집, 처리, 분석, 결과제시 등 냉전시기 정보임무의 어느 단계에서나 최첨단기술은 핵심이었다.

이렇게 ESL에서 얻은 가르침은 내게 큰 기반이 되었다. 그에 못지 않게 중요했던 것은 '현장방문경영'이라고 불리는 방법을 상황에 맞 게 실천했다는 점이었다. 나는 격식없이 프로젝트 팀들을 자주 찾아 갔다. 문제해결사들을 알고 지내는 것이 꼭 필요하다는 것을 깨달았 기 때문이다. 그들이 무엇을 해냈고 어떤 곤란함을 겪고 있는지, 영 해결되지 않는 문제에는 어떻게 접근하는지를 알아야 했다. 프로젝 트 팀과 일하면서 같은 기준을 갖는 공동의 대화방식을 배웠다. 나는 그 언어로 대화했고 핵심 아이디어를 이해하게 되었다.

ESL의 일은 핵위기에 대처하는 것이었으므로 처음부터 독자적인 운영방식이 필요했다. 예를 들어 외부로부터 전혀 투자를 받지 않고 회사를 시작했다. 왜냐고? 선도적인 씰리콘밸리 창업투자회사인 드 레이퍼앤존슨이 우리에게 투자하려 했지만, 우리가 어떤 상품을 만 드는지 고객은 누구인지 등에 대해 전혀 알려주지 않았기 때문에 아 쉬워하며(그리고 당연하게도) 그만두었던 것이다.

ESL은 전적으로 우리사주 방식이었다. 창립자들과 맨 처음 들어온 몇백명의 기술진이 ESL의 주식을 매입했다. 주식은 그외의 누구에게도 팔지 않았다. 앞으로 먹고살고도 남을 만큼의 돈을 가진 사람은 아무도 없었지만, 대부분이 전자방위산업에서 10년 가까이 근무했었기 때문에 회사를 그만둘 때의 은퇴자금은 모아놓은 상태였다. 그러니까 직원들 가정의 노후자금을 자본금으로 해서 ESL이 세워진 셈이었다. 우리의 중대한 도전에 얼마나 많은 것이 달려 있는지를 생각하면 이런 헌신은 타당해 보였다.

ESL의 창립자 다섯명이 2만 5천 달러씩을 투자했고, 그다음의 직원들이 5천 달러에서 1만 달러 정도를 투자했는데, 1964년 당시 젊은 과학기술자들로서는 상당히 큰돈이었다. 자신들의 노후자금을 지키고 불려나가야 한다는 것이 직원들에게 강한 동기부여가 되었다. 우리는 ESL을 겨우 10만 달러 약간 넘는 돈으로 시작했다. 한해가 지났을 무렵 총자본금은 50만 달러가 넘었는데, 모두 창립자와 직원들이 이루어낸 것이었다.

회사의 규모가 커지면서 우리는 캘리포니아 써니배일의 마핏파크로 이주했다. 훗날 아타리와 야후, 그리고 협상이 성사되는 식당이라는 그 상징적 장소인 라이언앤컴퍼스를 비롯하여 백여개의 씰리콘밸리 회사들이 들어설 그 장소에 우리가 처음 들어간 것이었다. 하지만 그때, 황갈색의 품위있는 2층짜리 건물인 우리 회사는 캘리포니아의 태평양 연안을 배경으로 드넓게 펼쳐진 토마토 밭을 내려다보며 마핏파크의 끄트머리에 외로이 서 있었다. 그로부터 불과 몇년 만에 ESL은 광활한 세계의 감시체계를 위한 역동적이고 창의적인 정찰 프로젝트가 진행되는 복합단지가 되었다.

ESL 초기에 가장 시급했던 것은 소련이 과연 우리의 ICBM에 대항해 효과적인 BMD를 실행할 수 있을지 알아내는 것이었다. 우리의 화상위성에 따르면 한창 개발 중인 것으로 보이는 소련의 BMD에 대해, 미국의 국방기획 인사들이 경고를 보내고 있었다. 그 성능이 어떠할지, 그것이 배치되면 우리의 전쟁억제력이 얼마나 약화될 것인지 격렬한 논쟁이 벌어졌다. (아이러니하게도, 50년이 더 지난 후 유럽에 배치된 미국의 BMD에 대해 러시아도 똑같은 우려를 내비쳤다.) 1960년대 중후반 미 전략가들 일부는 미국 역시 그에 상응할 만한 방어체계를 구축해야 할 뿐 아니라, 핵무기를 서로에게 쏘아댈 때 소련의 BMD에 의해 파괴될 미사일들을 벌충하기 위해 ICBM을 증강해야 한다고 주장했다. 다시 핵무기 경쟁을 가속화할 태세였다. 따라서 정보기관은 소련의 BMD 성능을 파악해야 한다는 엄청난 압박감에 시달렸다. ESL은 계속해서 새로운 방안을 생각해냈고 의미있는 결과도 낼 수 있었다.

그 기간에 우리는 당시 인텔이 막 출시한 디지털 부품을 이용한 소규모 위성기반 장치에 대한 제안서로 계약을 몇 개 따냈는데, 그 장치는 성공적이었다. 그즈음 정부는 대규모 위성기반 정보수집 및 처리 장치에 대한 제안서를 요구했다. ESL이 아직은 작은 회사였지만, 당차게 최고의 설계팀을 꾸려서 수신용 써브씨스템을 구축하겠다는 제안서를 냈다. 성사된다면 지금까지 우리가 따낸 어떤 계약보다 더 큰 계약이 될 것이었다.

최고의 설계팀을 가졌기 때문에(그렇게 생각했기 때문에) ESL이 계약을 따낼 것이라며 우리는 자신만만해했다. 지나치게 자신만만했기에 어리석게도 '차선책'을 준비하지 않았고, 따라서 입찰에 실패하자 직원은 많은데 수주받은 계약은 거의 없는 상황에 놓이고 말았다. 보통 그렇게 되면 직원 수를 줄이는 구조조정을 단행하지만, 유능한 우리의 팀원을 그렇게 할 수는 없다고 믿었기에 남들이 하지 않는 더 위험한 길을 택했다. 유능한 직원을 내보내면 평판이 나빠지고 우리가 지키고자 하는 회사상도 무너질 것이기에, 우리는 우회적 해결방법을 찾아냈다. 그 지역의 주요 회사를 찾아다니며 지금 일시적으로 남는 인력을 6개월에서 12개월 정도 '대여'해주겠다고 했던 것이다. 그 회사들이 기본급을 지급하면, ESL이 그들을 고용상태로 유지하면서 복지혜택 등의 부대비용을 담당하겠다고 했다. 그후 '대여'됐던 직원들이 1년 안에 다 ESL로 복귀했고, ESL의 동료들은 서로 간의 의리를 확인하게 되었다. 이듬해 우리 사업은 크게 성장했고 그 직원들을 다시 데려올 수 있어서 무척 기뻤다.

우리는 또한 지상설치장치를 만드는 작업도 계속했다. 그 당시 새롭게 대두한 정찰이라는 과제가 얼마나 복잡하고 도전적이었는지 그리고 그로 인해 얼마나 놀라운 결과가 생겨났는지를 특히 잘 보여주는 예가 있다. 아주 창의력 있는 ESL 기술자 가운데 하나인 루 프랭클린은 해군 연구소의 짐 트렉슬러가 수행했던 '달 반사 통신 프로그램'을 보며 착상 하나를 떠올렸다. 트렉슬러는 소련 레이더가 가동 중일 때 달이 적당한 위치에 있다면 레이더가 달에 반사되어 다시 지구로 돌아온다는 사실을 알아냈다. 그로부터 루는 달의 크기를 고려하면 소련의 BMD 레이더 신호를 반사해 보내는 그 강도가 미국

지상에서 커다란 안테나로 수신할 정도가 될 것임을 계산해냈다. 그리고 그로부터 그 신호의 특성을 파악할 수도 있다고 했다. 회사에서 몇마일 떨어지지 않은 스탠퍼드 대학의 주 캠퍼스의 작은 목초지 언덕에는 굉장히 큰 안테나가 세워져 있었다. 직경이 150피트나 되는 늠름한 '접시'는 멀리에서도 눈에 띄는 랜드마크였다. 스탠퍼드 접시안테나는 접시에 연결된 강력한 송신기로 달을 비추어서 달의 지도를 제작하기 위한 것이었다. 하지만 안테나를 항상 사용하지는 않았고, 그 관리자로부터 사용하지 않을 때에는 우리가 써도 된다는 허락을 받았다. 우리는 반사기로 작용하기에 적당한 위치에 달이 다다랐을 때 안테나에 초고감도 수신기와 기록장치를 연결했다. 늦은 밤 ESL 팀은 정말로 루가 예측했던 대로 소련의 신호를 받았고 양질의 기록을 얻어낼 수 있었다.

루의 팀은 다음날 그 신호를 분석했고, 난 그날 저녁 워싱턴으로 날아가 CIA의 버드 윌런과 국방부 관리들에게 그 결과를 보고했다. 그 기록을 통해 우리는 최종평가를 내릴 수 있었다. 소련의 레이더는 우리의 미사일과 궤도 운행 중인 위성들을 세세하게 감시할 수는 있지만 전쟁억제를 위한 미 ICBM에 미사일을 발사할 만큼의 정확도를 갖추지는 못했다는 것이었다.

그러나 미국의 BMD를 구축해야 한다는 압력은 단지 그 속도만 늦추었을 뿐이었다. 몇년 후 닉슨 대통령은 세이프가드라는 이름의 BMD를 설치하겠다고 발표했다. 공식임무는 배치되어 있는 미 ICBM 의 보호였다. 가동된 지 1년도 못 되어 세이프가드는 소리소문 없이 해체되었는데 그로 인해 미국의 안보에 눈에 띄는 손실은 없었다.

ESL이 스탠퍼드의 거대한 접시안테나로 BMD 수신기를 작동시키는 동안 예상치 못했던 전파방해를 발견했다. 정말 신기한 우연의 일치로 스탠퍼드 안테나가 위치한 바로 그 팰로앨토 지역의 모든 택시들이 소련의 BMD 레이더와 똑같은 주파수의 무전통신을 사용하고 있었던 것이다. 그래서 지구에서 달로, 그리고 다시 우리의 수신 지역으로 거의 50만 마일을 거쳐 온 소련의 레이더 신호를 해독하기 위해서, 겨우 10마일 이내에서 발생한 달갑지 않은 택시 신호를 걸러낼 디지털 장비를 고안해내야 했던 것이다!

또다른 혁신의 예로는 항공수송 정보수집 씨스템에서 가장 곤란해했던 문제를 해결한 것이었다. 정밀 방향추적 써브씨스템이 신호를 잡아내는 데 중요한 역할을 할 수는 있었지만, 고주파수일 경우 가로챈 신호의 방향을 공중에서 정확하게 알아내기란 불가능했다. 문제는 항공기의 기체가 무선신호를 여러 경로로 반사해서 신호의 방향을 잘못 읽게 된다는 것이었다. 혁신적 사고의 전형이라 할 ESL 기술자 래이 프랭크가 기발한 착상을 했다. 지정해놓은 항공기에 그 다중경로 신호의 견본을 만들어 기내의 디지털 컴퓨터에 그 견본을 저장하면 '비행 중에' 다중경로에 의한 오류를 바로잡을 수 있다는 것이었다. 그의 기발한 착상은 완벽했다. 그것의 성공여부는 항공기에 실을 만큼 작고 튼튼한 고속의 디지털 컴퓨터가 있는지에 달려 있었는데, 휼렛패커드가 거기에 딱 맞는 모델인 HP2000을 그때 막 시장에 내놓은 참이었다. 그래서 ESL은 그 휼렛패커드 컴퓨터의 가장 주된 고객이 되었다.

디지털 기술을 효과적으로 응용할 수 있는 다른 예들도 찾아냈다.

우리 기술팀의 팀원들은 곧 디지털 방식의 신호처리 씨스템을 '신호'가 아닌 다른 데이터에도 응용할 수 있다는 사실을 발견했다. 아주 총명한 과학자 밥 포섬과 짐 버크는 그 새로운 씨스템을 디지털 이미지에 적용했다. 마침 나사에서 지구자원탐사 기술위성(ERTS, 후에 랜드샛이라 칭함)을 쏘아올렸는데 그것이 저해상도 디지털 이미지를 지구로 보내주고 있었다. CIA는 고해상도 디지털 이미지를 지구로 전송하는 사진정찰위성을 새로 쏘아올렸다. 사진분야도 디지털 시대를 맞았던 것이다.

그 결과 ESL은 이제 지구로 쏟아져 들어오는 엄청난 분량의 디지털 이미지의 신호처리 씨스템을 설계하는 계약을 맺게 되었다. 처음에 그 작업은 디지털 데이터 스트림을 받아서 그것을 그림으로 전환하는 일에 중점을 두었다. 하지만 곧 그 이상도 가능해졌다. 데이터를 잘 다루면 잡음을 제거하거나 공간의 왜곡을 교정하거나 화질을 높이는 등 다양한 방식으로 이미지를 개선할 수 있었던 것이다. 디지털 기술이 아직 초기단계였기 때문에 이러한 일은 무척 어려운 것이었다. 우리는 당시 시중에 나와 있던 것 중 가장 용량이 큰 IBM 컴퓨터(IBM 360)의 공간을 빌렸는데, 우리가 개발했던 쏘프트웨어는 한 사람이 몇십년을 꼬박 매달려야 할 만큼 힘든 일이었다. 어떻게 보면 우리는 포토샵을 미리 만들고 있었던 것이지만, 소비자들이 디지털 이미지를 신호처리할 수 있는 디지털카메라나 개인용 컴퓨터를 살 수 있기까지는 수년이 더 지나야 했다.

신호를 받아 처리하는 일을 넘어 궁극적으로 해야 하는 일은 신호해독이었다. 전통적으로 정보해독은 정부기관에서만 맡았었는데,

ESL을 설립했을 당시 가장 중요한 정보수집의 대상은 ICBM이나 핵폭탄, 탄도미사일 방어체계, 초음속 항공기나 드론처럼 고도로 기술적인 것들이었다. 그에 대한 정확한 데이터를 수집하려면 복잡한 기술 정찰체계가 필요했다. 정부는 그 방면의 전문가를 가진 회사들과 계약을 체결하기 시작했고, ESL은 그 선두에 있었다. 우리는 원격측정과 비콘, 전파 데이터를 분석하는 장기계약을 맺었다. ICBM과 위성, BMD 체계, 군사 레이더의 성능을 평가하는 계약도 맺었다. 소련의 핵위협에 대해 '알아내기 힘든 상세한 정보'를 확보해야 한다는 긴급한 국가적 사명의 중심에 우리가 있었던 것이다.

군축청(Arms Control and Disarmament Agency, ACDA)에 관여하게 된 것은 정보분석 작업을 하다보니 당연하게 생겨난 결과였다. 내가 ACDA를 알게 된 것은 1961년 케네디 대통령이 ACDA를 설립한 직후였고, 그때 실베이니아와 ESL이 둘 다 ACDA로부터 분석 관련 수주를 받았다. ACDA의 일을 맡아 하면서 핵무기 통제분야의 두 거물이자 이후 나의 오랜 동료가 될 볼프강 파놉스키[2]와 씨드 드렐[3]을 만났다. 그들과 마찬가지로 나는 무기통제와 핵무기 감축이 핵참사의 위험을 줄이고, 고삐 풀린 '공포를 통한 균형상태'를 깨고 역전시키는 데 핵심이라고 믿었다.

풋내기 신생기업이었던 ESL은 13년 만에 미국에 대한 핵무기 위협을 다루는 국가업무에 중대한 기술공헌을 하는 회사로 성장했다. 1977년쯤에 직원이 천명에 이르렀고(난 그 직원들을 개별적으로 다 알았다) 재정적 성공을 이루었으며 국가적인 명성도 얻었다.

그 당시에는 예상조차 못했지만, 똑같은 경영원칙이 국방부라는 아주 다른 환경에서도 내게 큰 도움이 될 것임을 곧 확인할 수 있었다. 내 인생여정에서 새로운 길이 곧 열릴 것이었는데, 그 길이 점점 더 핵의 벼랑 끝에 다가가면서 나는 새 역할을 떠맡게 될 것이었다. 핵무기 사용을 막기 위해 새로운 무기를 설계하는 일(핵시대의 고전적인 역설)을 책임지게 되면서, 내가 정찰체계를 개발하면서 썼던 디지털 기술과 경영법이 매우 중요해질 것이었다. 역할과 자원은 달라지겠지만 나의 임무는 근본적으로는 같았다.

복무 명령

기술자에게 이건 세상에서 가장 짜릿한 일입니다.
지금은 상상도 할 수 없을 정도로 당신의 정신세계를
넓혀줄 거예요.[1]

— 1977년 3월, 진 푸비니가 페리에게
(원문 변형)

ESL이 매출과 주가에서 크게 성장할 무렵 내 인생은 극적으로 바뀌었다. 1977년 1월 새로 들어선 카터 행정부의 국방장관인 해럴드 브라운[2]이 내게 국방부 연구기술 차관을 맡아달라고 요청했다. 그때까지 난 행정부에 들어갈 생각은 전혀 없었다. 캘리포니아에 설립한 회사와 나의 가족과 함께해야 한다는 강한 책임감이 있었다. 아내인 리와 상의했는데, 리는 내 의향을 전적으로 지지해주었다. 하지만 워싱턴에서의 호출은 계속되었고, 결국 난 일단 가서 어떤 일인지나 알아보기로 했다.

그러고는 곧 핵억제에 심각한 문제가 생기고 있었고, 그것은 단지 정찰로 해결될 것이 아님을 이해하게 되었다. 미국과 소련의 군사력 면에서 불균형이 심해지고 있었는데, 핵무기의 사용을 막는 일에 모든 것이 걸려 있는 상황에서 그런 역학관계는 매우 암울한 것이었다.

해럴드 브라운이 케네디 행정부에서 국방 연구기술국장(the director

of defense research and engineering, DDR&E)이었을 때 자문을 좀 해준 적이 있었는데, 그때 난 그에게 대단한 존경심을 갖게 되었다. 그는 내가 함께 일해본 사람들 중 가장 똑똑한 사람이었으므로 나를 왜 그 자리에 기용하기를 원하는지 주의깊게 들어보았다. 그는 미국이 심각한 안보위기에 직면해 있다고 말했다. 소련이 핵무기에서 미국을 따라잡았고, 재래무기에서는 소련이 3대 1 수준으로 미국보다 앞서왔기 때문에 미국의 전쟁억제력이 더이상 확고하지 않다고 했다. 그는 ESL의 선도적인 디지털 기술을 재래식 군사체계에 도입해줬으면 했다. 그렇게 되면 소련의 수적 우위를 상쇄할 수 있으리라는 생각이었다. 그 일을 하려면 대규모 자금을 관리해야 하므로, 예전에 '직원을 부려본' 사람을 원한다는 것이었다.

다음으로는 그의 동료이자 고문인 진 푸비니[3]와 한참을 얘기했다. 아주 총명하면서도 활달한 푸비니는 브라운이 DDR&E였을 때 그의 수석 부국장이었다. 푸비니는 미국의 군사체계에 새로운 기술을 도입하는 것이 얼마나 흥미진진한 도전인지 주장하더니 앞을 내다보듯이 이렇게 말을 맺었다. "기술자에게 이건 세상에서 가장 짜릿한 일입니다. 지금은 상상도 할 수 없을 정도로 당신의 정신세계를 넓혀줄 거예요."

신임 국방부 부장관인 찰스 던컨도 만났는데, 그는 자신의 주식을 백지신탁하게 했다고 얘기하면서, 내 재산의 대부분인 ESL 발기인 주식도 그렇게 할 수 있을 거라고 했다.

나의 경영방식이 사업 쪽에서는 잘 통했지만 과연 정부부처 일에서도 효과가 있을지 처음에는 의구심이 들었다. 난 경영 관련 과정을 밟은 적이 없었고, 그저 일을 해나가면서 배웠을 따름이다. 그러나 이 새롭고도 도전적인 일은 세부내용만을 배우면 충분하지, 사람들을 다루는 데는 새로운 방식이 필요없을 거라고 결론내렸다. 그래서 모든 면을 두루두루 고려했을 때 새로운 도전이자 중요한 이 일을 잘 해낼 수 있겠다는 마음이 들기 시작했다.

이에 덧붙여서, 재래식 전투병력에서 소련의 양적 우세를 상쇄하는 데 디지털 기술이 미치는 핵심역할을 이해하게 되면서, 비용이 많이 드는 무기경쟁에서 우리의 기술로 경제우위를 지킬 수 있겠다는 생각도 들었다.

리가 자신이 다니던 직장을 잠시 쉬는 데 동의하여 함께 워싱턴에 집을 마련했고, 내가 창립한 회사와, 그곳에 남아 있을 가족과 좋은 친구들에게 시원섭섭한 작별인사를 했다.

워싱턴의 새 사무실 창문으로는 싼타크루즈 산맥이나 태평양 연안이 보이지는 않았지만, 국방분야에서 정부 자문위원을 했던 터라 거대한 펜타곤의 소리가 왕왕 울리는 길고 분주한 복도가 낯설지는 않았다. 세계적으로 독특한 건물이자 미군의 영향력과 힘을 건축적으로 증명하는 국방부 건물 말이다.

국방부 차관이 해야 할 복잡한 업무를 파악하는 데 몇달이 걸렸다. 정찰 관련 사업과는 확연히 달랐지만 이 새로운 자리가 핵참사를 막는 데 적합한 자리임은 분명했다.

다행히 나를 도와준 전문가들이 많았다. 푸비니가 토요일 아침마다 내 펜타곤 사무실에 들러서 지지와 조언을 아끼지 않았다. MIT 링컨 연구소의 소장이자 뛰어난 기술자였던 제리 디닌이 나의 수석

부차관이 되어, 나와 비슷한 시기에 직무를 시작했다. 방위고등연구계획국(the Defense Advanced Research Projects Agency, DARPA)의 재능있는 국장인 조지 하일마이어도, ESL의 씨스템 연구소를 관리했던 밥 포섬이 그 일을 맡기까지 반년간 더 자리를 지키겠다고 했다. 그리고 첫달에 최고의 군 보좌관을 영입할 수 있었다. 푸비니는 실력 있는 군 보좌관이 꼭 필요하다면서, 자신이 아는 가장 똑똑한 장교로 공군 중령인 폴 카민스키[4]가 있는데 그가 국방대학교에서 1년 과정을 막 마쳤다고 하며 추천했다. 하지만 그의 근무를 요청했을 때 공군 참모총장인 데이비드 존스는 카민스키가 이미 다른 자리에 배치되었다고 알려왔다. 푸비니가 그 특유의 성격대로 버럭 화를 내며 다시 전화를 걸어 그쪽 배치를 취소하고 내 쪽으로 보내라고 얘기하라고 했다. 내가 그렇게 하자 존스 역시 시키는 대로 했다. 나의 지위가 어느 정도 영향력이 있는지를 처음 느낀 순간이었다.

나는 이제 군과 방위청의 모든 무기를 생산하고 시험하는 일을 책임지고 있었을 뿐 아니라 모든 군의 연구기술을 감독하는 임무를 맡았다. 모든 군은 계획을 수행하기 위해 나의 지원을 필요로 했다. 나의 첫 직함은 소련이 스푸트니크를 쏘아 올렸을 때 그에 대응하기 위한 자리였던 DDR&E이었다. 두번째로 그 자리에 올랐던 인물이자 이제 국방부 장관이 된 해럴드 브라운은 그 자리가 기술적 책임만을 지기 때문에 너무 제한적이라고 보았다. 그가 방어체계의 개발 및 생산뿐 아니라 통신과 정보까지 아우르도록 나의 권한을 늘려주었다. 브라운은 더 많은 책임을 맡게 된 나를 위해, 의회에 나의 직함을 국방부 연구기술 차관으로 바꿀 수 있는 권한을 요청했다. 그렇게 되면 국방부의 군수품 조달까지 책임지게 될 것이었다. 의회는 1977년 말에 그것을 승인하여 난 두번째 취임선서를 했다.

처음으로 상원의 인준청문회에 참석했던 날이 상원의 군사위원회를 처음 본 날이기도 했다. 방위산업에 종사해왔기 때문에 나는 상원의원들이 관심을 보인 대부분의 사안에 대해 잘 알고 있었고, 그래서 청문회는 순조롭게 진행되었다. 가장 기억할 만한 일은 조지아주 상원의원 쌤 넌[5]을 처음 알게 된 것이었다. 넌은 의원 중에서 가장 젊은 편이었지만 방위문제에 대해 잘 알고 있었고, 나토의 전략적 핵무기 관리에 비판적 입장을 취함으로써 이미 두각을 나타내고 있었다. 청문회에서 그는 아주 어렵고도 통찰력 있는 질문들을 던졌고, 소련의 수적 우세를 상쇄하겠다는 나의 방안을 알아보기 위해 '혹독한 검증'을 했다. 나는 아주 강한 인상을 받았다. 그리고 당시에는 몰랐지만 사실 이 첫 대면이 핵안보 면에서 오랫동안 이어질 협력관계와 깊은 우정의 첫걸음이었다.

그러나 새로운 지위를 맡으면서 예상치 못하게 치러야 했던 댓가도 있었다. 첫번째 취임선서에 앞서 열렸던 청문회에서 상원의 군사위원회 의장 존 스테니스 상원의원은 ESL 주식의 백지신탁을 승인할 수 없다고 했다. 사실 찰스 던컨의 경우 유사한 신탁에 대해 승인을 받았었고, 그보다 몇년 전 데이비드 패커드도 마찬가지였다. 스테니스 상원의원은 군수품 조달 운영진으로서의 내 지위가 너무나 민감하기 때문에 백지신탁 방식으로 보호막을 치더라도, 그 분야와 관련을 맺는 일을 허용할 수 없다고 주장했다. 이미 ESL을 떠나 워싱턴으로 옮기기까지 한 마당에 모든 걸 없던 일로 하는 건 현실적으로 불가능했기에 그 요구를 받아들여 ESL 발기인 주식을 모두 팔았다. 몇달 후 ESL 이사회는 내가 주식을 처분했던 당시의 몇배가 넘는 가격에 TRW에 회사를 넘기기로 결정했다. ESL이 팔리고 일주일 후 한 기자가 나를 인터뷰하러 왔는데, 그는 국방부 고위관리의 특전 중 하나인 펜타곤에서의 장관과의 식사를 따내는 데 얼마나 드는지를 폭로하려는 듯했다. 그가 장관의 식탁에 함께 앉기 위해 돈이 얼마나 들었는지 물었을 때, 난 생각해볼 것도 없이 바로 답했다. "백만 달러쯤 들었습니다."

다음해에 채 아물지도 않은 그 상처를 또 들쑤시는 일이 생겼다. 국세청(IRS)이 나의 1977년 소득세 신고 회계감사에 들어간 것이다. 캘리포니아에서 워싱턴으로 가구를 옮기는 비용을 세금공제되는 업무비로 처리했었는데, IRS는 정부가 그 비용을 변제해줄 것임을 '알고 있으므로' 세금을 공제해줄 수 없다는 것이었다. 하지만 그 당시 정부는 대통령이 지명한 공직자의 이사비용을 변제해주지 않았다. 공인회계사인 리가 반신반의하는 회계감사원에게 이 점을 지적하자, 그가 서둘러 확인해보더니 리의 말이 맞다면서 여기서 감사를 끝내겠다고 했다. 하지만 그때쯤엔 리가 그런 식으로 끝낼 생각이 없었다. 공제 가능한 비용 가운데 우리가 아직 청구하지 않은 게 있다는 증거들을 찾았는데, 어차피 회계감사원이 우리의 파일을 연 김에 그것들을 다 청구하겠다고 했다. 팽팽한 논쟁 끝에 감사원은 리의 주장이 옳다는 것을 인정해야 했고, 그녀의 청구액을 지불하기로 했다. 금전적으로야 얼마 되지 않았지만 우리에게 상당한 정신적 보상이 되었다. 이 두 재정문제에서 부당한 대우를 받았다는 느낌은 지울 수 없었지만, 그런 금전적 손실에도 불구하고 리와 나는 지금까지도 그때 차관 자리를 수락한 일이 옳았다고 믿고 있다. 우리는 뒤를 돌아보며 후회하는 일은 절대 하지 않는다.

차관이 된 것은 이후의 모든 것을 바꿔놓은, 내 인생에 가장 큰 영향을 끼친 결정이었다. 나중에 보니 진 푸비니의 예측은 정확했다. 그 일은 단지 나의 정신세계만이 아니라 워싱턴에서 국방정책이 어떻게 만들어지는지에 대한 이해를 높여주었다. 국방정책을 만들어내고 시행하는 요직에 있는 사람들과 접촉했던 경험은 이후 핵안보 일을 해나가는 데 매우 중요했다. 게다가 외교도 처음으로 접하게 되었는데, 그것도 이후 나의 일에서 결정적이었다.

핵의 위협을 줄이는 중차대한 임무에 따르는 책임감이 실감나면서 정신이 번쩍 들었다. 핵억제력을 유지하기 위해 미국이 당면한 문제들이 내 앞에 놓여 있었다. 정말이지 때는 냉전시기의 중대고비였으므로 조금의 실수도 허용되지 않았다. 전장의 혁신안을 마련하려면 최첨단기술과 설계상의 상당한 즉흥성이 요구되었다. 그것도 한 번에 제대로 해내야 했다.

내가 인생여정에서 일부러 막중한 책무를 얻고자 해도, 그때 내게 맡겨진 일보다 더 시급하고 엄정한 책무를 찾지는 못했을 것이다.

상쇄전략의 실행과 스텔스 기술의 출현

친애하는 카터 대통령께,

저는 소련이 기습적으로 미사일 공격을 하여 우리나라를 초토화할까봐 너무도 걱정스러웠던 나머지 미국을 구할 수 있는 달 폭탄을 설계했습니다. 작동방식은 이렇습니다. 아주 커다란 로켓을 만들어서 거기에 엄청나게 긴 강철 케이블을 탑재하고 그 케이블 한쪽은 땅에 단단하게 박아놓습니다. 그리고 로켓을 달을 향해 발사하되 케이블을 뒤쪽으로 풀면서 날아가게 합니다. 로켓이 달에 착륙하면 로봇이 케이블의 다른 한 끝을 달 표면에 고정합니다. 그러고는 지구가 회전하면서 달을 끌어당겨 소련에 박아버릴 수 있도록 시간을 맞추는 것입니다.

— 어떤 걱정스러운 시민, 1977년 3월 (편지내용을 풀어서 다시 씀)

국방부 차관으로서 최우선임무는 가장 빠른 시일에 '상쇄전략'을 마련하고 시행하는 것이었다. '상쇄전략'은 재래식 병기에서 소련의 양적 우세를 상쇄하여 다시 대등한 군사력을 갖추고 핵억제력을 강화하기 위한 전반적인 계획의 명칭이었다.

차관에 오른 지 얼마 되지 않아 개념상의 어려움에 직면하게 되었는데, 바로 카터 대통령이 '달 폭탄' 편지에 대한 답장을 쓰라고 했을 때였다. 내 행정직원이 그 편지와 함께 국방부 물리학자가 쓴 답장을 가져왔다. 물리학자는 달 폭탄을 만들려면 케이블 규모가 얼마나 되고 로켓의 크기는 얼마가 되어야 하는지 계산하여 당연히 현실성이 없다고 결론냈다. 그 답장에 서명하고 났는데 어떤 생각이 퍼뜩 떠올라 끝에 덧붙였다. "달 폭탄이 설령 현실성이 있다 하더라도 지구의 반쪽을 통째로 날려버리는 것은 우리 행정부의 정책이 아닙니다." 그것이 바로 기술과 정책을 접목한 나의 첫 결정이었던 것이다!

편의상 단순하게 풀어 썼지만 달 폭탄 편지는 진짜였다. 과학기술에서나 정책에서나 제정신에서 나온 것이라 볼 수 없는 그 방안은 암울했던 냉전기간의 공포 — 너무나 실질적이면서 종종 신경증적이었던 — 를 잘 포착한 것이었다. 유명한 방위분야 사상가들과 군사전문가들로 구성된 현위험대처위원회(The Committee on the Present Danger, CPD)는 소련의 무기개발로 인해 미국에 '취약지점'이 생겼다고 주장하고 있었다. 진지하게 상황을 살펴본 많은 이들도 미국의 안보상황이 절박해졌다고 보았다. 학생들은 핵공격을 당하면 책상 밑에 들어가 '몸을 웅크리고 머리 감싸기'를 하라고 배우고 있었다.

우리는 어쩌다가 이렇게 공포에 사로잡히게 되었을까?

2차 세계대전이 끝났을 때 트루먼 대통령은 미 군사력 상당부분에 동원해제를 명했다. 약 8백만명이었던 군인을 50만명으로 줄였고 거대했던 방위산업도 민간부문으로 복귀시켰다. 하지만 스딸린은 약 3백만명의 적군(赤軍)을 그대로 유지했을 뿐 아니라 현대적인 방공(防空)체계를 확립하고 공군력을 증강했다. 무엇보다 중요했던 건 방위산업의 증강과 현대화를 명령했다는 것이다. 스딸린은 2차 세계대전 당시 '민주주의의 무기창고'로서의 미국에 깊은 인상을 받아서, 그것을 '기계의 전쟁'이라 부르며 소련이 다음번 기계의 전쟁에서는 승리할 만반의 준비를 하겠다고 선언했다.

트루먼 대통령은 당시 미국이 핵무기에서 독점적 지위를 지녔음을 알았기 때문에 소련의 무기증강에 달리 대응하지 않았다. 그러나 한국전쟁이 발발했을 때 그는 핵무기를 실제로 사용할 수는 없다 — 매카서 장군은 사용할 것을 강력히 주장했지만 — 는 사실을 곧 깨달았다. 트루먼은 그 대신 고전적인 소모전을 하기로 결정했는데, 미국은 그 방면의 준비가 잘 되어 있는 편이 아니었다. 북한군과 중국군에 맞서 고군분투하면서 미국 방위산업을 재동원하지 않을 수 없었다. 그러나 군인 면에서는 인가병력을 늘리는 대신 예비군을 소집함으로써 그 수요를 충당했다. (앞에서 말했듯이 난 예비군이었음에도 입대명령을 받지 않았다.)

1952년 아이젠하워가 대통령으로 당선된 뒤 6개월 만에 휴전협정을 하고 예비군 부대를 사회로 복귀시켰다. 그즈음엔 미국이 소련과의 장기전을 앞두고 있음이 분명했고, 그래서 아이젠하워는 적군의 수적 우세가 심각한 걱정거리임을 알았다. 하지만 그는 핵무기에서는 미국이 압도적 우위에 있었으므로 재래식 병력에서의 적군의 우세를 상쇄할 수 있으리라고 판단했다. 이것이 바로 대규모의 상비군을 계속 유지하면 얼마 안 가 그것이 미국 경제에 지장을 주리라는 확신(그 정책이 결국에는 소련 경제에 바로 그런 지장을 초래했던 것이다)에 기초한 아이젠하워의 상쇄전략이었다.

아이젠하워의 재임 시절부터 카터 재임기까지 우리는 대규모의 소련 정규군에 전략적 핵무기와 전술적 핵무기로 상쇄해왔다. 정규군을 동독의 서쪽 국경에서 영국 해협까지 보내는 것이 소련의 침략계획(나치 독일의 바르바로사 작전[1]은 그 반대방향이었다)임이 분명해 보였다. 소련의 그러한 계획을 막을 미국의 전략은 서독 내에서 정규군에 대항할 전술적 핵무기를 사용하는 것이었다. 다시 말해 동맹국의 영토에서 핵무기로 공격한다는 것이다. 전략가들의 논리는 그런 종류의 무기와 그 수송수단에서 우리가 훨씬 우위에 있으

므로 소련이 그들의 전략적 핵무기를 사용할 엄두를 내지 못하리라
는 것이었다. 미국은 정말 놀라운 기술로 전장에서 우리 군대가 사용
할 일단의 핵무기를 개발했다. 믿기 힘든 일이지만, 아마 오랜 조건
반사와도 같이 군은 전술적 핵무기를 그저 대형폭탄 같은 것으로 여
겼다. 그러니까 재래식 폭탄처럼 그렇게 많이 사용할 필요가 없다뿐
이지 여타의 폭탄과 똑같이 사용할 수 있다고 말이다. 그래서 핵폭탄
이 그저 핵 이전의 무기에서 진화되어 생겨나기라도 한 양, 핵을 사
용한 대포라든지 핵을 장전한 커다란 바주카포(데비 크로켓, Davy
Crockett), 핵을 사용한 지뢰 같은 무기를 전장에 내보냈던 것이다.
당연하게도 소련 역시 나름대로 전술적 핵무기를 개발하고 있었고,
전쟁이 발발하면 그것으로 서구유럽의 통신과 정치 중심지를 파괴
할 계획을 세우고 있었다.

　이러한 무기와 전략을 이제와 뒤돌아보면 위험천만한 시대상황에
서 극도로 무모한, 거의 원시적인 태도가 우리 모두에게 있었다고 할
수 있다. 현재 미국이 전략적 폭격기뿐 아니라 전술적 폭격기에도 탑
재할 수 있는 전역(戰域) 핵무기를 여전히 보유하고 있기는 하지만,
전장에서 핵무기를 사용하려는 전략은 더이상 갖고 있지 않다. 그와
달리 러시아는 상당한 전술 핵무기를 보유하고 있는데, 무기 관련 협
정 회담에서 그에 대해 논의하려 하지 않기 때문에 대략적인 정보밖
에는 갖고 있지 못하다.

　1977년 당시 미국은 핵무기와 관련하여 두가지 심각한 안보상의
도전에 직면했다. 첫번째로, 서구유럽에 대한 소련의 공격을 억제하
는 일은 전략적 핵무기에서의 미국의 우위에 의해 가능했는데 그해

에 접어들어 소련이 대등한 수준에 이르렀고 미 전문가 일각에서는 오히려 앞섰다는 분석도 나왔다. 두번째로는 서독에서 핵무기를 사용한다는 전략은 우리가 전략적 핵무기에서 우위에 있더라도 위험하고 무모한 발상이라는 사실이었다.

전에 없이 위태로워진 세계에서 우리가 직면한 현실에 적용 가능한 새로운 상쇄전략이 필요했다. 전술적 핵무기가 아니라, 지금보다 훨씬 강한 전력에 맞설 때에도 획기적이며 결정적인 기량을 선보일 혁신적인 재래무기를 개발하는 것이 새로운 전략의 핵심이었다. 그러한 전략의 실행이 차관인 나의 최우선과제였다. 수많은 방안이 필요할 뿐더러, 신기술을 이용해 지나친 비용을 들이지 않고도 승산있는 군사력을 증강할 것을 요구하는 이러한 임무는 개념적으로나 실행에서나 굉장한 도전이었고, 무엇보다 경영상의 도전이었다.

내가 당시 부상하던 디지털 기술에 상당한 경험을 갖고 있었기 때문에 브라운 장관과 나는 그것을 기반으로 새로운 상쇄전략을 짜기로 했다. 재임하고 얼마 되지 않았을 때 ESL과 마찬가지로 스푸트니크에 대응하여 20년 전에 설립된 방위고등연구계획국(DARPA)을 방문해 새로운 상쇄전략의 기반이 될 고급 쎈서와 스마트 무기에 대한 상세한 브리핑을 받았다. DARPA 국장인 조지 하일마이어는 록히드항공에서 초기 연구 중이던 대담한 프로젝트를 특히 부각했다. 이 프로젝트에서는 전세계의 군에서 사용하고 특히 소련에서 주로 사용하는, 레이더나 적외선으로 유도되는 대공미사일에 잡히지 않는 전투기를 연구 중이라고 했다. 나는 소위 스텔스 기술이라고 하는 이 기술이 성공만 한다면 전술적인 근접항공 지원에서, 심지어 수적으

80

로 우세한 적군의 전력과 맞선다 하더라도 우리의 공군이 순식간에 우위를 점할 것임을 깨달았다. 적의 대공방어는 소용이 없게 될 것이고, 따라서 지상과 해상에서의 우리 편의 작전은 엄청난 효과를 거둘 것이었다. 그래서 가능한 한 빨리 그 개념을 현실화하기 위해 모든 것을 지원하겠다고 하일마이어에게 말했다.

열정이 넘치는 록히드 스텔스 프로젝트 팀은 벤 리치의 탁월한 지도 아래 6개월 만에 원형(原型) 전투기의 시험비행에 성공함으로써 그 원칙을 증명해 보였다. 그 시험비행기는 레이더 시험 대역 이하로 비행함으로써 공격용 전투기를 대략 작은 새 정도의 레이더 특성으로 구성할 수 있음을 입증했다. 이 놀라운 입증에 힘입어 스텔스 프로그램에 대한 철통 같은 보안을 유지하면서, 공군으로 하여금 DARPA와 함께 스텔스 전투 폭격기의 특성을 찾아 개발하고 제작하도록 했다. 불과 4년 안에 시험에 성공하는 것이 목표였던 그 비행기가 바로 F-117이었다.

새로운 군용기를 개발하여 가동하기까지 드는 시간은 보통 4년 이상으로, 길게는 10년에서 12년이 걸리는 경우도 있었다. 하지만 상쇄전략이 긴급했으므로 F-117은 맞춤형 관리가 필요했다. 다른 스텔스 프로그램과 새로운 전략의 핵심이 될 신형 크루즈 미사일 면에서도 그랬다. 나는 소규모 평가단을 조직하여 내가 의장을 맡고, 군 보좌관인 폴 카민스키에게 사무국장을 맡겼다. 나머지 팀원은 삼군에서 군수용 조달을 담당하는 민간부문과 군부문의 담당자들로 구성했다. 우리는 매달 만났고, 프로그램 관리자가 지난 한달간의 진행과정을 설명하면서 빡빡한 일정을 맞추는 데 걸림돌이 되는 항목들을 알려주면 이를 함께 검토했다. 걸림돌을 없애기 위해서 어떤 조치를 취할지 군관료들이 방침을 낼 때까지 계속 회의를 했다. 조치가 구체화된 다음에야 군수품 조달 실무진에게 당장 실행에 옮기기 위해 필요한 자금을 구하라 — 필요하다면 다른 프로그램에 배정된 자금을 돌려서라도 — 고 지시하면서 회의를 마쳤다. 회의 초반에 나의 지시에 동의하지 않는 군수 실무진들이 자신들의 상관에게 항의하고, 그들이 다시 브라운 장관에게 항의했던 경우가 몇번 있었다. 그럴 때마다 브라운 장관은 나의 결정을 지지해주었다. 몇번 그런 과정을 거치자 반대는 줄어들었고 일에 가속도가 붙었다. 그렇게 신속한 조달과정을 통해 F-117 프로그램은 빡빡한 일정뿐 아니라 목표원가도 맞출 수 있었다. 시간의 초과가 비용초과의 주요 원인임을 입증한 예였다.

법절차 역시 우리에게 유리하게 작용했다. 스텔스 프로그램은 극비사항이어서 극소수의 의원들에게만 보고를 했는데, 그중에는 군사위원회 의장들이 있어서 시간을 잡아먹는 전체발표 없이도 필요한 예산책정을 주도할 수 있었다. 그 과정에서 넌 상원의원의 전폭적인 지지가 정말 주요했다. 국방에 식견이 높고 공명정대하여 동료 상원의원들에게 존경받았던 그는 상쇄전략의 실행목표를 이루는 일이 미국의 국가안보에 절대적임을 충분히 이해하고 있었다.

이러한 특별 운영방식을 남용해서는 안 된다는 것을 잘 알았으므로, 상쇄전략에서 최우선순위에 있는 스텔스 프로그램과 크루즈 미사일 프로그램에만 이를 사용했다. 국방부 전체적으로 효율과 능률을 높이기 위해 군수 획득체계 전체를 개혁하고 싶은 마음이었지만, 차관으로서는 그 어마어마한 과업을 수행할 만한 시간도 여력도 없었다. (뒤에서 얘기하겠지만, 차관을 그만둔 후 국방부의 보좌관이 되었을 때 그 일에 뛰어들었고, 그다음 국방부 부장관이 되었을 때 다시 진행했다.)

공군에서 가장 실력이 뛰어난 젊은 장교 중 하나였던 나의 군사보좌관 폴 카민스키는 스텔스 프로그램에 꼭 필요한 인재였다. 내 임기가 끝난 후 그는 공군 스텔스 프로그램 전체의 관리자가 되었다. 많은 이들의 헌신과 재능이 있어 이 프로그램이 멋지게 성공할 수 있었지만, 특히 카민스키와 록히드의 벤 리치의 활약은 독보적이었다. 나중에 합동참모본부 부의장이 되는 조 럴스턴 소령 역시 핵심역할을 했다. 그러나 그 무엇보다 넌 상원의원이 아니었다면 이 중대한 프로그램을 상원에서 통과시킬 수 없었을 것이다. 다른 상원의원들은 이 프로그램에 대한 정보도 거의 없이 오직 그에 대한 신뢰로 그것이 진정 나라의 이익을 위한 것이라고 믿어주었던 것이다.

F-117기가 제작되어 운용되기까지의 놀라운 성과를 시간별로 보면 다음과 같다. 본격적인 개발은 1977년 11월에 시작되었다. 제작된 F-117이 처음으로 시험비행에 성공한 것은 1982년 10월, 그리고 1983년에 실제운용에 들어갔다. 개발 초기에 미군 쪽에서 회의적으로 바라보았던 F-117은 몇년 후 '사막의 폭풍' 작전(1991년 걸프전의 작전명 — 옮긴이) 때 스스로를 증명해 보였다.

F-117 스텔스 폭격기가 대중에게 가장 잘 알려져 있긴 하지만, 우리는 나중에 B-2가 된 대형폭격기와 장단거리 크루즈 미사일, 정찰기, 그리고 심지어 군함까지, 다른 많은 종류들을 아우르는 스텔스 무기 일습을 개발했다. 상쇄전략의 군사력 증강을 위한 최초의 씨스

템이 몇배 더 강화된 새로운 상쇄군사력을 만들어낸 셈이었다. 주목할 만한 예로, F-117을 제작한 록히드가 개발한 실험적 스텔스 군함인 씨 섀도(Sea Shadow)를 들 수 있다. 씨 섀도는 아주 낮은 전파 반사면적을 갖는 데 성공했을 뿐 아니라 음파감지기에 걸릴 가능성도 상당히 낮았다. 실제 작전에 사용된 적은 없지만 씨 섀도는 이후 제작된 최신형 미 구축함과 순양함에 적용한, 높은 지렛대효과를 가진 설계원칙을 입증했다. 상쇄를 목표로 한 타개책이 널리 적용 가능하고 지속 가능한 것임이 증명된 것이다.

고도기술을 이용한 새로운 상쇄전략은 순식간에 전면전에서의 이점들을 보여주었다. 이후로 계속 스스로를 증명해온 이 이점들을 제대로 파악하기 위해서는, 전체 전략이 핵심적인 스텔스 기술에 추가된 다른 기능들과 함께 구성된다는 사실을 이해하는 것이 아주 중요하다. 성공은 궁극적으로 세가지 구성요소가 상호 작용함으로써 가능했다. 첫째는 전투지역에서 실시간으로 적군의 전력을 파악하고 위치를 확인하는 새로운 지능적 탐지기이고, 둘째로는 공격목표를 정확하게 타격할 수 있는 새로운 종류의 병기, 즉 '스마트 무기', 마지막으로 적의 탐지기를 피할 수 있도록 폭격기와 군함을 설계하는 새로운 방법, 즉 F-117이 그 최초였던 스텔스 체계다.

내가 차관으로 임명되었을 때 스마트 무기 개발은 이미 상당히 진행 중이었다. 그래서 더욱 역점을 두어 그것이 실제 작전에 쓰일 수 있는 시기를 상당히 앞당겼다. 스마트 무기로는 스마트 포탄(코퍼헤드[2])부터 스마트 단거리 미사일(매버릭[3]과 헬파이어[4]), 장거리 크루즈 미사일(ALCM[5]과 토마호크[6])까지 다양했다. 이 스마트 무기 중 다수가 지금도 미군의 화력에서 중심을 차지하고 있다.

상쇄전략의 구상을 위해 어떤 면에서는 무작정 믿고보는 것이 필요했다면, 그것을 실제 일궈내기 위해서는 창의력과 각고의 노력, 그리고 어떤 차질이 생겨도 극복해내는 참을성이 요구되었다. 차관 임기가 반쯤 지났을 때 난 국방부 출입기자단을 불러서 함께 군 실험장을 둘러보며 스마트 무기를 보여주었다. 화이트샌드와 뉴멕시코에서의 실연(實演)은 두말할 나위 없는 성공이었다. 폐 전차를 대상으로 실험했을 때 코퍼헤드 포탄은 목표물을 명중하여 파괴했다. 공중발사된 탄환들도 표적을 정통으로 맞췄다. 이 극적인 성공에 자신감을 얻은 나는 출입기자단을 다시 포인트 무구(Point Mugu)와 캘리포니아로 데려가 잠수정에서 발사되는 토마호크 미사일 시험을 지켜보게 했다. 브라운 장관이 우리와 동행했다. 우리는 모두 언덕에 서서 표적인 잠수정이 물 아래로 가라앉는 것을 내려다보았다. 계획한 대로 정확하게 토마호크가 발사되었다. 그런데 불행히도 그것이 물 밖으로 튀어나오면서 통제불능으로 빙빙 돌더니 물 아래의 잠수함에서 몇백 야드나 떨어진 물속에 박히고 말았다. 가슴이 덜컥 내려앉았다. 하지만 나는 브라운 장관을 향해 말했다. "걱정 마십시오. 발사준비가 된 토마호크 한 정이 더 있습니다." 그것이 몇분 후 발사되었지만 결과는 마찬가지로 참담했다. 역정이 난 것이 분명한 브라운 장관이 나를 보고 말했다. "기자들에게 뭐라고 얘기하란 말이오?" 내가 겨우 생각해낸 대답이 "뭐든 생각해보십시오!"였는데, 그가 실제 그렇게 해주었다. 이 시험의 목적은 설계상의 결함을 밝히는 것이었고, 시험결과 확실히 결함을 알게 되었으므로 곧 보완할 것이라고 기자단에게 말했던 것이다. 그리고 우리는 그 일을 단 몇주 만에 해냈다. 이후로 토마호크는 두번의 이라크 전쟁에서 수백번 발사되면서 엄청난 효과를 거두어 가장 믿을 만한 무기 중 하나가 되었다.

상쇄전략에서 빠질 수 없는 스마트 탐지기 역시 핵심적이었다. 차관이 되었을 때 나는 내가 잘 알고 있는 정찰위성 기술을 재래식 군대에 적용할 계획이었다. 냉전기간의 위성 씨스템은 대단히 성공적이었다. 최첨단의 디지털 기술을 도입했고, 그 기술은 최상급 위성을 통한 정찰을 가능하게 할 뿐 아니라 전장의 장교들을 도와주는 지상 및 공중의 감시 씨스템을 성공시킬 수 있는 길이었다.

그런 씨스템 중의 하나인 공중 조기경보 통제씨스템(Airborne Warning and Control System, AWACS)은 내가 차관이 되었을 때 이미 한창 개발 중이었다.[7] AWACS는 전투지역의 모든 전투기의 위치와 방향을 실시간으로 미국 전장의 장교들에게 알려주는 정교한 비행 레이더였다. AWACS가 공중전에 혁신을 가져올 것이 분명해 보였고, 실제로 그러했다.

그렇다면 지상의 장교들에게 모든 차량의 위치와 방향을 실시간으로 알려줌으로써 지상전 역시 혁신할 수 있지 않겠는가? 그러한 도전과제를 떠맡았던 통합감시 및 목표공격 레이더씨스템(Joint STARS)[8]은 차관 임기가 끝나갈 때쯤 개발계획이 시행되었고, 사막의 폭풍 작전 당시 최종 시험단계에 있었다. 사막의 폭풍 작전의 미 사령관이었던 고(故) 노먼 슈바르츠코프 대장은 아직 시범작동을 다 마치지 못한 상태였음에도 조인트 스타즈를 전투에 투입할 것을 명했다. 그것은 실제 전투에서 놀랄 만한 성과를 거두었고, 이제 지상

사령관은 누구도 그것을 사용하지 않고 전투에 나서기를 원하지 않는다.

또다른 스마트 공중 탐지기로 우리가 ESL에서 개발했던 가드레일(Guard Rail)이 있다.[9] 원래 평화 시의 정찰이 목적이었으나, 전투지역에서 고가치 표적의 위치를 찾아내는 데에도 사용 가능하다는 사실을 알게 되었다.

상쇄전략의 혁신 요소는 전지구적 위치확인장치(Global Positioning System, GPS)였다.[10] 그것의 개발은 내가 차관이 되기 몇년 전에 실험 프로그램으로 시작되었고, 1979년쯤에는 미 GPS 위성 네대가 궤도를 돌고 있었다. 스물네대의 위성이 계획되었으나 그만큼의 예산을 배정받지 못했다. 1980년 회계연도의 예산을 짜는 동안, 브라운 장관과 백악관의 관리예산처(the Office of Management and Budget, OMB)는 GPS 프로그램이 흥미롭기는 하지만 핵심은 아니므로 원가절감을 위해 종결시키기로 합의했다.

깜짝 놀란 나는 브라운 장관에게 홀러먼 공군기지의 GPS 시험장에 가서 현장평가를 하고 올 때까지 일주일만 결정을 보류해달라고 부탁했다. GPS가 상쇄전략에 꼭 필요하다고 믿었지만, 그것이 설명대로 작동할 것인지를 먼저 확인해야 했다. 나는 우리가 가진 네개의 GPS 위성이 모두 기지 위쪽의 궤도를 지나가는 시간에 맞춰 홀러먼에 도착하기로 했다. (네 위성 모두 정확한 정보를 제공할 수 있지만 정해진 시각에 특정 지역에서만 그러하다.) GPS 프로그램 담당자인 브래드 파킨슨 중령이 엄청나게 뛰어난 기술자라고 들은 바가 있었는데, 진짜인지 직접 확인할 기회였다. 프로그램에 대해 간단히 설명한 후, 파킨슨 중령은 활주로에 그려진 10미터 지름의 원 안에 세워져 있는 헬리콥터로 나를 안내했다. 조종사가 창문을 모두 가린 채 이륙했다. 우리는 밖이 보이지 않는 상태에서 오직 GPS 신호만으로 위치를 확인하며 30분가량을 비행했다. 그리고 기지로 돌아왔는데, 조종사는 정확히 처음의 원 안에 헬리콥터를 착륙시켰다.

내게 확신이 섰다. GPS 프로그램을 살리기 위해 모든 방법을 다 동원하리라 다짐하며 국방부로 돌아왔는데, 다행히도 브라운 장관이 내 의견을 받아들여 예산을 다시 배정해주었다. 한가지만은 타협해야 했다. 위성의 수를 스물넷에서 열여섯으로 줄이는 것이었는데, 그렇게 되면 북부 위도 지역까지 망라하는 데는 한계가 있었다. 하지만 일단 GPS가 가동하면 그것의 가치가 입증될 것이므로 나머지 여덟 개의 위성을 위한 예산도 따내리라 확신했고, 결국 그렇게 되었다.

GPS 기술은 내가 상상했던 것보다 훨씬 더 군사분야에서 중요했다. 이후로는 우리의 생활 속에서도 사용하게 되었는데, 당시에는 상상도 못했던 일이다. 역사적인 순간에 GPS 기술을 지켜내는 데 한몫했다는 사실이 자랑스럽다. 하지만 브라운 장관이 OMB의 계획중단 명령을 번복하도록 대통령을 설득하는 중요한 역할을 했고, 브래드 파킨슨은 GPS 기술을 상당수준으로 끌어올려서 중단하기 어렵게 만들었다. 현재 파킨슨은 스탠퍼드대 교수로 재직하며 중력상수를 확인하기 위해 위성으로 초정밀 시간측정기를 만드는 선도적인 작업을 하고 있다. GPS 개발에 있어 큰 공은 현재 스탠퍼드에 있는 사업가이자 선지자인 짐 스필커에게 돌아가야 한다. (스탠퍼드의 새로운 공과대학에 최근에 세워진 건물이 짐 앤 애나 마리 스필커 건물이다.) 냉전시대 정찰 면에서 혁명을 이룬 과학기술의 마법사들과 함께 해럴드 브라운과 벤 리치, 폴 카민스키, 조 랠스턴, 브래드 파킨슨, 짐 스필커 같은 인물들이 있었기에, 인류 스스로 시대의 중대한 문제에 대응할 수 있고 또 하고 있다는 나의 믿음이 흔들리지 않을 수 있었다.

새로운 '씨스템 중의 씨스템', 즉 스텔스와 스마트 탐지기, 스마트 무기는 1970년대 후반 최우선적으로 기획되어 1980년대 초반 제작되었고, 1980년대 후반 사막의 폭풍 작전 때에 시기적절하게 투입되었다. 그 전쟁은 냉전기간 개발된 이 대단한 군사기술을 증명해 보인 의도치 않은 사건이 되었다.

사막의 폭풍 작전의 사령관들은 완벽에 가까운 정보력을 갖추고 있었다. 그에 비해 이라크 사령관들은 심지어 F-117 전투폭격기가 이라크의 군부대를 박살내고 있을 때조차 F-117을 알아채지 못했는데, 스텔스 설계 덕에 이라크 레이더가 그것을 잡아내지 못했기 때문이다. F-117은 이라크로 가서 천번가량 임무를 수행하고 약 2천개의 정밀유도 폭탄을 투하했는데, 그중 약 80퍼센트가 목표물에 명중했다. 예전 같으면 상상도 못했을 정확도였다. 당시 바그다드는 소련에서 제작된 수백기의 현대 방공 씨스템이 지키고 있었는데도 한밤중에 미 전투기가 바그다드 상공을 날아다니면서도 단 한대도 격추된 바가 없다.

사막의 폭풍 작전에서 획기적인 성공을 이끈 상쇄전략의 무기들은 미군이 우세를 유지하고 전쟁억제력을 갖는 데 중요한 역할을 하고 있다. 상쇄전략이라는 야심찬 전망을 현실화할 수 있었다는 데에 아주 기쁘고 거기에 내가 한몫할 수 있었다는 데 뿌듯함이 크다. 그리고 해럴드 브라운과 폴 카민스키가 보여준 지도력에 감탄하지 않을 수 없다. 그 계획이 성공하는 데 주요 역할을 했던 사람들은 또 있다. 넌 상원의원의 전폭적인 지원이 없었다면 상쇄전략에 필요한 자금을 제때에 받지 못했을 것이다. 그 씨스템은 대량생산되어 광범위하게 전투에 투입되어야 했는데, 그것은 레이건 행정부 시절에 연구기술 국방부 차관으로 재임한 딕 드라우어의 지휘로 이루어졌다. 전투에 무기가 투입된 이후에도 군은 혁신적인 씨스템에 적합한 전술과 훈련을 개발해야 했고, 그것 역시 성공적이었다. 사막의 폭풍 작전이 시작되었을 때, 찰스 호너 대장이 F-117을 야간작전(레이더에 포착되지 않는 그 특성이 오직 밤에만 완전한 '불가시성'을 확보하기 때문에)에 사용한다거나, 철통같이 방어되는 바그다드 지역에 투입하는 데 그치지 않고, 스텔스기가 아닌 다른 전투기들이 '자유롭게 활보'하도록 이라크의 방공 비행부대를 격추하는 데 이용하는 식으로 F-117만의 기능을 십분 활용하는 것을 보고 난 놀라움을 금치 못했다.

모두가 상쇄전략에 동의한 것은 아니었다. 개발이 진행되는 중에 국방개혁연맹(Defense Reform Caucus, DRC)이라는 단체가 강력하게 반대하고 나섰다. DRC는 원래 전투기 특히 F-15와 F-18이 비용이 너무 많이 들고 복잡하다는 데에 강한 우려를 표명했는데, 그 전투기의 기획에 비용이 초과되고 일정도 길어지고 있었기 때문에(현재의 F-22와 F-35 기획에서도 똑같은 일이 벌어지고 있음을 감안하면 확실히 전투기 기획의 고질적인 문제일 것이다) 그런 면에서는 아

주 설득력 있는 주장이었다. 그런데 그들은 이 납득할 만한 주장에
그치지 않고 내가 보기엔 분명 무리한 요구로 나아갔다. 곧 신기술이
어느 군사체계에서든 고비용과 일정지연이라는 문제를 초래할 거라
고 주장했던 것이다. 그들의 주장은 기본적으로 신기술이 실험실 안
에서야 훌륭하게 작동할지 모르지만 '안갯속 같은 실전상황'에서는
효과가 없을 것이고 미군이 운용하기에 너무 복잡하다는 것이었다.
새로운 집적회로(IC) 기술이 든든하지도 믿을 만하지도 않다고 주
장했다. 전기기계식 계산기와 집적회로에 기초한 휼렛패커드 계산기
둘 다를 써본 사람이면 누구나 알겠지만, 사실은 그 반대였다. DRC
는 새로운 IC기술이 복잡성과 비용을 늘릴 것이라 보았지만, 사실은
군에서든 민간에서든 집적회로의 도입은 엄청나게 비용을 절감하면
서 확실성은 높일 수 있었다. 이 점을 이해하지 못한 채 DRC는 더 많
은 군인과 더 많은 탱크, 더 많은 비행기를 도입하는 식으로 재래식
병력에서 소련의 우위에 맞서야 한다고 주장했다.

　DRC의 사고방식을 가장 잘 보여주는 예는 1981년에 출판된 제임
스 팰로우즈의『국방』에서 찾아볼 수 있다.[11] 그 책이 출판되었을 때
나는 차관 임기를 끝내고 첨단기술을 가진 투자은행 회사인 함브레
히트 앤 퀴스트(HQ)에서 일하면서, 동시에 스탠퍼드에서 안보학을
공부하고 있었다. 나는「팰로우즈의 오류」라는 논문을 써서 그의 의
견을 반박했고, 그 논문은 MIT 출판사에서 간행하는『국제안보』지
1982년 봄호에 실렸다.[12] 거기서 나는 왜 IC를 복잡성과 동일시해
서는 안 되는지에 대해 기술적인 주장을 펼쳤다. 그리고 실제로는 IC
가 비용을 줄이고 확실성을 강화할 것이라고 했다. 동시에 DRC에서

주장하는 전력의 대등화가 지니는 근본오류를 지적했다. 첫째로는 수적으로 소련의 군대와 대등한 수준을 맞추기 위해서는 국방 관련 예산을 상당히 증액해야 하고, 둘째로는 그에 필요한 군인의 수를 채우기 위해서 징병제를 다시 도입해야 하는데, 둘 다 정치적으로 실현 가능성이 없다는 것이 내 생각이었다.

　DRC의 반대로 프로그램이 약간 지체되기는 했지만 그로 인해 중단된 것은 없었다. 하지만 우리 군대가 신기술에 적응하지 못할 수도 있다는 우려가 있었던 건 사실이다. 베트남전 이후 미군의 사기와 역량, 훈련수준은 한참 떨어진 상태였는데, 상쇄전략의 장치들이 전투에 투입되었을 때 그것을 가동해야 하는 당사자들이 바로 그들이었다. 상쇄전략이 있든 없든 그와는 별개로 군은 그 문제를 잘 인식하고 있었고, 징병제가 폐지되면서 해결책이 생겼다고 보았다. 군대에서 자원병들이 전보다 오랜 기간 군복무를 하며 집중적인 훈련을 받으면 성과가 보일 거라고 군지휘자들은 믿었고, 실제로 인상적인 프로그램을 확립했다. 군의 재건을 향한 그들의 굳은 의지와 특히 훈련에 전념하는 모습을 보니 안심이 되었다. 우리 씨스템이 가동준비를 마치면 우리 군인들 역시 그에 대한 준비가 되어 있을 거라는 확신이 들었다. 그리고 사실이 그러했다.

　사막의 폭풍 작전 후, 당시 군사위원회 의장이었던 레스 애스핀[13] 하원의원이 스마트 무기를 둘러싼 갈등에서 얻은 교훈을 두고 청문회를 열었다. 그땐 국방부에 있지 않았으므로 난 증인으로 출석했다. 위원회는 DRC 지도부인 피에르 스프레이도 참석시켰다. 나는 상쇄전략의 무기들이 예상한 대로 작동하고 있고 공군은 그것을 사용하기 위한 거의 최적에 가까운 전략을 만들어냈다고 증언했다. 또한 그것이 우리가 일방적인 승리를 거두는 데 중요한 역할을 했고 미군 전력의 손실을 눈에 띄게 줄였다고도 했다. 스프레이는 여전히 스마트 무기가 '안갯속 같은 실전상황'에서는 제대로 작동하지 않는다는 케케묵은 DRC의 논리를 고수했다. 그의 증언이 끝난 후 애스핀 의장은 그의 증언이 맞는다면 사막의 폭풍 작전에서 미군이 패했어야 하는 것 아니냐고 스프레이에게 비꼬듯이 말했다.

상쇄전략에 몰두했던 그 정신없던 날들을 돌아보면, 혁신적인 상쇄전략과 기술적이고 인간적인 면에서의 획기적인 위업이 핵무기시대에도 미국의 큰 성취라는 믿음은 여전하다. 모든 주요한 국가 프로젝트가 다 그러하듯이 그것은 위태로운 시대에 맞는 새로운 사고방식을 분명하게 제시했다. 그것은 핵으로 인한 비극을 막을 수 있는 진지하면서도 실제적인 조치로서, 확실한 군사 우위를 점했다는 소련의 확신을 무너뜨렸는데, 그것도 비교할 수 없이 경제적이고도 신속하게 해냈던 것이다. 경제요인으로 인해 불가피하게 핵무기 경쟁이 줄어들 수밖에 없다면, 그런 점에서 상쇄전략의 비용효율성이라는 이점은 분명 중요하다.

그러나 훨씬 더 기본적인 교훈이 있을 수 있다. 오늘날 기술의 중요함 말이다. 혁신기술이 핵무기를 만들어 세상을 위험에 빠뜨렸다면, 점점 나아지는 안전한 체제를 마련하는 데에도 혁신기술이 핵심적이다. 대등한 무기를 통해 상대방을 억제하는 적대적 체제를 지나, 대규모의 군축합의에 동의하는 시대를 거치고 난 후, 전지구적 협력이 이루어지는 좀더 안전해진 시대에는 핵재료를 보호할 수 있는 믿을 만한 보안체제에 이를 수 있게 말이다. 냉전시대에 미 정찰력의 혁신이 그러했듯이 상쇄전략과 그것이 실제 전투에서 보여준 혁신은 인간과 기술의 승리로서 미래에 나아갈 방향을 제시해준다. 그리고 이는 분명 나의 인생여정에서 중추적인 사건이었다.

재래식 병력을 현대화함으로써 억제력을 유지하는 상쇄전략을 취하기는 했지만 미국은 핵무기 또한 현대화하고 있었다. 다음 장에서는 국방부에 들어간 첫날 내가 받았던 또다른 중요한 명령, 즉 핵억제력을 강화하기 위해 위임받은 또 하나의 프로젝트인 미국의 전략적 핵무기 증강이라는 명령 뒤에서 벌어진 격렬한 논쟁을 들려주려 한다.

미 핵무기의 증강

지금 논의가 어떤 방식이 제일 좋은가라는 얘기로 전락해버렸는데요, 그러니까
땅으로 가냐, 바다로 가냐, 공중으로 가냐, 그런 얘기뿐인데, 전 제4의 방식을
제안하고 싶어요. 그러니까 함께-가자(com-mode)는 거죠.
— 세실 갈런드, 유타의 목장주. 1980년 5월 1일 CBS 방송[1]

1970년대 중반쯤 소련은 핵무기와 그 수송수단 면에서 미국과 대
등한 수준이 되었다. 오래 지속된 3대 1의 소련의 수적 우세를 핵무기
로 상쇄하고자 했던 아이젠하워 대통령의 의도가 더이상 통하지 않
게 되었다. 내가 국방부 차관이 되었을 무렵 미국이 지금 과연 소련
의 군사공격을 억제할 수 있는지를 두고 심각한 논쟁이 벌어지고 있
었다.

전 국방부 부장관이었던 폴 니츠[2]는 '현위험대처위원회'(CPD)
라는 초당적 시민단체에서 가장 뚜렷한 목소리를 내는 인물이었다.
이 단체는 미국이 사상 처음으로 소련의 기습 핵공격에 '취약상태'
가 되었다고 주장했다. 카터 대통령의 전략은 기술향상을 통해 재래
식 병기의 성능을 강화하겠다는 것이었고, 이는 상쇄전략으로 이어
져 이후 수년간 그 방향의 개발이 우선적으로 이루어졌다. 하지만 카
터 대통령은 확고한 전쟁억제력을 위해 소련과 핵의 대등함도 유지

하겠다고 결정했는데, 어느정도는 CPD의 압력 때문이기도 했다. 어떻게 보면 핵의 대등함을 유지해야 한다는 정치압력이 핵억제력을 유지해야 한다는 절대명령과 비슷한 정도로 우리 프로그램에 강력한 영향을 끼쳤던 것이다.

미국의 핵전력을 소련과 대등한 수준으로 늘려야 한다는 요구만이 문제가 아니었다. 우리의 전쟁억제력이 신뢰를 얻으려면 미 핵전력이 공격에도 살아남아 소련의 목표물까지 확실하게 침투할 수 있어야만 했다.

그렇게 해서 나는 재래식 병력에 대한 상쇄전략을 실행하는 동시에 핵전력 개선이라는 중요한 과업도 떠맡았다. 재래식 병기의 개선이 '새로운 사고'(소련의 수적 우세를 우리의 우월한 기술력으로 상쇄한다는)로 추동된 반면, 핵전력의 개선은 '낡은 사고'(사실상 소련이 선제공격으로 우리를 무장해제하려 한다는)로 추동되었다는 것은 아이러니였다.

미국이 적절한 방어력을 가졌는지는 일반적으로 전쟁을 억제할 수 있는가에 달려 있다. 정말이지 그것이 근본적인 필요조건이다. 그렇지만 유일한 필요조건이 아닐 뿐더러 딱히 전력의 규모를 결정하는 주요 동인도 아니라는 사실을 곧 깨닫게 되었다. 우리의 억제력은 미국이 소련 전력과 대등해질 것인가라는 정치차원에서도 평가되었던 것이다. 나로서는 그것을 주요 사항으로 보지 않았지만, 냉전시대에 소련보다 뒤처지는 핵전력을 그대로 둘 미국 대통령은 맹세코 단 한사람도 없었다. 그리고 억제의 필요보다는 이런 식으로 이해된 절대적 필요성이 핵무기 경쟁에 더 큰 영향을 끼쳤던 것이다. 마찬가지로 육해공 삼원제의 필요성에 대한 논의도 보통은 전쟁억제에 기반을 둔다. 하지만 오직 잠수함 기반 미사일만 보유하고 있다 해도 우리의 억제력을 자신할 수 있었을 거라고 확신한다. 따라서 일단 적당한 억제력을 보유하게 되었다고 만족하게 된 이후에는 억제력의 규모 및 구성이 우리 군사력이 소련의 군사력과 대등한가라는 주로 정치적인 절대명령에 의해 결정되는 것이 현실이었다. (지금도 이와 똑같은 절대명령이 존재한다. 러시아의 도발을 억제하기 위해 핵무기 수천개가 필요하지는 않은 현재에도 정치적인 이유로 미국은 뉴 스타트[New START 신전략핵무기감축협정]를 통해 합의한 갯수——배치된 전략 핵무기 1,550개——아래로 무기배치를 줄이고 싶은 생각이 없는 것이다.)

역사적으로 미 전략 핵무기와 억제를 통한 안보확립은 육해공 삼원제에 기초해왔다. 항공수송으로는 소련의 목표물 위로 중력탄을 낙하할 수 있는 B-52, 해상수송으로는 소련의 주변을 순찰하는 잠수함이 물속에서 발사할 수 있는 폴라리스 미사일(잠수함 발사형 탄도미사일인 SLBM)이 있다. 그리고 지상수송으로는 ICBM, 주로 미닛맨 미사일을 들 수 있는데, 철통같이 경비하는 지하격납고에 있는 탄두 몇개씩을 각 미사일이 수송할 수 있다. 그 과정이 역사적으로 복잡다단하긴 했지만 삼원제는 확고하게 자리를 잡았고 심지어 신성하게 여겨지기까지 해서 웬만한 도전에는 끄떡도 하지 않았다. 핵무기 씨스템이 비용이 많이 드는 것에 비하면 그것이 국방예산에서 차지하는 비율은 상대적으로 낮았다. (내가 장관이었을 때 10퍼센트도 되지 않았다.) 그 이유는 대규모 인원이 필요하지 않았기 때문인데,

국방예산에서 인건비는 가장 돈이 많이 드는 부분이기도 하다.

우리의 SLBM은 워낙 어떤 공격에도 끄떡없기 때문에 SLBM으로 이루어진 미 핵전력만으로도 믿을 만한 억제력을 가질 수 있으리라는 판단이 들었다. 하지만 전장에 배치된 폴라리스 장치가 성능도 뛰어나고 안전하긴 했지만 노쇠해가고 있었으므로, 주요 부분을 개선(각 미사일에 더 많은 탄두를 탑재하고 정확성을 더욱 높이며 적의 음성탐지장치에 의한 탐지나 추적, 위치추적에 덜 잡히도록 더욱 '고요하게' 만드는 일)하기 위한 대체 프로그램인 트라이던트가 이미 진행 중이었다. 그러나 트라이던트 프로그램이 심각한 기술문제에 시달리고 있었기 때문에 미 억제력을 강화하기 위해 내가 가장 먼저 시작한 일은 트라이던트를 다시 정상궤도에 올려놓는 일이었다. 트라이던트의 주계약자인 록히드 미사일·우주항공사(Lockheed Missile and Space Company, LMSC)를 찾아가 사장인 밥 퍼먼을 만났다. 그가 자신도 같은 생각이라고 하면서, 그곳의 가장 뛰어난 책임연구원인 댄 텔럽을 트라이던트 프로그램 책임자로 임명했다고 했다. 텔럽을 만나보니 그가 프로그램 개발상의 부족한 부분을 잘 알고 있고 그것을 개선하기 위한 조치를 호기롭게 추진 중이어서 안도했다. 때가 되자 트라이던트는 성공적이고 믿을 만한 무기 씨스템이 되었고, 텔럽은 이후 LMSC의 사장이 되더니 록히드의 CEO가 되었고 종국에는 록히드 마틴의 회장이 되었다.

나는 또한 육해공 삼원제 중 항공부분에서 노쇠한 B-52를 재건하는 일에 착수했다. 소련이 그렇잖아도 규모가 큰 공군전력을 더욱 증강했기 때문에 B-52기가 목표물에 이르기도 전에 대부분 폭격당할 것이라는 우려가 커져갔다. 이전 행정부가 B-52를 B-1으로 대체하기로 결정했기 때문에 B-1을 생산할 준비가 거의 다 된 상태였다. 내가 처음 착수한 일이 바로 B-1의 생산계획을 폐기하는 것이었는데, 그것이 막강한 소련의 방공 네트워크를 뚫을 능력이 별로 없는, 기술적으로 어처구니없이 시대착오적인 계획이기 때문이었다. (그 프로그램을 폐기하고 싶었지만, 의회 내의 강력한 B-1 주창자들의 지원을 계속 받기 위해 소규모 B-1 연구개발 프로그램은 유지하겠다고 합의했다.) 그다음으로 취한 조치는 공중발사 순항미사일(Air-Launched Cruise Missile, ALCM)의 개발을 승인하고 면밀하게 감독하는 일이었다. 소련의 목표물 주변에 빽빽이 배치된 소련의 지대공 미사일이 폭격기에 미치지 못하도록 B-52가 크루즈 미사일을 소련에서 몇백 마일 떨어진 곳으로 싣고 간 뒤 거기에서 발사하려는 계획이었다. 더 나아가 ALCM의 회전식 발사장치도 개발했는데, 그 각각에 여덟개의 ALCM을 탑재할 수 있고, B-52 한대당 하나의 회전식 발사장치를 실을 수 있었다. 하나당 여섯개의 미사일을 탑재할 수 있는 두개의 외부탑재장치를 달면 B-52기의 핵무기 수송능력은 총 스무개까지 확대될 수 있었다. 상대적으로 적은 비용으로 B-52의 수명을 몇십년은 연장한 ALCM이 효율 높은 기획임이 분명해졌다. 2백 피트의 저공비행과 낮은 레이더 특성으로 ALCM은 거대한 소련의 방공 네트워크를 손쉽게 뚫어서 B-52가 '원격' 수송기로 사용될 수 있게 했고, 그럼으로써 B-52의 생존율(그리고 전투기 승무원들의 생존율)을 높였던 것이다. ALCM의 핵심부품은, 지형의 일치를 통해 백 피트를 넘어서는 고도의 수송정확도를 달성할 수 있게 한 무척 새롭고 정교한 유도장치였다. 지형비교(Terrain Comparison or Terrain Contour Mapping/Matching, TERCOM, 혹은 지형윤곽 지도제작/일치)라 불리는 이 씨스템은 미 정찰위성이 수집한 소련 지형의 광범위한 이미지를 저장하여 이용하는, 기내에 탑재된 IC 기반의 컴퓨터를 우회설계하여 제작한 놀라운 기술적 성과였다. 천재적이며 과학기술의 마법사인 쌤 윌리엄스가 개발한 가볍고 효율적인 소형 터보팬 제트엔진이 ALCM에 추가된 중요한 부품이었다. 그는 많이 알려져 있진 않지만 혁신적인 작은 회사인 윌리엄스 인터내셔널의 창업자이자 사장이었다. ALCM/토마호크 합동 프로그램은 국방부의 뛰어난 책임자인 월터 로크 제독이 아주 효율적으로 운영했다.

F-117 스텔스 폭격기 프로그램이 성공적으로 시작된 후 나는 많은 양을 탑재할 수 있는 장거리 스텔스 폭격기인 B-2기의 개발을 승인했다. B-2는 굉장히 낮은 레이더 속성으로 적의 방공씨스템 위를 곧장 날아갈 수 있었기 때문에 '원격조정'할 필요가 없었다. B-2에 대한 계약은 내가 차관으로 있던 마지막 해에 노스럽 그럼먼(Northrup Grumman)에게 돌아갔다.

난 ALCM과 B-2, 이 두 프로그램만으로도 미국은 강력한 전쟁억제력을 지니게 되었다고 믿었고, 지금도 그렇게 생각한다. 그것은 '달 폭탄'을 사용한다든지 재래식 병력을 세배로 늘린다든지 하는 방식이 아니라, 과학기술의 힘으로 효과적이고 경제적으로 소련의 도전에 대응하는 전형적인 방식을 보여준다. '달 폭탄'이 기괴한 환상의 산물이라면 재래식 병력의 증강은 구태의연한 사고방식이라고 할 수 있다.

핵 관련 삼원제 중 하나인 ICBM에는 미닛맨과 타이탄 미사일이 있었다. 타이탄은 노쇠해가고 있었지만 미닛맨 III 전력은 상대적으로 현대적이었고, 미사일 한대당 매우 정확한 탄두 세개를 탑재할 수 있었다. CPD는 소련이 기습공격 ─ '마른 하늘에 날벼락' 같은 ─ 을 하여 격납고 안의 미닛맨 미사일을 파괴할 거라고 가정했는데, 내 생각에 그런 우려는 지나치게 과장된 것이었다. 우선 정통으로 명중하든지 거의 명중에 가까운 정도가 아니라면, 웬만한 공격에 격납고가 뚫려 미사일이 파괴될 가능성은 없었다. 우리의 정보를 기초로 판단했을 때, 소련 지도자가 자신들의 미사일로 우리 격납고의 미사일을 파괴할 수 있다고 자신만만해할 만큼 소련 ICBM이 정확하다고는 보기 힘들었다. 게다가 설사 소련이 그런 고정밀 유도장치를 가진다 하더라도, 그들의 ICBM이 미국에 도달하기에 앞서 우리 미사일이 발사('경보 즉시 발사'라고 알려진)될 거라는 걱정을 먼저 해야 했을 것이다. 미 경보체제는 10분에서 15분 전에 경보를 발령할 수 있을 정도로 성능이 좋았고(지금도 그러하다), 경보가 울리고 1분도 안 되어 미닛맨 미사일을 발사할 수 있었다. (냉전이 끝난 지금도 '경보 즉시 발사' 기능을 그대로 유지하고 있다는 사실은 우려스럽다. 냉전 후에도 '허위경보'로 인한 위험을 무릅쓰는 일을 해서는 안 된다는 주장과 더불어 뒤에서 이 문제를 다시 다루겠다.) 그러나 CPD는 대통령이 경보가 울린 후 충분한 시간이 있어도 발사명령을 내리기를 주저할 것이라고, 그 경보가 허위일지도 모른다고 염려할 것(내가 곧 경험하게 되겠지만 그럴 만한 이유가 있었다)이라고 주장했다.

국방부 차관이 되었을 때 내게 주어진 임무는 열개의 탄두를 지닌 미사일인 MX ICBM과, 개발 중에 있던 미닛맨의 후속 미사일에 대한 것이었다. 이론적으로, 열개의 탄두를 단 하나의 미사일에 싣게 되면 선제공격에 좋은 명분을 제공한다. 그렇게 가정했을 때 그에 대한 대책은 소련의 기습적인 일차공격에 상대적으로 안전한, 그래서 공격을 '뚫고 나갈' 수 있는 근거지를 마련하는 것이었다. 그런데 결과적으로는, 찾아냈다는 해결책이 그 어떤 가정보다도 더 해롭지 않은가!

이 문제를 해결하려고 씨름했던 일이 차관으로서 했던 직무 가운데 가장 현실성도 없고 좌절감만 컸던 일이었다. 처음부터 온갖 제안이 물밀 듯이 쏟아졌다. MX를 비행기에 실어라, 기차에 실어라, 트럭에 실어라부터, 바다 밑 대륙붕에 두라까지. 그런 제안들은 너무나 복잡하고 비용도 많이 드는 일이었고 각각 나름의 취약점이 있었다. 아주 심각한 국가적 위험을 들고 나오긴 했지만, 단지 ICBM의 취약성을 추정해 쓴 이 시나리오와 그 해결책들은 지금에 와서 보면 너무 머릿속으로만 생각하다가 생겨난 우스꽝스러운 코미디 같다.

어쨌든 온갖 논란 끝에 우리는 독특한 격납고 기반체제로 결정을 보았다. 각각 10개의 탄두를 지닌 2백대의 MX미사일을 만들되, 주로 네바다주와 유타주에 걸친 거대한 분지인 그레이트 베이슨에 4천 2백개의 격납고를 지어 그 안에 두기로 했다. 소련이 어느 격납고에 진짜로 미사일이 있는지 확실히 알 수 없게끔 기지를 지을 것이었다. 그러면 소련은 4천 2백개의 격납고 모두를 표적으로 삼아야 할 테고 이는 실패할 수밖에 없는 전략이므로 선제공격의 가능성이 줄어들 것이었다. 당연히 네바다와 유타의 주민들은 이 계획에 반대했다.

MX 기지 씨스템에 대한 최종승인을 내리기 앞서, 쏠트레이크시티에서 이 프로그램에 대한 공청회가 예정되어 있었다. 대통령은 전국에 생방송될 이 공청회에 국방부가 참석하라는 지시를 내렸다. 내가 국방부를 대표하여 참석하기로 했다. 쏠트레이크시티에 도착하자마자 바로 포스터 하나가 눈에 띄었는데, MX 격납고의 건설예정지인 유타주가 거대한 과녁의 한가운데에 있고 그 위에 버섯구름이 피어오르는 그림이었다. 그날 차라리 병가를 냈어야 하는 게 아닌가 하는 후회가 들기 시작했지만, 흥미진진한 모험은 계속 이어졌다. 회의장은 대부분 MX에 적대적인 유타 주민들로 꽉 들어차 있었다. 공청회의 정점(어쩌면 저점低點이라고 할 수도 있겠다)은 시민단체를 대표하는 유타의 목장주가 내게 다음과 같이 말했을 때였다. "지금 논의가 어떤 방식이 제일 좋은가라는 얘기로 전락해버렸는데요, 그러니까 땅으로 가냐, 바다로 가냐, 공중으로 가냐, 그런 얘기뿐인데, 전 제4의 방식을 제안하고 싶어요. 그러니까 함께-가자(com-mode)는 거죠."

바로 그 순간 정부에서 제안한 MX 기지계획이 가망없는 주장임을 깨달았다. 마음 깊숙이에서는 차라리 안도감이 들었다.

당연하게도 다음 행정부는 안전한 MX 기지방식을 고안하겠다는 소득도 없는 노력에 매우 비판적이었으므로 첫해에 바로 새로운 방식을 제안했다. 모든 격납고를 아주 가까이 지어서 그것을 공격하는 소련 탄두가 자신들이 공격한 핵탄두의 폭발력에 의해 파괴되도록 하자는 것이었다. 다른 제안들과 마찬가지로 그 역시 심각한 결점이 있다고 판명이 나자, 제안자가 그 방안을 포기하면서 결국 이런 결론을 내렸다. "아무렴 어때. 그냥 보통 격납고에 집어넣자고." ICBM이 공격받을 가능성을 줄이려는 시도를 포기하고 한 일은 결국 그것이었다. 어쩌면 처음부터 그렇게 했어야 했는지도 모른다. 전체적으로 보아 미국의 억제력은 그냥 그 상태로도 안전했기 때문에(지금도 그러하듯이) MX에 대한 안전한 기지방식은 불필요한 '유사시' 접근법이었던 것이다. 나 역시 파멸의 예언자들의 말에 휩쓸려 그 쓸데없는 법석에 끌려들어간 것이 두고두고 후회스러웠다. 덧붙여 말하자면, 첫번째 부시(아버지 부시) 행정부가 배치 가능한 탄두의 수를 제한하는 협상을 한 후 가장 먼저 사라진 것이 MX였다. 그래서 최신 ICBM이었음에도 이후로는 배치되지 못했다.

악명 높은 MX 공청회에서 참담한 경험을 한 후 그날밤에 쏠트레이크시티의 호텔로 가서 잠이 들었는데, 늦은 시각에 걸려온 전화에 잠이 깼다. 이란 사막에서 벌어진 미 대사관 인질 구출작전이 완전 실패로 끝났다는 연락이었다. 나는 그 임무에는 관여하고 있지 않았고 심지어 보고받은 바도 없었지만, 희생된 특수작전 부대원들과 구출되지 못한 인질들, 그리고 그 참사에 책임을 지게 될 국방부의 동료들을 생각하니 감당하기 힘든 슬픔이 몰려왔다. 그날이 차관의 임기 중에서 최악의 날임은 틀림없었다.

쏠트레이크시티에서 있었던 안 좋은 기억들에도 불구하고, 더욱 정교하고 치명적인 핵전력을 결단코 갖겠다는 소련에 맞서 우리 삼원제의 전략적 역량을 유지하기 위한 당시의 조처들이 중요했다고 나는 믿고 있다. 비협조적이고 더러는 적대적이어서 안전을 보장할 수는 없는 분위기였지만, 그것은 핵으로 인한 비극을 막는 데 핵심적이었다.

핵전쟁을 미연에 방지해야 한다는 지상명령을 위한 미국의 전략적 주제는 서서히 무르익고 있었다. 그 하나는 과학기술의 가치를 인정하는 일이었다. 그 예로 고도로 발전된 ALCM을 활용하여 노쇠해가는 B-52를 새롭게 사용한 실용주의와 경제성, 과학적 정밀함의 성공을 들 수 있다. 이는 소련이 자신들의 전략적 전력을 키우기 위해 무지막지하게 쏟았던 비용과 노력을 순식간에 가치절하한 현명한 해결방법이었다. 이런 식의 운용으로 핵무기 경쟁이 갈수록 엄두를 낼 수 없을 만큼의 비용이 드는 일임을 부각했다. 그것은 균형 잡힌 군축으로 나아가는 것이 현명한 일임을 시사하는 하나의 신호였다. 또다른 하나는, 억제력을 유지하려면 그것을 이행할 엄청난 작업이 필요한데, 그것을 감당할 능력이 있는 사람들이 출현했다는 사실이다. F-117 프로그램을 진두지휘했던 벤 리치와 삼원제 프로그램을 살려내서 SLBM을 새로운 삼원제에 꼭 필요한 요소로 만든 댄 텔럽 등을 들 수 있다. 그리고 역설적으로 들릴지는 모르지만 MX 논쟁을 일으킨, 취약성을 가정한 시나리오는 강박적이면서 교조적일 뿐 아니라 지나치게 지엽적인 트집잡기식 사고방식이 더이상 권위를 갖지 못하는 계기가 되었을 수도 있다. 그 시절에 전략적 전망에 변화가 생겨나고 있음을 분명 느낄 수 있었다.

핵경보, 군축,
그리고 놓쳐버린 비확산의 기회

지금 제 경보 컴퓨터 화면에 소련에서 미국을 향해
날아오는 2백대의 ICBM이 나타났습니다.
— 1979년 11월 9일, 북미대륙방공군사령부
당직 사관이 전화로 페리에게
(원문 변형)

　국방차관으로 재직한 지 3년째 되던 해 어느날 밤 북미대륙방공군
사령부(North American Aerospace and Defense Command, NORAD)
의 당직 장교의 전화에 잠이 깼다. 그 장교는 곧장 본론으로 들어갔
다. 자신의 경보 컴퓨터에 지금 소련에서 미국의 목표물을 향해 비행
중인 2백대의 대륙간탄도미사일(ICBM)이 나타나고 있다는 것이었
다. 순간 심장이 멎는 듯하고 내가 상상한 핵악몽이 현실이 되는구나
싶었다. 그러나 그는 곧 이것이 잘못된 경보라는 결론을 내렸다고 했
다. 컴퓨터에 무슨 문제가 있는지 알아봐주었으면 해서 전화를 걸었
다는 것이었다. 다음날 아침 대통령에게 이 문제를 보고해야 하므로,
문제가 무엇인지, 그리고 같은 잘못이 다시는 발생하지 않으려면 어
떻게 해야 하는지 가능한 한 확실히 알았으면 했다. 조작병이 실수로
훈련용 테이프를 컴퓨터에 설치했다는 사실을 확인하기까지 며칠이
걸렸다. 인간이 저지른 잘못이었다. 대재앙을 초래할 핵전쟁이 우연

찮은 사고로 발발할 수도 있다는 것, 이후로 절대 잊은 적 없는 섬뜩한 교훈이었다.

이 실수가 핵무기의 역사에 한갓 주석으로 들어가지 않고 정말 핵전쟁으로 이어졌을 위험은 얼마나 되었을까? 당직 장교는 어떻게 올바른 결론을 내릴 수 있었을까? 그 무시무시한 몇분 동안 그의 머릿속에 무슨 생각이 오갔을지 절대 알 수 없다. 난 그의 입장이 되어, 그어마어마한 충격을 받은 후에도 여전히 이성적으로 사고한다고 가정했을 때 어떤 생각이 떠올랐을지 상상해보았다.

소련의 어떤 지도자라도 그런 식의 공격으로 미국을 무장해제할수 있을 거라 판단했을 리가 없다는 생각이 우선 들었을 법했다. 설사 그 공격으로 우리의 ICBM과 폭격기 다수를 파괴하는 데 성공할지라도 미 잠수함이 수천발의 핵탄두로 대응사격하여 소련을 쑥대밭으로 만들 것이고, 그것은 소련 지도자들도 잘 알고 있었다.

게다가 화면에 나타난 공격이 아무 맥락 없이 벌어진 일임을 알아차렸을 것이다. 그러니까 소련 지도자가 별안간 그렇게 끔찍한 위험을 감수하겠다고 나올 만한 어떤 사건도 당시에 벌어진 바가 없었다는 것이다. 그런 식으로 따져보면 그것이 잘못된 경보라고 결론 낼수 있을 것이었다.

이 두 결론을 통해 극도의 긴장 속에 내려야 하는 그런 중대한 결정의 근거가 놀랄 만큼 박약하다는 것을 알았다.

나로서는 경보에 대해 일단 의심해볼 마음이 있었지만, 혹시 당직장교가 그렇지 않았다면 어떻게 되었을 것인가? 이 인간의 실수가 쿠바 미사일 위기나 중동전쟁 때 일어났다면? 당직 장교가 다른 결론을 내렸다면, 그 경보는 곧장 대통령에게까지 올라갔을 것이고, 대통령은 자다가 깨어 아마 10분 내에 인류의 운명을 좌우할 결정을 내려야 했을지 모른다. 전후사정이나 배경지식은 거의 없는 채로 말이다.

나는 바로 이런 이유로 대통령이 전후사정을 알지 못한 채로 몇분 안에 무시무시한 결정을 내리게 만드는 핵경보 결정과정에 심각한 결함이 있다고 본다. 그러나 우리의 결정과정은 당시 그런 방식이었고, 지금도 본질적으로는 마찬가지다.

그런 식의 결정과정에서는 당직 장교나 NORAD의 사령관, 그리고 대통령이 내리는 결정, 또한 소련 쪽에서도 마찬가지의 인물들이 내리는 결정에 영향을 주는 배경이 매우 중요하다. 배경지식을 얻어내는 것이 군축에 대한 합의를 추구하는 핵심이유(대개는 간과되지만) 중 하나다. 1977년의 성공적인 군축합의가 당시의 무기경쟁에 제동을 걸어 군비를 줄이고 위협을 줄일 수 있었을 것임은 맞는 말이다. 하지만 더 중요한 것은 미국이 살기등등한 적과 대화에 나설 수 있었을 것이고, 양국 모두 군비와 관련해 어느정도의 투명성을 갖게 되었으리라는 점이다. 그리고 무엇보다 지도자가 끔찍한 결정을 즉각 내리는 데 필요한 배경지식 — 적에 대한 더 나은 이해 — 을 얻을 수 있었을 것이다. 내 판단으로는 배경지식을 얻는 일이 수적인 군축을 이루는 일보다 훨씬 중요하다. 협정에서 수적인 조항들이 딱히 '해가 되지 않는' 한, 협정은 중요한 배경지식을 제공한다는 데에 더 큰 소용이 있다.

그리하여 카터 행정부는 미국의 전략적 핵전력을 강화하는 와중에도, 쌍방 모두의 전력에 제한을 두는 협상을 시작했다. 1971년의

1차 전략무기제한협정(Strategic Arms Limitation Treaty, SALT I)에서 잘 나타나듯이, 군비통제와 군축을 위한 활동은 조심스럽게 진행되고 있었다. 양국 모두에서 경제적으로나 심리적으로나 계속해서 핵무기를 증강하기 어려워지면서 그 한계를 보이고 있었다. 이러한 현실이 강대국 간의 의심과 적대감이라는 냉전정신을 넘어서기 시작했던 것이다. 그래서 카터 대통령은 1972년부터 실행되어온 SALT I의 후속이 될 핵무기제한협정을 두고 소련과 합의작업에 들어갔다.[1]

새로운 협정인 SALT II는, 미사일에는 제한을 두었지만 핵탄두에는 제한이 없었던 SALT I의 치명적인 단점을 보완하고자 했다. 그 단점은 양국에서 개개 미사일에 몇개씩의 탄두를 탑재하도록 부추겼던 것이다. SALT I에서의 ABM 제한은 긍정적이었지만, ICBM 제한은 그런 식으로 빠져나갈 구멍을 만듦으로써 어쩌면 '해가 되지 않는다'는 원칙을 어겼다고도 할 수 있다. 소련은 그 구멍을 부당하게 이용하여 다탄두 각개유도 미사일(전략적 용어로 MIRV라고 하는) 열개를 탑재할 수 있는 ICBM(우리가 SS-18이라고 부르는)을 개발했고, 미국은 마찬가지로 열개의 탄두를 실을 수 있는 MX 미사일로 응수했다. 그래서 SALT I은 조인한 나라들이 핵무기 보유량에서 편법적으로 핵탄두의 수를 늘리는 일을 조장하게 되었던 것이다. 그 결과 잠재적인 불안정이 커지고 있었다. 만약 소련이 정확하게 미국의 MX 격납고를 타격할 수 있다면 탄두 하나로 격납고 열개를 파괴할 수 있다는 얘기였고, 이는 소련이 미국에 대한 기습공격을 감행할 동기가 될 수도 있었다. 격렬한 논쟁이 오간 오랜 협상 끝에 SALT II가

조인되었다. 상원에서 비준을 받아야 했는데 힘든 싸움이 될 것이었다. 특히 CPD가 조약의 제한사항으로 인해 미국이 소련의 기습공격에 더욱 취약해질 거라고 즉각 주장하고 나섰다. 내가 SALT II를 전적으로 지지할 수 없었던 이유는 그 반대였다. SALT II가 미사일뿐 아니라 탄두까지 제한함으로써 SALT I에서 가능했던 MIRV 구멍을 막을 수는 있었지만, 내가 보기에 MIRV 씨스템에 대한 SALT II의 제한은 너무나 느슨했는데 양국에 각각 1,320개의 MIRV 씨스템을 허용했기 때문이다. 그렇더라도 SALT II는 올바른 방향으로 한걸음 나아간 것임에는 분명했다. 비준을 받기 위한 싸움에서 카터 대통령은 월터 몬데일 부통령에게 그 일을 앞장서서 맡아달라고 했다. 그러자 몬데일은 상원과 함께 일을 해나갈 팀으로 국가안보국(NSA) 국장인 바비 인먼 제독과 나를 뽑았다. 인먼과 나는 1979년 11월 말부터 시작해서 모든 상원의원과 일대일 약속을 잡았다. 로버트 버드 상원의원이 모임을 주선했을 뿐 아니라 중요한 모임에는 직접 참석했다.

동시에 1979년 12월 텔레비전으로 중계될 토론 일정도 잡았다. 협정조인에 대한 전국적인 토론이었다. 전 NSA 국장 노엘 개일러 제독과 내가 정부대표로 참석하게 되었다. 아이오와의 존 컬버 상원의원이 상원을 대표해서 나왔다. 폴 니츠를 필두로 하여 CPD에서 비준반대자 셋이 나왔다. 토론은 조약의 필요성에 대한 컬버 상원의원의 감동적이면서도 논리정연한 주장으로 시작되었다. 다음으로 폴 니츠가 나섰는데, 첫마디부터 딱 잘라서 컬버 상원의원이 거짓말을 하고 있다고 비난하는 걸 보고 충격을 금할 수 없었다. 그렇게 되자 당연하게도 '토론'이 제대로 될 리가 없었고, 찬성과 반대의견을 심의하는 의견발표도 이루어질 수 없었다.

결과적으로 SALT II는 상원의 투표까지 갈 수도 없었다. 1979년 12월 말에 소련이 아프가니스탄을 침공했고, 카터 대통령은 그를 응징하는 조치를 취하게 되었던 것이다. 모스끄바 올림픽에 참가하지 않기로 한 일이 가장 널리 알려진 조치이지만, 아마 SALT II에 대한 비준요청을 슬그머니 철회한 것이 가장 의미심장한 조치였을 것이다. (SALT II가 시행된 적은 없지만, MIRV를 제한하겠다는 목표는 후에 첫번째 부시 행정부의 START II에서 다시 거론된다. 그것은 뒷부분에서 논의하겠다.)

한창 냉전 중에 미국과 소련이 쌍방의 군비통제와 군축을 위한 회담을 진행했다는 사실은 희망적이다. 그러나 지금에 와서 뒤돌아보면 역사적으로 너무나 익숙한 무분별하고 감정적인 사고방식, 그러니까 인류의 역사에서 전쟁을 초래한 그런 사고방식이 눈에 띈다. 핵의 시대에 이런 사고방식은 위험천만한 것이다. 이런 사고방식 때문에 핵전략을 두고 광적인 논쟁이 일어났고 가뜩이나 파괴적인 핵전력의 파괴성이 증폭되었으며 까딱 잘못하면 핵전쟁이 발발할 수도 있게 되었다. 계속 이런 식임에도 결과가 어떨지 파악되지 않는다면 상상력이 형편없어도 너무나 형편없는 것이었다. 심지어 1970년대와 80년대 핵무기 증강 이전에도 미국의 핵전력은 전세계를 날려버리고도 남을 정도였다. 미국의 핵억제력은 어떤 나라의 지도자라도 제정신이 박혔다면 딴 맘을 못 먹게 할 정도로 무시무시했다. 그럼에도 우리는 강박적으로 미국의 핵병력이 미흡하다는 주장을 계속했다. '취약한 지점'이 존재한다는 환상에 사로잡혀 있었다. 미국과 소련, 두 정부 모두 국민들 사이에 공포심을 퍼뜨렸다. 과거 그 어느 때와도 비견할 수 없이 달라진 핵의 시대에 살면서도 마치 세상이 하나도 변한 게 없다는 듯이 행동했던 것이다.

초기의 군비통제와 감축구상이 항상 성공했던 건 아니지만 새로운 사고방식이 시작되고 있음을 알린 건 분명했다. 많은 사람들이 순진하다고 여겼던 이 새로운 사고는 오히려 현실적이었다. 초현실적인 무기경쟁을 하며 '오버킬(과잉)' 규모로 핵무기를 계속 쌓아대는 냉전이라는 맥락에서 보면 그러하다.

그런데 다른 국가에서의 핵무기 확산이라는 또다른 도전적 과제가 생겼다. 미국은 협정을 통해 핵무기를 제한하려는 노력 이외에 핵무기가 다른 나라로 확산되는 것을 막으려는 노력도 했다. 북한과 대만, 이란, 이라크, 파키스탄, 인도, 이스라엘, 남아프리카공화국 등에서 진행되고 있다는 은밀한 핵 프로그램을 저지하기 위한 노력을 해오고 있었다. 이 노력은 북한과 대만에서만 온전한 성공을 거두었을 뿐이었다. 핵확산을 막는 일은 나의 소관은 아니었지만, 그것이 우선순위였다면 아마 미국정부에 얼마간의 영향을 줄 수는 있었을 것이다. 소련 핵무기에 주로 초점을 맞추다보니 다른 나라들에서 막 시작한 확산 프로그램에는 기껏해야 구색 맞추기 식의 신경밖에는 쓸 수가 없었다. 핵확산 방지 노력이 실패한 댓가로 오늘날 우리는 통탄할 만한 상황을 맞았다. 그 프로그램을 시작했을 때에 비해 지금은 확산을 막는 일이 훨씬 더 힘들어진 것이다.

핵발사 결정과정과 군비통제, 핵확산 등에 대해서는 이후에 할 애기가 많다. 핵무기로부터 위험을 줄이는 다른 노력들과 마찬가지로 그것들 역시 우선적이기 때문이다. 그러한 노력은 상당한 외교술이 따라야 하기 때문에 그와 관련된 경험을 쌓을 필요가 있었다. 상쇄전략과 미국의 핵전력의 증강, 그리고 당시 대두되었던 다른 군사적 요구를 책임지고 수행했던 차관 시절에 그러한 경험과 기술을 쌓을 기회를 가졌고, 그것은 이후 나의 경력에서 무척이나 중요했다. 주요국을 방문하며 그런 기회를 얻었는데, 핵이라는 도전의 한가운데에서 어떻게 사람들을 다루어야 하는지를 배웠다. 내가 배운 꼭 필요한 외교전략과 경험을 얘기할 필요가 있겠다.

외교관으로서의 차관

1980년 1월 1일, 카터 대통령은 1955년에 중화인민공화국과 맺은
상호방위조약을 일방적으로 철회했다. 소련에 대항하여
'중국 카드'를 전술적으로 이용하겠다는 결정을 내린 것이다.[1]

국방부 연구기술 차관이라는 자리가 정치적 결정에 직접 연루되
는 자리는 아니었으므로 나는 당파에 구애받지 않고 업무를 수행하
려 애썼다. 그렇게 하면 국회의원들이 나의 증언을 더 편견없이 받아
들이리라고 믿었다. 또한 중요한 세 경우를 제외하면 나의 직무에 있
어 딱히 외교접촉이 필요하지 않았다. 그 세 경우는 중국과 나토, 캠
프 데이비드 협정과 관련된 일이었다.

각 행정부별로 내용은 달랐지만 냉전시대를 통틀어 미 전략의 큰
틀은 소련의 봉쇄였다. 서구세계가 전쟁을 제외한 영리하고도 경제
적인 여타의 정책을 통해 소련의 확장을 막음과 동시에 궁극적으로
는 소련 체제가 내부모순으로 인해 붕괴되기를 인내심을 갖고 기다
린다는 전략이었다. 자신의 '위성'국가들을 계속 억압할 수 없을 뿐
아니라 중국과 유고슬라비아 같은 매우 민족주의적인 공산주의 국
가들이 소련의 주도성을 받아들여 세계를 '혁명으로 뒤엎는' 과업에

1980년 10월, 국방부 차관 시
절 재래식 병기의 현대화에 대
해 조언하기 위해 중국에 도
착한 페리. ©The archives
of General Dynamics C4
System Inc.

함께하리라는 것은 비현실적이었다. 이로 인해 소련의 중압감은 심해지고 있었다. 봉쇄의 의도는 지리적 팽창을 노리는 소련의 무모한 시도들을 차단하고 서구와의 군사충돌을 줄임으로써 핵을 사용한 물리적 충돌을 미연에 방지한다는 것이었다. 따라서 카터 대통령에 의한 미국과 중국의 준공식적 동맹은 내가 보기에는 대단히 적절했다. 그 일에 도움이 되었으면 하는 마음이 간절했는데, 곧 그 기회가 왔다.

카터 대통령은 중국의 재래식 병력의 현대화를 돕기로 한 합의의 일환으로 나를 중국으로 보냈다. 그들의 군사장비와 제작역량 등을 둘러본 후 현대화를 위한 프로그램을 제안하는 것이 나의 임무였다. 나는 육해공의 고위장교들을 비롯하여 그 임무에 적합한 기술담당

전문가들로 아주 훌륭한 팀을 꾸렸다. 우리를 맞이한 중국 팀도 그에 못지않게 훌륭한 팀이었는데, 내몽골의 탱크 공장부터 고비사막의 미사일 시험장에 이르기까지 중국의 주요 시설을 여드레에 걸쳐 순방하는 동안 우리와 줄곧 동행했다.

어디를 가든 연구소 소장이나 공장 책임자들은 문화혁명으로 인해 시설이 너무 낙후된 데 대해 진심으로 미안하다는 말부터 꺼냈다. 그런 얘기를 들으면 나는 문화혁명 당시 어떤 일을 했느냐고 묻곤 했다. 대답은 약간씩 달랐지만 골자는 이랬다. "육체노동을 통한 재교육을 받기 위해 돼지사육 농장에 보내졌습니다." 그중에는 감정에 북받쳐 울음을 터뜨린 경우도 있었다. 순방이 끝나갈 무렵 내 통역을 담당하던 젊은 중국 소령에게 똑같은 질문을 했다. 그가 잠시 머뭇거리더니, 문화혁명이 시작되었을 때 홍위병이었는데 편찮으신 아버지가 돼지사육 농장으로 가게 되었고 거기서 아버지가 돌아가실까봐 홍위병을 그만두고 아버지를 돌보러 농장으로 갔다고 대답했다. 유교 가치가 공산주의 가치를 이겨낸 얼마나 가슴 따뜻한 이야기인가. (14년 후 국방장관으로 베이징에 내렸을 때, 그 소령이 이제는 준장이 되어 비행기 계단 아래쪽에서 나를 맞이하기 위해 기다리고 있었다. 감동적이고 행복한 재회가 아닐 수 없었다.)

중국에 다녀온 지 얼마 안 되어 바이올리니스트인 아이작 스턴이 나와 비슷한 때에 상하이를 방문했던 경험을 담은 「마오 쩌둥에서 모차르트까지」[2]라는 훌륭한 다큐멘터리를 보게 되었다. 특히 가슴 아팠던 장면이 상하이 음악원 원장과의 인터뷰였는데, 그가 말하기를 서구의 음악이 민중을 타락시킨다는 것이 홍위병의 입장이었기 때문에 문화혁명 때 자신은 벽장에 갇혀 있었다는 것이었다. 그 얘기는 중국 전역에서 공장 책임자들이 내게 들려준 억압상황과 유사했다. 문화혁명 당시 믿을 수 없을 정도로 자멸적이었던 홍위병들의 행동을 이해하는 건 미국인들로서는 거의 불가능하다.

내가 예전에 정찰 씨스템 분야에서 일했기 때문에 고비사막의 미사일 발사시험장을 방문한 일이 특히 기억에 남았다. 난 수년간 성능 좋은 위성으로 촬영한 사진을 통해 이 시험장의 개발상황을 면밀히 연구했었다. 그래서인지 그곳을 찾아갔을 때 낯설지가 않았다. 며칠 있으면 발사될 시험용 ICBM 발사대로 안내를 받았을 때 난 자신 있게 발사 지지대로 걸어 올라가서는, 함께 온 미국인들에게 중국의 ICBM 프로그램을 설명 — 오랜 연구에 기초하여 — 해주었다. 일주일 후 귀국하여 국방부의 내 방에 갔을 때 책상 위에 바로 그 발사대의 위성 사진이 놓여 있었다. 한 무리의 사람들이 ICBM 앞에 서 있는데 좀 떨어져서 한사람이 있었다. 어떤 영리한 사진 판독요원이 그 한사람에 동그라미를 치고는 '페리 박사'라고 이름을 달아놓지 않았겠는가!

내 아래 부차관인 제럴드 디닌도 이 순방에 동행했는데 그와 나는 우리를 맞은 두명의 중국인 담당자와 가까운 사이가 되었고, 부인들끼리도 마찬가지였다. 네명의 여성들이 얼마나 친하게 붙어 다녔는지 다른 중국인들이 그들을 '4인방'[3]이라고 불렀다. 문화혁명이 끝난 지 불과 몇년밖에 안 되었는데 그 어려웠던 시기를 벌써 농담처럼 얘기할 수 있다는 게 처음엔 무척 놀라웠다. 하지만 중국인들에게 유머감각은 어찌할 수 없는 특성임을 곧 알게 되었다.

우리가 내린 최종평가는 중국의 실험실과 공장이 미국의 것에 비해 너무나 낙후되어서 유용한 기술전수가 가능하지 않다는 것이었다. 10년쯤 후에 더 효과적으로 협력할 것을 염두에 두고 우선 민간 기술 쪽의 성능을, 특히 전자기술을 강화할 것을 권유했다. 중국은 기술 방면에서 결연하게 이 일을 해내어 이제 세계는 중국 하면 바로 그 분야를 떠올릴 정도가 되었다. 하지만 1989년 톈안먼 광장에서의 민간인 학살 이후 미국은 더이상 중국과 군사기술을 공유하길 원하지 않았다.

나토와 관련된 외교경험은 중국과는 상당히 달랐다. 미 행정부 방위산업을 담당하고 있었으므로 정치적으로나 외교적으로나 다른 나토국의 방위산업 정부담당자들과는 상당한 접촉이 있었다. 소련이 주도하는 바르샤바 조약의 군사력에 대항하는 나토 회원국들은 함께 군수문제를 논의하기 위해 1년에 두번씩 브뤼셀에서 만났다. 실제로는 나토의 군사작전 수행력을 유지, 향상하는 것이 목적이었다.

냉전시대의 전쟁억제의 핵심인 나토의 억제태세는 나토의 전력이 얼마나 효율적으로 전장에서 합동작전을 펼 수 있는지에 달려 있었다. 따라서 나토의 주요 군수문제는 다국적 전력 안에서의 상호운용 가능성을 확실히 하는 일, 무엇보다 통신체계와 탄약고 면에서 확실히 하는 일이었다. 그러나 전시에 기민하게 소통할 필요가 있음에도 불구하고 각 나토 국가들은 각자의 군 통신체계를 개발해 사용했으므로 다른 나토국의 주파수나 변조(變調)에서 작동하지 않을 수도 있었다. 너무나 구태의연한 구시대적 사고를 바꿀 필요가 있었다. 각 나라들이 효과적인 소통을 위해 필요한 타협을 벌이도록 설득하는 것이 최우선이었다. 상호운용의 필요는 연료나 탄약 등의 공동저장소에도 적용되었다. 전력의 상호운용성이라는 문제는 인류역사에 항상 존재했다. 역사적인 예를 들자면 웰링턴 공작은 동맹국끼리 탄약을 함께 이용할 수 없었기 때문에 워털루 전쟁에서 패할 뻔했다.

효율적인 군수획득은 나토에서도 핵심이었다. 모든 국가들이 각각 전투기나 공대공 미사일을 개발해야 한다면 개발비용이 중복되면서 엄청나게 증가할 것이고, 대량생산체제로 비용상의 혜택을 볼 수 있는 나라도 없을 것이다. 가장 저렴한 단가로 공급받기 위해서는 모든 나토 국가들이 대규모 생산기반을 갖고 있는 미국의 군 장비 씨스템을 구입해야 한다는 것이 미국의 입장이었다. 당연히 나토 국가들은 이런 입장을 받아들이지 않았고 경쟁이 심해져 어느 동맹국에게나 단가가 높아질 수밖에 없었다. 미국 군수부문 고위관리라는 입장에서 나는 새로운 방식을 시도했다. 내가 '무기의 결연'이라고 이름 붙인 정책에 합의할 것을 제안했다. 그 정책은 예를 들어 미국이 장거리 공대공 미사일을 제작해서 모든 나토국들이 사용하면, 다음엔 유럽 국가들이 팀을 이루어 단거리 공대공 미사일을 개발, 제작하여 미국을 포함한 모든 동맹국들에 제공하자는 것이었다. 오래도록 논의한 끝에 그 방안이 대세가 되었고, 3년의 차관 임기가 끝나갈 즈음 그 계획은 실행을 앞두고 있었다. 그러나 차관에서 물러난 지 1년쯤 후에 그 계획은 강력한 주창자가 사라진 상태에서 점차 시들해지더니 예전의 비효율적인 방식이 다시 고착되었다. 하지만 개별적으로나 집단적으로 다른 나라들과 협의하는 외교술을 배운 중요한 경험이었다. 또한 핵의 시대에 생존과 관련된 문제에서 국제협력이 얼마나 필요한지를 크게 느꼈다. 결국 나토의 상호운용성은 단지 경제이득만이 아니라 유럽에서의 전쟁억제를 위해 없어서는 안 될 것이었다. 협력은 핵무기 사용을 막는 데 핵심개념이자 정책원칙이 되어야만 했다.

그보다 고전적인 방식의 외교에도 참여했었는데, 엄청난 파괴와 충돌 중에도 협력하고 재건하는 인류의 희망찬 능력을 다시금 확인할 수 있었다. 이 경우 내가 한 일은 카터 행정부의 획기적인 외교술을 보여주었던 캠프 데이비드 협정을 바로 옆에서 지켜보고 그 후속조치에 깊이 관여한 것이었다. 카터 대통령이 사다트 이집트 대통령과 베긴 이스라엘 총리와 협상을 하고 있는 중에 백악관 집무실을 찾아갔을 때의 그 엄숙한 분위기는 아직까지도 생생하다. (내가 찾아간 것은 협상의 한 부분에 대해 대통령께 조언하기 위해서였다.) 카터 대통령은 후에 베긴 총리보다 더 완고한 협상대상은 여태껏 본 적이 없다고 내게 털어놓았다. 하지만 그보다 훨씬 더 선명하게 내 기억에 남아 있는 것이 있다. 이집트와 이스라엘과의 논의에서 드디어 돌파구를 마련한 후 중동에서 귀국하는 대통령을 맞이하기 위해 어느날 저녁 늦게 앤드류 공군기지로 나갔을 때 전율처럼 내 몸을 감싸던 짜릿함이다. 그것은 그때까지 중동지역에서 성공했던 유일한 평화협정이었고, 카터의 결연하고 창의적인 외교술이 아니었다면 절대 성사될 수 없었을 것이다. 그곳에서의 성공적인 외교에 대해 그는 노벨상을 받아 마땅했다.

중동에서 돌아오고 며칠 후 카터 대통령은 이집트와 이스라엘의 수장을 백악관으로 초청해서 연회를 열었다. 그 환영회에 앞서 브라운 장관은 이집트와 이스라엘의 국방장관들을 위한 연회를 열었다. 내가 그 연회에 참석하여 이스라엘 국방장관인 에저 바이즈먼과 얘기를 나누는 중에 이집트 국방장관인 카말 알리 장군이 연회장으로 들어왔다. 바이즈먼이 그쪽으로 가서 인사를 나누더니 그를 내게 데리고 와서는 말했다. "알리 장군을 소개해드리지요. 정말로 억센 독수리 같은 노인장이에요. 우리가 세번이나 쏘아 떨어뜨렸는데 계속 살아서 다시 나타났다니까요!" 바이즈먼과 알리는 그때 아주 깊은 유대관계를 맺었고 이후에도 변함없었다. 평화협정이 실행에 옮겨질 수 있었던 것은 이 두사람 덕이었다. 그 연회에서 나는 바이즈먼이 평화를 유지하기 위해 온 마음을 다하는 이유 하나를 알았다. 함께 그 자리에 와 있던 그의 아들은 욤키푸르 전쟁에서 심각한 부상을 입어서 머리에 금속판을 넣어야 했고, 얼마간 인지장애를 겪고 있었다. 그래서 바이즈먼이 알리에게 다음과 같이 말했을 때 그의 진정성을 느낄 수 있었다. "우리가 세번의 전쟁을 하는 동안 국민들이, 특히 우리 젊은이들이 너무나 끔찍한 댓가를 치러야 했어요. 그래서 또다시 전쟁이 일어나서는 안 되는 겁니다."

평화협정에 따르면 미국의 군사장비를 이스라엘과 이집트에 지원해야 했으므로 나는 두 나라를 방문하여 세부계획을 세우라는 지시를 받았다. 먼저 이집트에 가서 방위산업 장관인 모하메드 후세인 탄타위 장군과 강도 높은 작업을 했다. (내가 1995년 국방장관으로 이집트를 찾았을 때 탄타위는 국방장관이었고 아랍의 봄 시위 후인 2012년에는 새로운 대통령이 선출될 때까지 국가원수를 대행했다.) 회담은 사무적이면서 생산적이었고, 이집트 군은 미군의 우월한 기술을 사용할 수 있게 되어 고마워했다. 그다음엔 이스라엘로 가서 협조를 위한 세부사항을 수월하게 작성했다. 하지만 이스라엘 쪽에서 정말로 듣고 싶은 얘기는 이집트가 어떠냐는 것이었다! 이집트에 가보는 것이 모두의 절실한 바람이었는데 그때까지만 해도 그것은 생각할 수도 없는 일이었기 때문이다. 사람들이 평생을 적대시하다가도 기회만 생기면 금방 달라져 친분을 쌓고자 하는 것을 보며 깊은 인상을 받지 않을 수 없었다.

이 세 임무를 통해 나는 중요한 의미에서 지식과 기술차원의 확장을 경험했다. 나는 핵무기의 위험을 줄이기 위한 그때까지의 여정에서 위험요인 축소라는 절대명령을 지키려고 노력해왔다. 일본에서 핵의 파괴력을 목격했고, 소련이 비밀리에 늘리는 핵무기를 감시하고 그 규모를 알아내는 데 핵심적인 정찰기술을 개발하는 기업가이자 정찰요원이었다. 또한 물리적 충돌에서 우위를 확보하고자 하는 소련의 시도를 봉쇄하기 위해 미국의 전쟁수행 능력을 강화하는 전략가이자 '무기설계자'였다. 고비용에 위험하기까지 한 핵무기 경쟁이라는 유령에 대처하기 위해 강대국들이 실용적인 태도로 쌍방의 대화를 시도하면 할수록, 소통과 협조 — 한마디로 외교술의 요구 — 가 커져 모스끄바와 워싱턴 간의 지정학적 관계가 변화해갈 것임은 점점 확실해졌다. 그래서 외교경험이 꼭 필요할 것이었다.

나중에 다시 설명하겠지만 위의 세가지 임무를 수행하면서 키운 외교술은 1980년대를 지나며 더욱 다듬어져, 후에 국방장관이 되어 외교상의 치열한 시험대가 되는 어렵고도 복잡한 상황을 맞닥뜨렸을 때 아주 유용했다.

하지만 내 인생여정은 이즈음 역설적인 상황에 있었다고 할 수 있겠다. 카터는 연임에 실패했고 난 행정부를 떠나 정책을 짜고 시행하는 정부권력 밖의 삶으로 복귀했다. 역설은 바로 풍부하고 다면적이었던 민간인으로서의 경험에 있었다. 지금 와서 보면 그 경험이 핵무기의 위험을 줄이는 나의 임무를 지속하는 데 꼭 필요했던 것으로 보이기 때문이다. 나는 약간 비껴나서 정신없이 돌아가던 국방부 시절에 경험한 것들을 곱씹어보았다. 전략방위계획 같은 당시의 중대한 핵무기문제를 두고 벌어진 공청회에 참석하기도 했다. 다시 대학으로 돌아가 학생들을 만나면서, 우리가 핵위협이 없는 세상을 맞기 위해 꼭 필요할 많은 것들을 그들로부터 배웠다. 세계의 여기저기를 다니며 정부관리들이나 영향력 있는 전문가들을 만나봄으로써 비공식적이지만 중요한 핵 관련 외교를 수행했는데, 이는 나중에 국방장관으로 국방부로 돌아갔을 때 정말 귀중한 도움이 되었다. 나와 비슷한 생각을 갖고 있는, 핵의 위험을 줄이는 임무에 함께할 전문가들도 만나게 되었다. 그리고 소련이 역사 속으로 사라지고 냉전이 끝나면서 핵문제에서 나름의 강력한 역학관계 ── 기회이자 동시에 위험인 ── 를 지닌 새로운 시대가 시작되었고, 그에 따라 내 삶의 일화들도 바뀌어가는 것을 생생하게 경험하게 되었다.

다시 민간인의 삶으로
냉전은 끝났지만 핵을 둘러싼 여정은 계속된다

> 우리에게 핵무기를 가져다준 우리나라의 과학계가 (…) 이 핵무기를
> 무력화해서 쓸모없이 만들 방법도 제공해야 한다고 요구하는 바입니다.[1]
> ─ 레이건 대통령, 1983년 3월 23일

카터 대통령이 재선에 결정적으로 패한 후 나는 아내 리와 다시 차를 몰고 대륙을 가로질러 우리의 고향이 되어버린 캘리포니아로 갔다. 핵의 벼랑 끝에서 해온 여정을 과연 계속하게 될까 하는 약간의 의구심이 있었지만 금방 사라져버렸다.

우선 핵공격에 대응한 새로운 '방어'를 고안하자는 제안(전략방위구상SDI)이 나왔는데, 난 바로 부정적인 평가를 내렸다. 두번째로, 소련은 물론 전세계의 저명한 인물들과 함께 핵위협과 관련해 광범위하면서 집중된 비공식적 외교를 시작하게 되었다. 새로이 움트는 그 외교환경이 핵위험을 줄이기 위한 새로운 기운과 사고방식의 시작을 알리는 듯했다. 세번째로는 변화된 핵위기의 역학관계에 대해 생각하고 가르칠 시간이 생긴 것이 나로서는 반가운 일이었다. 그리고 마지막으로 새로운 기술을 따라잡을 수 있는 기회를 놓치고 싶지 않았다.

캘리포니아로 돌아온 후 리는 예전에 다녔던 공인회계사 사무소에 다시 들어갔는데, 1980년 소득공제 기간에 딱 맞게 일을 시작하게 되었다. 내가 설립했던 ESL은 이제 TRW의 소유였는데, 내가 군수물자의 책임자 자리에서 막 나온 터라 방위 프로그램에 그 성공여부가 걸려 있는 방위산업체에 들어가고 싶은 마음이 없었다. 그래서 쌘프란시스코의 투자은행인 햄브레흐트앤퀴스트(H&Q)에 들어갔다. 소규모 첨단 투자은행 H&Q는 수년 전에 ESL의 주식을 상장했고, 조지 퀴스트는 ESL이 TRW에 팔릴 때까지 이사회 임원이었다. 첨단기술의 평가와 응용을 담당했던 국방부에서의 경력이, 혁신기술에 중점을 둔(그들의 투자 중 방위산업분야는 거의 없긴 했지만) 작지만 영향력 있는 벤처 금융회사인 H&Q의 사업에 도움이 될 거라고 보았다.

또한 스탠퍼드의 국제안보군축센터(the Center for International Security and Arms Control, CISAC 현재는 국제안보협력센터)의 공동소장인 존 루이스 교수가 내게 연락을 해왔고, 나는 그 센터의 시간제 선임연구원을 하는 데 동의했다. 나의 학위 중 두개가 세계적인 대학인 스탠퍼드에서 받은 것이기도 했고, 특히 CISAC에서 일한다는 생각이 나를 기대에 부풀게 했다. 그곳에서 국가안보와 핵무기 문제에 대한 생각을 계속 다듬어갈 수 있을 것이기 때문이었다. 나는 스탠퍼드에서 '국가안보에서 과학기술의 역할'이라는 강좌를 신설했다. 인류역사에서 과학기술은 항상 국가안보에 핵심이긴 했지만, 오끼나와에서 군인이었던 10대 후반부터 시작해 50대 초반에 이르는 기간처럼 과학기술이 현기증 날 만한 속도로 변화한 적은 없었다. 그 기간 끄트머리에는 나 역시 그 가속화의 장본인이긴 했지만 말이다. 스탠퍼드에서 대학원과정을 밟을 때 뛰어난 수학자인 조지 폴리야 교수에게서 감흥을 받기도 했고 대학강사 경험도 있어서 한때는 이론 수학을 가르쳐볼까 하는 생각을 했었다. 하지만 지금은 불길한 모습으로 다가오는 핵의 위험에 맞대면한 몇 안 되는 지식인으로서 닥쳐오는 그 도전을 바라보는 시각을, 특히 곧 그것과 직면하게 될 젊은이들이 있는 교실에서 전해주는 일이 중요하다는 생각이 들었다.

정부관리들이 추진하는 트랙 1 외교를 보충하기 위한 비정부 국제 외교로서 그 중요성과 비중이 점점 커져가는 트랙 2에서도 활동하게 되었다. 1980년대부터 1990년대 초반까지 러시아 과학자들과 학자들을 만나러 거의 매해 스탠퍼드 사절단과 함께 러시아를 방문했다. 트랙 2 회의의 목적은 나중에 정부에서 채택할 만한 새로운 길을 공식 입장에서 벗어나 다각도로 찾는 것이었다. 공식외교와 비공식외교를 함께 운용하면 때로 훨씬 쉽게 목적을 이룰 수 있었다. 그러한 기초공사는 외교 전반에서 중요했을 뿐 아니라 서로를 의심의 눈초리로 바라보는 냉전이라는 상황에서 그나마 유지되는 몇 안 되는 중요한 대화 채널 중 하나였다. 하지만 트랙 2 외교의 주요 활동을 설명하기 전에 핵의 시대에 걸맞지 않는 구태의연한 사고방식이 난데없이 등장해서 새로운 시도를 방해했던 얘기를 먼저 하고 싶다. 그 얘기를 들으면 당시 지배적인 분위기가 어떠했는지 감이 잡힐 것이다. 방해로 말하자면 그건 시작일 뿐이었다.

겉으로는 새로운 사고처럼 보이기도 하는, 새 옷을 입은 이 낡은 사고방식은 행정부 고위직에서 생겨나 80년대 초에 신문 머리기사를 장식했다. 1983년 3월 23일, 레이건 대통령은 미국의 과학자들과 기술자들에게 핵무기를 무력화할 방어체계를 개발할 것을 요구함으로써 세상 사람들을 망연자실하게 했다.

　　우리에게 핵무기를 가져다준 우리나라의 과학계가 (…) 이 핵무기를 무력화해서 쓸모없게 만들 방법도 제공해야 한다고 요구하는 바입니다.

　　그의 연설은 강력한 현대기술에 기초한 미사일방어체계라는 새로운 구상, 곧 소련의 ICBM이 날아오던 도중에 별자리처럼 늘어선 미국 위성에서 발사한 광선무기에 의해 파괴되는 비전에서 영감을 받은 것이었다. 이 비전을 현실로 바꿔놓기 위해 만들어진 프로젝트가 SDI였고, 나오자마자 바로 '스타워즈'라는 별칭이 붙었다. 선진적인 과학기술에다가 그것을 하나의 씨스템으로 융합한다는 이 구상이 현혹적일 만큼 새로워 보일지 모르지만 사업의 궁극적인 목표에 도달하기는 어려워 보였다. 소련의 ICBM 유도 씨스템을 방해하고 탄도미사일 방어성능을 완성하겠다는 앞서의 구상이 그러했듯이 말이다.
　　전략방위구상을 탄생시킨 레이건 대통령의 그 연설이 나온 직후, 『워싱턴 포스트』로부터 SDI의 장점에 대한 논평을 써달라는 요청을 받았다. 그 논평에서 나는 다음과 같은 주장으로 대통령의 제안을 비판했다. "만약 우리가 20년 동안 소련의 ICBM과 SLBM 전력을 무찌를 씨스템을 개발하고 시험하고 배치하는 데 골몰한다면, 소련 역시 그동안 그에 대한 다양한 대책을 고안해 개발하고 배치할 충분한 시간을 갖게 될 것입니다."[2] 그뒤에 과학잡지에 기고한 논문에서는

SDI에서 현실적으로 가능한 것은 바람직하지 않으며, 바람직한 것은 현실적 가능성이 없다고 주장하기도 했다.[3] 그때까지 내 인생을 다 바쳐 한 일이 선진기술을 혁신적으로 응용하는 것이었기 때문에 SDI의 기술적인 실현가능성 대한 나의 회의적 태도에는 무게가 실릴 수밖에 없었다. SDI에서 잘못해서 생겨날 수 있는 위험도 있다고 지적했다. 즉 실효성이 없음에도 불구하고 미사일 방어 씨스템이 새로운 핵무기 경쟁을 촉발할 위험 말이다.

고성능 광선무기와 그에 필요한 로켓과 일단의 위성을 개발하는 것은 어마어마한 돈이 들고 매우 어려운 일임도 분명했지만, SDI가 실효성이 없다고 본 이유는 좀더 근본적인 데 있었다. 결국 그것의 성공여부는 표적이 대응하지 않고 가만히 있다는 가정에 달려 있었다. SDI는 체스 기사들이 '최후의 수라는 오류'라고 부르는 문제점에 무방비로 노출되어 있는 것이었다. 그것을 제작하여 배치하기까지는 오랜 기간이 소요될 테고 소련의 군대는 그것을 어느정도 파악하게 될 것이었다. 따라서 우리가 무엇을 만들고 있는지 다 파악을 하고 자신들의 방어체계도 그에 맞추어 조정할 것이다. 더구나 그 조정은 엄청난 비용이 들 것이 분명한 SDI 씨스템과 비교했을 때 상대적으로 비용도 적게 들 것이었다.

사실 이와 유사한 역사적인 예는 1960년대에 소련이 엄청난 비용을 들여 전국적인 방공 씨스템을 구축했었던 경우에서 찾아볼 수 있다. 미국은 그 과정을 지켜봤기 때문에 B-52 폭격기에 대한 계획을 조정해서 그것이 소련 상공을 약 5백 피트의 고도로 비행할 수 있도록 만들었다. 그렇게 해서 B-52가 고공비행으로 공격한다는 가정하에 설계된 소련 방공 씨스템의 탐지 레이더를 대부분 피할 수 있었다. 미국이 폭격기 전술을 바꾼 것을 알고 소련은 다시 약 10년에 걸쳐 우리의 새 전술을 격파하기 위해 대공 씨스템을 수정해야 했다. 앞서 설명했듯이 그때 미국은 소련으로부터 몇백 마일 떨어져 있어, 소련의 방공 씨스템으로부터 공격받지 않는 지점에서 B-52가 싣고 간 미사일을 발사할 수 있는 공중발사 크루즈 미사일을 개발했더랬다. 공중발사 미사일은 2백 피트의 고도로 소련 상공을 날게 될 뿐 아니라, 예전에 제작되어 스텔스 기술이 적용되지 않은 커다란 B-52와 달리 매우 낮은 레이더 특성을 지니고 있어서 소련 레이더의 탐지와 표적파악 성능을 무색하게 했다. 이렇게 상대적으로 적은 비용으로 B-52 공격전술과 무기수송 방식을 개선함으로써 고비용의 방대한 소련 방공 씨스템을 무력화했던 것이다. 그렇게 해서 우리는 노후한 B-52의 수명을 연장했고 나중에 소련의 방공 씨스템에 맞설 수 있는 폭격기(후에 B-2가 될)로 대체될 때까지 그것을 사용할 수 있었다.

앞서 말했듯이 방어 씨스템을 통한 '피해축소'에 심각한 한계가 있음을 수년 전에 목격했을 뿐 아니라 나름의 계산을 통해 확신하게 되었으므로 핵의 시대에 공격 대 방어에 대해 이미 남다른 생각을 갖고 있었다. 핵시대의 공격 씨스템이 가장 끔찍할 만큼 그러하겠지만 공격 씨스템이란 근본적으로 이점을 갖고 있고, 그것이 단 한번만 사용되도록 설계가 되었을 때 특히 그러하다. 2차대전 당시 미국 폭격기가 독일의 동일한 목표물을 대상으로 반복해서 임무수행에 나서자 독일에게는 우리 공격 전략상의 변화에 자신들의 방공 씨스템을 맞출 시간이 생겼고 그래서 미 폭격기가 엄청난 피해를 입은 적이 있다. 그러나 그때조차도 훌륭한 방공 씨스템에 의해 확보한 손실 비율이 4에서 8퍼센트였다. 그러나 우리 폭격기가 목표물을 향해 반복비행에 나서야 했기 때문에 조종사와 공군전력 면에서 이 손실률은 참담할 정도였다. 그 경우 스물다섯번이라는 할당된 비행을 마친 후 살아남는 자는 거의 없을 것이었다. 그러나 한두번의 출격을 하는 ICBM 공격체제를 갖춘 핵전쟁에서는 쳐들어오는 적의 10퍼센트만을 격추한다면 그런 방공 씨스템은 말할 수 없이 무능하다고 봐야 한다. ICBM의 공격에 효과적으로 대응하려면 방어 씨스템의 손실률은 90퍼센트를 한참 넘어야 한다. 그것도 첫 공격에 말이다! 그런데 방어 씨스템이 실제 전투상황에서 그런 손실률을 달성할 수 있었다는 주장을 뒷받침할 만한 어떤 역사적 자료도 본 적이 없다.

『워싱턴 포스트』의 논평에서 나는 미국이 만약 SDI를 시작한다면 소련은 분명 그에 맞설 프로그램에 착수할 거라고 설명했다. 그리고 그중 가장 가능성이 높은 전략은 숫자로 SDI를 제압하는 것이 될 것이었다. 소련은 탄두를 장착한 수천개의 유인체를 배치하여 SDI가 처리해야 할 표적의 수를 엄청나게 늘림으로써 표적의 분별을 어렵게 할 수 있었다. 게다가 소련은 SDI보다 훨씬 적은 비용으로 더 많은 미사일과 탄두를 제작할 수도 있었다. 따라서 우리가 SDI 씨스템을 실전에 이용하지 않는다 해도 단지 그것을 시작하는 일만으로도 핵무기 경쟁을 더욱 위험한 국면으로 몰아갈 수 있었던 것이다.

결과적으로 미국은 SDI 씨스템을 전혀 만들지 못했다. 하지만 공격-방어 변증법은 냉전 이후에도 계속되어, 미국은 지상기반 BMD 씨스템을 배치하고 그에 자극받은 러시아와 중국은 더 많은 유인체와 ICBM을 제작하게 되었다.

핵공격을 방어할 수 있다는 끈질긴 망상의 역사를 돌이켜보면 그 개념이 바로 '원자의 고삐 풀린 힘은 우리의 사고방식을 제외한 모든 것을 바꿔놓았다'는 아인슈타인의 암울하지만 극도로 현실적인 주장의 전형이라는 생각이 들 정도다. 진화하는 군사위협에 맞서 방어체계를 만들어낼 생각을 하는 건 역사적으로 아주 정상적인 일이다. 하지만 대규모 핵무기 공격은 막대하고 확실한 파멸을 가져오기 때문에 성공적인 방어란 있을 수 없다. 물리적 충돌에서의 방어라는 고전적 사고방식은 여기서는 통용되지 않는다. 방어에 의존하는 케케묵은 '규범'은 핵전쟁시대를 맞아 자기기만이 되었다. 이 자기기만은 너무나 인간적이어서 충분히 이해할 만은 하지만, 새로운 현실에 대한 극도의 부정에 뿌리박고 있는 것이다.

여러 사건에 자극받아 핵시대의 절박한 요구에 대해 연구하고 가르치는 일을 계속했고 행정부에서 나와 새로 시작한 생활이 그에 잘 맞긴 했지만, 사실 미래전략에 대해서 내게 많은 가르침을 주었던 경험은 트랙 2 교류에서의 외교술이었다. 1980년대에서 90년대 초반에 이르기까지 매해 러시아 대표단들과 모임을 가지는 동안 상대편에서 너무나 식상한 당의 노선을 똑같이 읊어대면서 트랙 2 모임의 취지를 뭉개버렸던 지루한 모임도 많았다. 정부관료들이 나중에라도 채택할 만한 새로운 길을 공식적인 입장에서 벗어나 다각도로 모색하자는 것이 트랙 2 모임의 주요목적이었는데도 말이다. 그러나 그중에는 아주 인상적인 러시아 인물들도 몇 있었고, 그들 중 여럿과 맺은 지적인 연대감이 당시 내게 유용했고 나중에 국방장관이 되었을 때도 큰 도움이 되었다.

그런 관계가 가능하고 무척이나 중요하다는 것은 이미 알고 있었다. 중국의 정치군사 관료들이나 기술자들과 교류를 하면서, 그리고 나토의 국가원수들이나 장관, 관료 들과 관계를 맺으면서 깨달은 바였다. 그리고 예전에 전장에서 적으로 맞섰던 이스라엘과 이집트 군 장교들과 함께 일했던 경험도 있었다. 핵의 위기 상황에서는 오래된 의심과 적대감을 한순간에 허무는 것도 가능한 일이었다.

친분을 맺은 러시아인 중 안드레이 꼬꼬신은 특히 인상적이었다.[4] 처음 만난 자리에서 나는 그가 쓴 레이더 기술에 대한 논문을 흥미롭게 읽었다고 말했다. 자신의 논문을 주의깊게 읽었다는 사실에 그가 기뻐했고 우리는 그에 대해 오래 토론했다. 이후 만날 때마다 우리는 다른 많은 기술문제에 대해 논의했고, 그는 당의 노선에서 한참 벗어나는 방안들까지 탐구했다. 소련이 붕괴된 후 난 러시아 대표단들의 스탠퍼드 방문을 주선했고, 리와 나는 그들을 우리 집에 묵게 했다. 영어실력이 뛰어났던 안드레이에게 내 수업에 와서 강연을 해달라고 했는데, 그의 강연은 학생들에게 그해의 가장 인상 깊었던 수업이 되었다. 그때 만난 러시아 사람들과 얼마나 쉽게 진정한 친구가 되었는지 생각하면 항상 놀랍다. 그들은 평생 미국인들은 의심해야 한다고 배웠으므로, 가증스러운 펜타곤의 전직 관료라면 특히 의심스러워할 거라고 가정했다. 그러나 실제로는 그렇지 않았다. 내가 자신들의 주장을 귀담아듣고 그에 대해 합리적으로 반박한다는 것을 알고 나면 그들은 곧 의심을 걷고 오직 그 사안만을 갖고 나를 대했다.

이후 국방부 부장관을 하고 이어서 장관을 역임하는 동안 난 러시아에 갈 때마다 안드레이를 만났다. 그도 국방부 부장관이 되었기 때문에 나의 주요 교섭상대 중 하나였다. 트랙 2 기간 동안 이어왔던 우정이 나중에 정부관료로서 일하는 데에도 도움이 되었다. 나중에 자세히 설명하겠지만, 1980년대에 안드레이와의 신뢰를 키운 덕분에 예전에 소비에트연방에 속했던 나라들에 남겨진 핵무기를 해체하기 위한 넌-루거 프로그램을 긴급히 시행해야 했을 때 우리가 신속히 움직일 수 있었다.

1980년대 대부분에 걸쳐 있었던 러시아와의 트랙 2 논의가 대체로 별 성과없이 끝나긴 했지만, 미하일 고르바초프가 취임하여 '글라스노스뜨' 혹은 논의의 개방을 선언하고 불과 몇년 후인 1988년쯤엔 시대 분위기가 의미심장하게 변화하고 있었다. 우리 쪽에서는 글라스노스뜨의 진정성을 의심했는데, 1988년 모스끄바의 트랙 2 회의에 참여해 개방적인 분위기에서 활발하게 논쟁이 이루어지는 것을 보고 놀라지 않을 수 없었다. 의견충돌은 러시아와 미국 사이가 아니라 러시아 대표단 내의 성원들 사이에서 일어나는 게 아닌가!

에스토니아의 탈린에서 열린 그다음 회의에서는 글라스노스뜨에 의해 촉발된 정치기운이 더 격심해졌다. 그 회의에 참석했던 나와 애슈턴 B. 카터[5] ─ 트랙 2의 동료이자 로즈 장학생으로 곧 저명한 교수이자 나의 절친한 친구가 될 인물 ─ 는 금방이라도 격변이 일어날 것임을 직감했다. 우리와 얘기를 나눈 에스토니아 사람들이 겉으로 드러나게 러시아 동료들을 경멸하면서, 러시아가 에스토니아의 '점령자'들이므로 에스토니아는 다시 독립하는 게 마땅하다는 신념을 거리낌없이 피력했다(에스토니아는 1차와 2차 세계대전 사이에 잠깐 독립을 누렸다). 그들은 이러한 독립에의 염원을 아주 극적인 방식으로 보여주었다. 예를 들어 처음으로 그들이 에스토니아 국기를 올리는 것을 보았다. (그것은 엄격하게 법으로 금지되어 있었다.) 모든 회의 참석자들이 호텔에서 회의장으로 걸어가는 동안 게양되어 있는 에스토니아 국기를 보며 놀라움을 금치 못했다. 쉬는 시간마다 우리는 소련 당국이 국기를 내렸는지 보러 나갔지만 그런 일은 없었다. 그리고 그날 저녁 음악회에서 초청된 핀란드 합창단이 마지막 곡으로 시벨리우스의 「핀란디아 찬가」(이건 연주목록에 있었다)를 불렀는데, 그다음에 에스토니아 국가를 부르는 것이었다(이건 연주목록에 없었고 사실 공공장소에서 연주하거나 부르는 것은 불법이었다). 관중이 따라 불렀고 눈물을 흘리는 사람도 많았다. 대단한 변화가, 소련정부가 생각했던 것보다 더 심오한 변화가 소비에트 사회주의 공화국 연방에서 일어나고 있음은 의심의 여지가 없었다.

나는 1980년대에 중국도 매해 방문했다. 스탠퍼드 대표단의 단장은 CISAC의 존 루이스였는데, 중국어에 능통한 정치학 교수였던 그는 중국이 어떻게 핵폭탄을 개발했는지에 대한 책을 쓰고 있었다. 1980년 차관으로 중국을 방문했을 때 만났던 사람들과 다시 만나고 새로운 사람들도 만나보았는데, 그것이 1993년 다시 펜타곤에 들어갔을 때 값진 도움이 되었다. 그때 만나본 중요한 인물 중 하나가 장쩌민(江澤民)으로, 그는 당시 전자산업부 장관이었다. 한번은 그가 점심식사에 초대해서 계획 중인 프로그램에 대한 조언을 구했다. 그 프로그램을 시행하면 중국은 당시 몇몇 일본 회사들이 지배하고 있던 메모리칩 시장에 상당한 투자를 하게 될 것이었다. 그 새로운 계획에 대해 난 안 하는 게 좋겠다고 했다. 그는 나의 조언이 마음에 들지 않았지만 어쨌든 받아들였다. (이후 시장의 상황전개는 내 조언이 맞았음을 보여주었다.) 점심을 들며 그는 과학기술 분야에서의 이른바 나의 능력을 칭송하는 시를 중국어로 지었다며 보여주었다. 그 시가 나를 과장하기는 했지만, 나에 대한 중국인들의 멋진 환대가 느껴졌다. 내가 국방부 장관이 되고 장 쩌민이 중국의 주석이 되었을 때, 트랙 2 회의에서 그를 비롯해 중국 관료들과 쌓은 동료애 덕에 공식 업무를 훨씬 수월하게 수행할 수 있었다.

많은 이득을 주었음에도 중국에서의 트랙 2 회의는 1989년 6월 4일의 톈안먼 학살과 함께 종결되었다. 톈안먼 학살로 인해 향후 5년간 트랙 2 회의만이 아니라 중국정부와의 모든 고위급 회담 역시 중단되었다.

트랙 2 회의 외에 국가안보에서의 과학기술의 역할을 다루는 새 강좌도 즐거운 마음으로 진행하고 있었는데 강좌의 인기도 올라갔다. 탐구열이 넘치는 똑똑한 학생들과의 토론은 내게 활기를 불어넣었고 그들이 내게서 받는 만큼이나 내가 그들에게서 얻는 게 많았다. 특히 맨해튼 프로젝트와 냉전 시의 잘못된 경보, 그리고 쿠바 미사일 위기를 다룰 때의 학생들의 반응은 매우 흥미로웠다. 이 사건들이 그들에게는 아주 머나먼 옛날이야기인 것 같았다. 하지만 냉전시대의 위기를 몸소 체험한 내게 그것들은 머릿속에 뚜렷하게 새겨져 있었다. 그 중요한 시대를 학생들이 생생하게 느꼈으면 하는 마음이 들었다. 왜냐하면 예기치 못하게 여러 면에서 과거의 모든 것으로부터 근본적으로 달라진 전환점이었던 그 역사가 그들의 삶에 깊은 영향을 줄 수 있기 때문이었다. 그것을 가르치는 것은 어려운 일이었지만 핵의 시대에서 자각을 통해 사고방식을 바꾸는 것이 얼마나 중요한지를 일깨워주었다.

나는 이 기간에 정부의 기술고문으로도 일했다. 대통령 산하 대외정보자문위원회 위원으로서 정보부문 쟁점들의 최신 동향을 접했다. 데이브 패커드가 의장으로 있던 대통령 산하 국방관리에 관한 블루리본 위원회 위원으로 일하며 「행동을 위한 공식」이라는 군수개혁에 대한 보고서를 주요 저자의 자격으로 공동저술했다. 또한 브렌트 스카우크로프트가 의장으로 있었던 대통령 산하 전략병력위원회 일도 하고, 애시 카터와 함께 국방 거버넌스에 대한 카네기위원회의 위원으로도 일했다. 카네기위원회는 내가 애시 카터와 함께 참여했던 여러 자문 단체 중 하나였다. 우리는 러시아와의 협력과 군수산업 개혁 양쪽에서 서로를 도와 일했다. (그 친분은 나중에 내가 국방장관이 되고 애시가 펜타곤에서 핵위험을 축소하기 위한 넌-루거 프로그램을 시행할 때 긴밀한 협조관계로 이어졌다. 펜타곤을 떠난 후에 애시와 나는 애시의 학문적 고향인 하버드와 스탠퍼드와의 합동 연구조사 프로그램인 예방적 방어 프로젝트를 조직했다.)

이러한 자문역할뿐 아니라, 수많은 첨단기술 회사의 이사회에서 일하면서 최신기술을 뒤처지지 않고 접했던 경험은, 1993년 국방부로 돌아가 처음에는 부장관으로 그리고 1년 후 장관으로 재직했을 때 '곧장 직무를 시작하는 데' 큰힘이 되었다. 패커드위원회에서 내가 작성했던 보고서가 국방부에서 재직할 때 내 자신의 행동을 위한 공식이 되어주었던 것이다.

'회전문' 임명이 정부관료의 청렴도를 해쳐 부패를 조장한다는 주장이 있어왔지만, 산업분야와 대학, 그리고 정부 자문위원회에서 두루 했던 경험은 다시 행정부에 들어갔을 때 내게 득이 되었다. 그 비슷한 예로 애시 카터를 들 수도 있다. 그는 하버드의 교수직과 사업, 행정부를 몇번씩이나 들락날락했지만 그것은 분명 정부에 이득이 되었던 것이다.

대학강의나 트랙 2 관련 일, 정부 자문위원을 하지 않는 시간엔 새로 생긴 여남은 개의 첨단기술 회사들과 일을 했다. 회사를 설립하면서 내가 얻었던 교훈이 그 회사들에 도움이 되었고 나는 최신 디지털 기술을 가까이서 접한다는 점에서 도움을 받았다.

이 모든 활동을 통한 중요한 깨달음은 이것이다. 내 일의 최우선목적이 핵으로 인한 참사의 위험을 줄이는 것임을 더욱 분명히 알게 되었다는 것이다. 그래서 1980년대에 러시아와의 트랙 2 외교활동에 특히 중점을 두었다. 그러면서 역사적인 변화가 구소련을 휩쓸고 있음을 알게 되었다. 가장 두드러진 증거는 레이캬비크 정상회담이었다. 미국 쪽에서 레이건 대통령과 조지 슐츠 국무장관, 소련 쪽에서 고르바초프 대통령과 에두아르드 셰바르드나제 외무장관이 1986년 10월 11일과 12일, 이틀간에 걸쳐 아이슬랜드의 레이캬비크에서 마주 앉았다. 실무진이 미리 준비하는 '주요 사안들' 없이 레이건과 고르바초프는 양국이 자신들의 핵무기와 수송수단을 철폐할 수 있는 가능성에 대해 논의했다. 그중 숨 막힐 듯했던 어느날 오후에는 믿을 수 없을 정도로 대담한 그 조치가 정말 가능해 보인 적도 있었다.

결국 두 정상은 합의에 이르지는 못했다. 주요 걸림돌은 미국의 새로운 SDI 프로그램이 '실험실 내 실험'으로 한정되어야 한다는 고르바초프의 주장을 레이건이 받아들이기 힘들었다는 것이다. 그 시도가 실패로 끝나기는 했지만 두 정상은 핵무기 감축에 대한 역사적인 합의에 이르렀는데, 그것은 핵무기를 늘리는 것만 제한했던 예전의 합의에 비하면 대단한 진전이었다. 가장 중요한 것이 1987년에 조인된 중거리 핵전력 조약(Intermediate-Range Nuclear Forces Treaty, INF)인데, 이 조약으로 탄도미사일 전체(사정거리가 3백 마일에서 3천4백 마일 사이인 미사일)를 폐기하게 되었다.[6] INF 조약은 직접적인 조사를 허용했다는 점에서 또한 의미심장했다. 예를 들어 그 조약에 따르면 미 조사단은 금지 미사일이 제조되지 않음을 확증하기 위해 러시아의 보찐스끄에서 생산되는 모든 미사일을 조사할 수 있었다.

조지 H. W. 부시 대통령은 그러한 군축계획을 더욱 밀고 나갔다. 1991년, 부시 대통령은 미소 양측에서 ICBM과 탄두의 수를 줄일 것을 요하는 전략무기감축협정(Strategic Arms Reduction Treaty, START I)[7]에 서명했다. 그리하여 ICBM은 1천6백대로, 장착된 핵탄두는 6천개로 감소했다. 임기가 끝나기 직전인 1993년 1월에 다시 전략무기군축협정(START II)[8]을 조인했는데, 이는 ICBM에 MIRV를 사용하는 것을 금지했기 때문에 전략적 안정 면에서 엄청난 중요성을 지니는 것이었다. 하나의 소련 탄두로 10개의 탄두를 장착한 미국 미사일(아직 격납고에 있는)을 제거할 수 있다는 경제적인 파괴능력으로 인해 MIRV가 기습공격을 '부추길' 수 있다는 유명한 이론을 고려하면, MIRV의 금지는 '난데없는' 공격의 조장심리를 약화함으로써 전략적 안정을 강화하는 것으로 여겨졌다. 따라서 이 협정은 과거의 모든 이동식 MX 양식으로는 해결할 수 없다고 판명되었던 문제를 해결했다. (불행히도 START II는 이젠 유효하지 않다. 뒤에서 논의하겠지만 조지 W. 부시 정부가 러시아와의 ABM 협정을 파기한 후 러시아는 이 협정을 파기하고 새로운 종류의 MIRV식 ICBM을 제작하기 시작했다.)

1985년에 미하일 고르바초프가 소련의 최고지도자가 되어 데탕트(긴장완화)와 글라스노스뜨(논의의 개방) 뻬레스뜨로이까(경제개혁)라는 세가지 주요개혁에 착수했다. 데탕트는 획기적인 핵무기협상으로 보자면 대단한 성공이었고, 글라스노스뜨는 고르바초프가 의도했던 것보다 훨씬 더 성공적이었다. 하지만 뻬레스뜨로이까는 참담한 실패였다. 그것이 시작되고 몇년 후에 모스끄바에서 열린 회의에 참석했는데, 그때 러시아의 한 저명한 경제학자가 러시아에서 뻬레스뜨로이까를 시행하는 일은 영국에서 오른쪽 주행으로 바꾸기로 하는 것과 마찬가지라고 비유했다. 그런데 그것도 첫해에는 승용차에, 둘째 해에는 트럭에, 그리고 셋째 해에는 버스에, 이런 식으로 점차적으로 말이다!

경제개혁의 실패는 러시아가 대담하게 수용한 글라스노스뜨와 맞물려 고르바초프 내각의 보수 성원들 사이에 불안감을 조성했다. 격동으로 출렁이던 그 당시 상황은 충분히 내전으로 이어질 수도 있었다. 그 위태로운 시기에 난 여러번 모스끄바를 방문했고 금방이라도 대학살이 벌어지는 건 아닐지 깊이 우려했다. 당시 열었던 회의 중 가장 기억에 남는 것은 1991년 8월 부다페스트에서 열린 회의였다. 미래를 내다볼 줄 아는 카네기 재단의 이사장인 데이비드 햄버그가 독립한 동유럽 국가와 러시아에서 현재 벌어지는 일들을 평가하기 위해서 나와 쌤 넌, 애시 카터를 포함하여 소련문제 전문가들을 불러 모았다. 그 회의에 두명의 러시아 인사를 초청했는데 그중 한명이 예전에 트랙 2 회의에서 만나 친구가 된 안드레이 꼬꼬신(후에 국방부 차관이 되었다)이고 또 한사람은 후에 외무장관이 된 안드레이 꼬시레프였다. 회의 전날밤 모스끄바에서 위기상황이 발생했다. 고르바초프 내각의 고위관료들 한 무리가 고르바초프를 크림반도에 있는 그의 은신처에 가택연금하고 정부권력을 장악한 것이다. 후에 '쿠데타 모의자'라고 불리게 된 이들은 기자회견을 열어 고르바초프가 병으로 드러누워 자신들이 권력을 행사하게 되었다고 거짓발표를 했다. 그러고는 비상사태를 선포했다. 그 쿠데타 모의자들이 고르바초프를 감금했을 때 그의 권력의 상징인 '체겟'(미국에서는 '뉴클리어 풋볼'이라고 불리는), 즉 핵공격을 명령하기 위해 필요한 통신장치 역시 손에 넣었을 가능성이 컸다. 만약 그렇다면 대참사를 일으킬 수 있는 힘이 며칠 동안이나마 그들의 수중에 있었던 셈이다.

자신들이 권력을 장악했다는 쿠데타 모의자들의 발표가 있자마자 모스끄바 시민들이 거리로 몰려나와 시위를 벌였다. 보리스 옐찐을 중심으로 쿠데타 반대세력이 자신들을 지지하는 수백명과 함께 '화이트하우스'라고 불리는 러시아 국회의사당에 방어벽을 치고 들어앉았다. 꼬꼬신과 꼬시레프가 회의에 불참했고, 그들 역시 화이트하우스에 있는 세력과 함께하고 있음을 곧 알게 되었다. 그들의 생사가 무척 걱정스러웠다. 그러나 다행스럽게도 러시아 군대의 중심 세력이 화이트하우스를 치고 들어가라는 쿠데타 모의자의 명령을 거부함으로써 위기는 순식간에 발생했던 것처럼 역시 순식간에 끝나버렸다. 이후 주요사항을 결론 내리기 전에 꼬꼬신과 꼬시레프가 부다페스트의 회의에 합류할 수 있었다. 주요 핵무기 국가에서 벌어진 심각하면서도 무시무시한 정치혼란의 드라마였다.

1991년 12월 소비에트연방을 구성하는 15개 국가의 수장들이 민스끄에 모여 연방을 해체하는 데 합의했다. 1991년 크리스마스에 고르바초프가 서명함으로써 소련은 다음날 공식적으로 해체되었다. 독립한 나라들의 국민 대부분은 안도하며 열광적으로 이 역사적인 사건을 반겼다. 하지만 독립과 동시에 거대한 경제적·정치적 문제들이 밀려들기 시작했고, 신생정부들은 아직 그에 대처할 준비가 되어 있지 않았다. 그 당시 러시아와 우크라이나를 방문했던 나는 어디를 가든 무질서와 가난을 목격하면서 엄청난 충격을 받았다. 노인들이 구걸을 하고 중년여성은 가족을 먹이기 위해 가구와 옷가지, 보석 등 있는 건 죄다 내다 팔고 있었다. 불량배들이 패거리를 이루어 행인을 위협하고 투기꾼들은 부패한 관료들과 공모하여 값나가는 국가재산을 헐값에 사들이고 있었다. 러시아의 새 대통령 옐찐은 이 심각한 문제들에 대처할 어떤 계획도 마련하지 못했다. 미국 경제전문가들이 옐찐에게 시장경제를 실행하는 가능한 방법에 대해 조언하고 있었지만, 그중 어떤 것은 당면한 러시아 위기에 적합하지 않은 것들이기도 했고 격변의 와중이라 조언들 대부분은 아예 시행될 수도 없었다. 이 때문에 불행한 일이지만 당연하게도 1990년대 러시아에서 민주주의는 불신의 대상이 되었고, 미국의 자문단들이 도움을 주려 애썼음에도 불구하고 많은 러시아 국민들은 당시 그들의 문제가 미국 때문에 생겼다고 여전히 믿고 있다.

소련의 해체는 의도치 않은 중요한 결과를 가져왔다. 곧 '유출된 핵무기' 문제인데, 위태로운 우리 시대의 아이러니 중에 아이러니가 아닐 수 없었다. 카네기 재단이 자금을 대고 애시 카터가 이끄는 하버드 팀은 이 문제에 주의를 환기하는 최종보고서를 발표했다. 그 보고서는 우리 세계가 세개의 신생 핵국가를 더 가지게 된 '축복을 받았다'고 적었다. 우크라이나와 카자흐스탄, 벨라루스가 그들로서, 이들 국가는 소비에트연방이 해체되기 전에 소련이 오랫동안 그 영토에 기지를 두어 관리했던 핵무기를 물려받은 것이었다. 수천개의 핵무기가 현재 이 세 나라에 있지만 심각한 경제적·정치적·사회적 격변을 겪고 있는 그 나라들로부터 그것을 확보할 방법이라고는 없었다.

쌤 넌 상원의원은 즉각 위험을 인식하고는, 고르바초프가 가택연금에서 풀려난 직후 모스끄바로 가서 그를 만났다. 미국뿐 아니라 정말이지 전세계가 직면한 위험이 막대하다는 사실을 확신하며 돌아왔다. 워싱턴에 돌아와서 관리가 허술해진 핵무기의 위험을 막을 방법을 논의하기 위해 딕 루거 상원의원과 만났다.

넌과 루거가 어떤 조치를 취할지 논의하는 동안, 데이비드 햄버그는 나와 애시 카터, 그리고 브루킹스연구소의 존 스타인브루너를 넌의 의원실로 불러 회의를 열었다. 당시 나는 스탠퍼드에서 참담한 러시아 경제의 회복을 위해 그 나라의 거대한 군산복합체를 상업생산 시설로 전환하는 일에 미국이 어떤 도움을 줄 수 있는지를 연구하고 있었다. 하버드에서 수행한 애시의 연구는 허술해진 핵무기의 관리에 대처하려면 미국과 소련의 긴밀한 협력이 필요하다는 결론을 내렸다. 나의 스탠퍼드 연구 역시 마찬가지로 두 국가 간의 협력이 꼭 필요함을 강조했다. 오랫동안 적대국이었던 두 나라에 즉시 긴밀한 협력관계를 맺으라고 요구했던 두 연구보고가 당시의 일반적인 사고에 반하는 것이었음은 명백했다.

협력을 위한 계획을 구상하던 넌과 루거, 그리고 그들의 실무진은 핵무기를 둘러싼 달라진 역학관계에 빠르게 적응하며, 이 기회를 이용해 관리가 허술해진 핵문제를 해결하기로 결정했다. 회의를 마치고 애시는 그 자리에 남아 실무진들과 함께 후에 넌-루거 법안이라고 불리게 될 법안의 초안을 작성했다. 이틀 후 넌과 루거는 새로운 법안에 대한 지지를 확보하기 위해 양당의 상원의원들을 불러 조찬을 함께했다. 애시가 상원의원들에게 새로운 핵의 위험에 대해 브리핑을 했다. 넌과 루거는 그 법안이, 전 소비에트연합의 핵보유 국가들에 생긴 핵위험에 대처하기 위한 것으로, 미 국방부가 이에 지원을 할 수 있도록 권한을 부여하는 담대하고 혁신적인 절차라고 설명했다. 미군이 자금을 대고, 제대로 안전이 확보되지 않은 대규모 핵무기로 인한 위험을 막기 위해 주도적으로 필요한 일을 함께 할 것이었다.

이 모임이 아주 결정적이었다. 일주일 후 연간 국방예산에 대한 넌-루거 수정안이 상원에서 86대 8로 통과되었던 것이다. 그리고 곧 레스 애스핀 하원의원이 하원에서도 필요한 찬성표를 확보하여 구두표결로 수정안을 통과시켰다.

법안이 통과된 후 넌과 루거는 의회 차원의 진상조사를 위해 러시아와 우크라이나, 벨라루스를 순방했다. 그들은 나와 애시에게 동행하자고 했고, 소비에트연방의 모든 국가들 내의 소요로 인한 결과에 대한 스탠퍼드와 하버드의 연구조사를 후원했던 카네기 재단의 데이비드 햄버그 역시 함께했다. 그 순방은 충격적이었다. 유출된 핵은 우리가 생각했던 것 이상으로 심각한 잠재위험을 지니고 있었다. 돌아오는 비행기 안에서 우리는 그 나라들이 자신들의 핵에 대처할 수 있도록 돕는 것이 미국의 이해에 부합한다는 데 동의하면서, 새로운 법안을 어떻게 시행하는 것이 좋을지 논의했다. 미국을 위협하는 잠재적이고 심각한 문제에 대처하는 데에서 그 위험을 미연에 방지하고자 하는 이 법안이 엄청나게 중요하다는 것이 애시와 나의 믿음이었다. 그러나 1년 후 그것을 시행하는 책임을 우리가 맡게 되리라고는 우리 둘 다 생각도 못했다.

하지만 운명은 내가 다시 펜타곤으로 돌아갈 것을 정해놓았다. 이번엔 국방부의 2인자로 돌아오게 되었다. 소련의 해체 결과 배치된 많은 핵무기들을 감축할 수 있는 기회가 생겼는데, 냉전이라는 암울한 시절에는 상상도 할 수 없던 일이었다. 국회에서 탄생한 법안 중 가장 깨어 있는 의식을 보여주는 법안인 넌-루거 법안이 지금 문제가 되는 배치된 핵 ─ 유출된 핵무기라는 불길한 이름으로 불리는 ─ 을 제거하기 위해 언제라도 시행될 태세가 되어 있었다. 거기서 시작해 이후 전개된 과정이 나의 여정의 핵심이라 할 수 있다. 워싱턴에 돌아온 때부터 시작해서, 무기획득 체계를 개혁하고 새로운 핵시대에 꼭 필요한 민첩한 군대를 만들기 위한 강도 높은 프로그램

144

에 이르기까지, 여러 일화들을 거치게 될 것이다. 국방부 부장관으로 1년을 재직한 후 이번엔 국방장관이 되어 넌-루거 법안의 시행을 진두지휘하고 북한의 핵위기와 보스니아의 평화유지군 파병, 아이티의 쿠데타에 대처하게 될 것이었다. 그런 점에서 다음의 내용이 내 여정에서 중추적인 부분이다.

다시 워싱턴으로

'유출된 핵무기'라는 새로운 도전과 휘청거리는 방위사업 개혁

> 우리의 최우선과제는 클린턴 대통령의 첫 임기 안에 우크라이나와
> 카자흐스탄, 벨라루스에서 모든 핵무기를 제거하는 일이 될 것이다.
> ─── 1993년 2월, 페리와 카터가 개인적으로 세운 목표

1993년 1월, 빌 클린턴이 대통령이 된 지 두달이 되었을 때 난 자메이카에서 열린 의회수련회에서 연설을 하고 있었다. 쎄션 막간의 쉬는 시간에 데이비드 햄버그, 쌤 넌과 함께 얘기를 나누고 있는데, 클린턴 대통령의 새 내각에서 국방장관으로 막 확정된 레스 애스핀이 나를 부르더니 부장관을 맡아달라고 했다. 캘리포니아에 정착해 잘 살고 있는데 또다시 다 버리고 정부에 들어가고 싶지 않다고 하긴 했지만, 집에 돌아가는 길에 워싱턴에 들러 그를 만나 좀더 논의해보기로 했다. 리 역시 내켜하지 않았으나, 데이비드 햄버그와 쌤 넌은 그 자리에 있으면 유출된 핵문제를 처리할 수 있는 권한이 생길 거라며 받아들일 것을 강력히 권유했다. 또한 부장관이 되면 카네기 위원회와 패커드 위원회의 보고서에서 제안했던 방위사업개혁도 주도할 수 있을 거라고 했다.

유출된 핵무기와 방위산업개혁, 이 두 도전은 얼핏 아무 관계도 없

어 보이지만, 핵무기 사용을 미연에 방지하는 고도로 복잡하고 어려운 임무에서 그 두 사안은 핵심이었다. 상황을 잘 알고 있는 내부인인 햄버그와 넌 역시 지체없이 그것에 힘을 쏟아야 한다는 사실을 분명히 이해했던 것이다. 펜타곤의 지휘관들에게 이 두 사안은 다른 중요한 사안과 충돌하면서도 동시에 해결을 요했다. 그 충돌은 말끔하고 평화롭게 해결되지도, 일차원적으로 접근할 수도 없을 것이었다.

워싱턴 펜타곤으로 가서 애스핀을 만나 오랜 시간 논의했지만 여전히 확신은 들지 않은 채로 그의 보좌관들인 래리 스미스와 루디 드리언과 저녁을 함께했다. 그들은 행정부에서 가장 능력이 뛰어난 인물에 속했다. 1970년대에 국방부 차관이었을 때 래리와 긴밀히 협조해 일하면서 그를 존경하게 되었다. 상원의 전략무기 소위원회의 실무진으로서 그는 핵무기 경쟁이 걷잡을 수 없이 치닫는 것을 막는 데 중요한 역할을 했다. 래리와 루디는 유출된 핵무기문제를 미연에 방지해야 한다는 사실을 다시 강조했다. 새로운 중대사안인 유출 핵문제를 해결하는 일은 이미 나의 머릿속에서도 단연코 최우선이었다.

신기술과 혁신이론을 효율적으로 응용하기 위해서는 민첩한 군수 획득이 본질이라는 점을 알았으므로 그들 역시 드디어 방위사업을 개혁할 기회가 왔다고 역설했다. 합리적이고 능률적인 획득과정이 확보되지 않는다면 기술적인 다른 기회들도 허비하고 말 것이었다.

마지막으로 그들은 애스핀 장관이 경영경험이 없기 때문에 그 방면의 경험이 있는 부장관이 필요하다고 지적했다. 스미스와 드리언은 가장 성공적이었던 국방경영 팀으로 평가되는 멜빈 레어드와 데이비드 패커드의 펜타곤 지도부에 버금가는 팀을 마음속으로 그리고 있었다. (레어드와 애스핀은 둘 다 위스콘신의 하원의원이었고, 패커드와 나는 둘 다 씰리콘밸리의 임원이기도 했다.)

그래서 리와 나는 다시 한번 캘리포니아의 기반을 접고 4년 동안 워싱턴에 머물기로 결정했다. 두번째 이별은 첫번보다 훨씬 더 힘들었다. 또다시 사랑하는 가족과 친구 들을 떠나야 했고 우리가 아꼈던 집을 팔아야 했다. 지난 12년간 취득했던 주식을 모두 팔았고, 무엇보다 가장 손해가 컸던 것은 내가 이사직을 맡으며 몇몇 전도유망한 회사들에서 받았던 스톡옵션을 넘겨야 했던 것이다. 그렇게 해서 결과적으로 나의 '기회비용'은 5백만 달러가 넘었다. 리는 공인회계사 사무소에서 다시 나와야 했는데, 이번엔 아예 그만두었다. 스탠퍼드에는 4년 뒤에 돌아올 계획으로 휴직계를 냈다.

상상할 수 있겠지만, 부장관으로서 내가 가장 먼저 해야 할 두가지 — 넌-루거 법안의 시행과 방위사업개혁에 대한 패커드 위원회의 제안 실행 — 는 결코 쉽지 않은 일이었다.

넌-루거 법안을 시행하면서 내가 직면한 도전은 무수하게 유출된 핵이 얼마나 위험한지를 이해하지 못하는 상상력의 부재와 편협한 경제적 이해였다. 앞선 행정부가 법안시행에 필요한 예산을 전혀 배정하지 않았기 때문에 나는 바닥부터 시작해야 했다. 첫번째 과제는 전년도 예산에서 우선순위가 낮은 계획에 배정된 돈을 찾아내어 그것을 넌-루거로 이전하도록 요구하는 것이었다. 그에 해당된 프로그램 책임자들과 의회의 후원자들로부터 반발이 쏟아졌다. 그러나 국방장관에게는 필요하다면 그런 반대를 제압할 수 있는 힘이 있었기에 난 단호하게 밀고 나갔고 결국 이겨냈다.

넌-루거 법안의 중요성에 대해 나와 생각을 같이하는 결단력 있고 헌신적인 실무진을 조직해야 했다. 애스핀이 애시 카터를 넌-루거 법안시행을 주도적으로 이끌어갈 이상적인 인물로 보아 국제정책안보 차관보로 지명했는데, 임명동의 절차가 계속 늦춰지고 있었다. 그래서 그가 임시로 자문역을 하러 하버드를 떠나 워싱턴으로 왔다. 우리 둘 다 넌-루거 법안을 시행하는 일이 무엇보다 긴급하다고 여겼기 때문에 난 자문인인 애시에게 상당한 권한을 주었다. 그런데 여기서 복잡한 문제가 발생했다. 애시의 펜타곤 부서에 있는 공무원이 상원의 군사위원회 위원에게 애시가 '벌써 직무를 수행하고 있다'고 보고를 한 것이었다. 그것은 상원의원들에 대해 엄청난 죄를 짓는 것이었으므로, 더크 켐손 상원의원은 내게 애시의 임명을 무기한 정지하라는 통지를 보냈다. 망연자실했지만 난 맞서 싸우자고 결심했다. 넌 상원의원에게 중재를 해달라고 부탁할까 하는 생각을 했지만 그것이 오히려 켐손 의원의 결심만 더 굳힐까봐 걱정되었다. 대신 나는 내 편에 있는 국방부의 뛰어난 법률 자문의원인 제이미 고어릭과 함께 켐손 상원의원을 찾아갔다. 난 '내 탓이로소이다' 식으로, 애시가 정말로 임명도 되기 전에 직무를 수행하기는 했지만 그것은 그의 잘못이 아니라 나의 잘못이라고 인정했다. 긴급한 유출 핵 사안과 관련해 국방부를 움직이게 하려고 너무 골몰한 나머지 성과를 내라고 애시를 심하게 몰아붙였다고 해명했다. 애시는 그저 내가 몰아쳤기 때문에 그 일을 했을 뿐이었다고 말이다. 그러니 애시의 임명정지를 철회하고 대신 내게 책임을 물어달라고 부탁했다. 상원의원은 놀라서 나의 사과를 받아들이고 임명정지도 철회했다. 애시는 넌 상원의원의 탄탄한 지지에 힘입어 그 주 후반에 임명동의를 받았다.

나는 이 사건에서(그리고 그와 비슷한 다른 일에서도) 사람들이 핵으로 인한 갈등과 그것을 방지해야 한다는 최우선적인 요구를 제대로 인식하게 만들 필요가 있다는 사실을 다시금 확인했다. 사람들에게는 이해할 능력도 충분하고 그럴 마음도 있었다. 필요한 것은 사람들이 생각하고 그에 따라 행동하도록 자극하는 일이었다.

그동안에 임명동의 절차가 따로 없어서, 지연되고 있는 넌-루거 임무에 신속하게 나설 수 있는 네명의 부차관보를 뽑아 최고의 팀을 꾸려놓았다. 애시의 넌-루거 팀원 넷은 모두 여성이었다. 엘리자베스 셔우드, 글로리아 더피, 로라 홀게이트, 그리고 쑤전 코흐가 그들로서 모두 러시아 전문가들이었고, 그중 셋은 러시아어에도 능통했다. (애시와 나는 그렇지 못했다.) 넌-루거 법안의 시행과 관련하여 처음으로 함께 모스끄바를 방문했을 때 애시와 나, 그리고 네명의 부차관보는 러시아 국방장관과 파벨 그라초프 대장, 그리고 다섯명의 러시아 대장들과 테이블을 사이에 두고 마주 앉았다. 러시아 쪽에서는 우리 팀을 보고 놀라워하며 여성들이 과연 제대로 일을 하겠느냐는 의구심을 숨기지 않았다. 그라초프 대장이 시행절차의 어떤 부분에 대해 복잡한 질문을 했을 때 나는 이렇게 말했다. "셔우드 박사가 그 부분을 책임지고 있으므로 박사에게 대신 답변을 하라고 하겠습니다." 그래서 그녀가 답변을 했다. 그것도 러시아어로 아주 상세하게. 상대 러시아 인사들의 입이 쩍 벌어졌다.

후기 하나: 3년 후 우리가 미사일 해체의 마지막 단계까지 성공적

국방부에서 엘리자베스 셔우드, 그라초프 러시아 국방장관, 애시 카터와 함께.

으로 마무리하고 그라초프 대장과 함께 약소하게 축하파티를 벌이고 있을 때 러시아 사진기자가 와서 나와 그라초프, 애시의 사진을 찍겠다고 했다. 그때 그라초프는 사진기자에게 잠깐 기다리라고 하더니 말했다. "리즈(엘리자베스 셔우드)도 함께 찍읍시다. 리즈야말로 이 일을 성사시킨 장본인이니까!" 리즈에게 그것은 아주 뿌듯한 순간이었다. 나와 애시에게도 그랬다. 그것은 그 나름대로 핵의 시대가 요구하는 인식과 협력을 보여주었던 일화다.

비록 유출된 핵의 가공할 만한 위험을 줄이는 일이 최우선이었지만, 난 재래식 병력을 유지하는 책임 역시 지고 있었다. 그것은 핵억제에 근본적으로 필요한 요구로서 특히 군수획득체계의 개혁을 수

반하는 것이었다. 여기서 1970년대에 내가 차관으로서 상쇄전략을 시행하기 위해 전력했다는 사실을 떠올릴 필요가 있겠다. 그 당시 우리의 목표는 핵의 균형을 이룬 시대에 핵억제력의 효율성을 확보하기 위해서 재래식 병력을 강화하는 것이었다. 1990년 현재에는 핵무기를 사용하거나 사용하겠다고 위협하지 않고도 국가안보를 유지하기 위해서 재래식 병력의 우월성을 확보할 필요가 있었다. 핵무기의 역할과 그 수를 줄이려면, 재래식 병력이 튼튼해야만 그 일을 안전하게 해낼 수 있었던 것이다.

재래식 병력과 핵병력의 상호작용은 핵의 시대의 전쟁억제력에서 근본적으로 중요하다. 강한 재래식 병력을 유지하는 데 실패한 결과 위험한 상황에 이른 일례가 바로 러시아다. 재래식 무기에서 뒤떨어지게 되자 러시아는 핵무기를 상당히 증강하기 시작했고, 안보상의 위협을 받으면, 설사 그 위협이 핵으로 인한 것이 아닐지라도 핵무기를 사용하겠다고 대놓고 주장해왔던 것이다.

재래식 병력에서 장비를 현대화하는 일의 가장 큰 장애물은 새로운 무기체계를 개발하는 데 드는 비용과 시간이다. 우리의 군수획득체계는 형편없이 비효율적이었다. 카터 행정부에서 차관을 할 당시 나의 직함은 군수획득 차관이었는데 곧장 딜레마에 봉착했다. 우리의 군수획득체계는 비효율적이었고 나에게는 그것을 개선할 권한이 있었다. 하지만 내 판단으로는(그 판단이 옳았다는 생각은 여전하다) 근본적으로 군수체계를 뜯어고치려면 그를 위한 대내외 활동에 전력해야 했다. 그러자면 약화되는 핵억제력을 끌어올리기 위해 빠른 시일 안에 상쇄전략을 고안하고 시행해야 한다는 최우선과제에 쏟아부어야 할 시간과 에너지와 집중력을 빼앗기게 될 것이었다. 그래서 군수획득체계 전체를 개혁하는 데 시간과 에너지를 들이는 대신에, 그 문제를 에둘러 잘 피해가면서 스텔스와 크루즈 미사일, GPS와 다른 스마트 무기 프로그램 등 긴급한 프로그램을 해나가기로 했던 것이다.

그것은 나로서는 불행한 딜레마였다. 고전적인 관료절차 때문에 지연된다는 것을 알고 있으면서도, 그 과정을 합리화하는 일의 중요성을 그냥 지나치거나 무시해버리는 것은 또 얼마나 쉬운지. 게다가 전략적 불확실성의 시대에 접어들면서, 민첩하고 적응력 높은 군대를 만들어야 할 긴요한 요구도 생겨났다. 고안된 무기체계로 전장에 나가는 사람들, 우리가 믿고 중대한 임무를 맡기는 그 사람들에게 필요한 도덕성과 헌신은 효율적인 군수체계가 있어야 제대로 확보될 수 있다. 고리타분한 얘기처럼 들릴지 모르겠지만 격동하는 위험천만한 세계에서 군사적으로 적응력을 갖추는 데 그것만큼 중요한 것이 없다.

차관일 당시 군수개혁을 하지는 않았지만 상쇄 프로그램을 위해 사용했던 간소화된 방법의 성공으로부터 배운 바가 많았다. 전체적인 군수체계를 효율적으로 개선할 수 있다고 입증된 단계적 조치들이 있다는 사실을 알게 되었고, 그래서 그 조치들을 시행할 기회를 기다렸다.

차관을 그만두고 부장관이 되기 전에 카네기 위원회와 패커드 위원회의 일을 도왔는데, 두 위원회 모두 군수획득체계를 어떻게 개선할지에 대한 권고를 내놓았다. 나는 「군수획득체계 개혁: 행동을 위한 공식」이라는 보고서에 주요 저자로 참여했고, 거기서 우리가 내린 결론은 이러했다. "많은 사람들이 10년에서 15년이 걸리는 군수품 확보의 기간이 정상적이거나 어쩔 수 없다고 묵인해왔다. 우리는 이 기간을 반으로 줄일 수 있다고 믿는다. 이를 위해서는 근본적인 개혁과 (…) 행정부와 의회의 일치된 행동이 요구된다."[1] 당시 기존체제를 손볼 필요가 없다고 믿었던 와인버거 장관은 보고서를 무시해버렸고, 난 놀라움을 금치 못했다. 하지만 이제는 내 차례였다.

권고하는 것에 비해 시행하는 일이 얼마나 어려운지 곧 알게 되었다. 차관이었을 때보다 내 권한이 커지기도 했고, 행정부 전체적으로 효율성을 높이는 일을 강도 높게 추진하던 앨 고어 부통령이 나에 대한 지원을 아끼지 않아서 큰 도움이 되었다. 하지만 '행동을 위한 공식'에 있는 임무를 수행하기 위해서는 그에 적합한 팀이 필요했다. 강하고 확고한 존 도이치(나중에는 폴 카민스키)가 내가 예전에 맡았던 국방차관이 되어 합류했다. 그렇지만 군수획득이 대부분 삼군에서 이루어진다는 것을 알았으므로 나는 각 군에서 그 일을 담당하는 실무진들을 구하러 나섰다. 군수획득 분야와 핵억제력과 관련된 부품에서 경험을 지닌 실무진 말이다.

'드림팀'을 엄선해서 나의 제의를 받아들이도록 열심히 설득한 후에(모두 예전보다 한참 적은 연봉을 받게 될 것이었다) 임명동의를 요구했다. 백악관 인사담당자가 득달같이 세명 중 둘이 공화당으로 등록되어 있다고 불만을 표시했다. 나는 기술적·경영적으로 능력을 갖춘 사람들이 별로 없을 뿐 아니라, 능력을 갖춘 사람들은 대부분 연봉을 줄여가면서까지 워싱턴으로 오고 싶어 하지 않는다고 설명했다. 더 나아가 이 자리는 전문기술적인 자리이지 정치적인 자리가 아니고, 너무나 중요한 자리이므로 정실인사 같은 건 할 수 없다고 주장했다. 내가 상대한 인사담당자가 이런 주장에 끄떡도 하지 않았으므로 어쩔 수 없이 앨 고어에게 나서주지 않으면 효율성 방안 중 국방 부분은 어려워질 거라고 말했다. 그가 나서주어서 문제는 해결되었지만 그러느라 이미 몇달이 가버렸고, 동의절차는 또 얼마나 느려 터졌는지 그때까지 또 시간을 낭비해야 했다.

11월쯤 드디어 팀이 꾸려졌다. 육군의 길 데커, 해군의 존 더글러스, 그리고 공군의 클락 피스터가 그들이다. 더글러스는 이전에 공군 군수획득에서 상급직에 있었던 퇴역한 공군 준장이었다. 데커와 피스터는 내가 ESL을 경영했을 때 수행한 것과 유사한 일을 하고 있었다. 세사람 모두 똑똑하고 정직하며 뛰어난 책임자라는 평을 들었는데, 다들 그런 기대에 부응했다. 3년 후 육군참모총장인 고든 R. 설리번 대장이 퇴임하면서 내게 말하기를, 군을 위해 내가 한 일 중 가장 잘한 것이 길 데커를 군수 관련 실무자로 발탁한 것이라고 했다. 마찬가지로 뛰어난 군수획득 실무자였던 클락 피스터는 1995년 공군 기지를 방문하던 중 끔찍한 비행사고를 당해 숨졌다. 아트 머니가 그의 후임이 되었다. 데커와 피스터, 머니 세사람은 나와 마찬가지로 냉전시대에 일을 시작하여 억제력의 핵심요소인 정찰기술 혁명에 참여했다.

개혁을 위한 계획은 광범위하게 진행되었다. 부장관으로서 마지막으로 했던 군수개혁은 방위사업 자체가 대상이었다. 냉전이 끝났으므로 국민은 연방의 예산에서 '평화 배당금'을 원했다. 조지 H. W.

부시 대통령의 임기 초반에 국방비 지출은 5천120억 달러였다. 빌 클린턴의 두번째 임기 말기에 국방비는 4천120억 달러로, 매해 천억의 '평화 배당금'이 생겼다. (두번째 임기를 마치기 전 2~3년 동안 실제로 미국이 연방예산에서 흑자를 낸 것도 우연의 일치는 아닐 것이다.)

하지만 나는 이번 지출의 축소로 인해 베트남전쟁 후 급격한 국방비 축소로 생겨난, 우리 시대의 가장 위험천만했던 결과물인 '속 빈 군대'가 또다시 생겨나는 일은 없게 하겠다고 결심했다. 그래서 군과 국방부의 민간인력을 점차적으로 줄였다. (부시 행정부 시절 딕 체니가 시행했던 삭감을 포함하면 거의 8년에 걸쳐 4퍼센트 정도 삭감되었다.) 그리고 예산에 상관없이 모든 군에서 고강도의 훈련을 지속해나갔다.

하지만 방위산업에서 그에 비할 만큼의 축소가 이루어지지 않으면 조달비용이 더욱 올라갈 것이라는 우려가 나왔다. 방위산업 분야의 과잉설비로 인해 정부가 높은 경상비를 지불해야 하기 때문이다. 난 향후 5년에서 10년 동안의 군수물자 조달예산에 대한 나의 전망을 설명할 수 있도록 주요 군수산업 운영진들과의 저녁식사 자리를 마련해달라고 애스핀 장관에게 요청했다. 그 자리에서 운영진들에게 국방부는 초과된 경상비를 지원하지 않을 것이므로 내가 계획하고 있는 예산으로 충당할 수 없는 시설이나 인원을 계속 유지해서는 안 될 것이라고 말했다. 나중에 들은 얘기에 따르면 그 식사자리에서 마틴 마리에타 사장인 노먼 어거스틴이 옆에 앉은 사람들에게 이렇게 속삭였다고 한다. "내년 이맘때엔 우리 중 하나는 이 자리에 없을 겁니다!" 6개월 후 그는 록히드와 합병 협상을 진행함으로써 그 예언이 실현되는 데 한몫을 했다. 어거스틴은 또한 그날의 저녁모임을 '최후의 만찬'이라고 불렀다는 얘기가 있다.

국방 부장관으로서 나는 넌-루거 프로그램과 군수획득 개혁에 최우선순위를 두었고, 그 어려운 두 임무를 수행할 인물과 절차를 적소에 배치했다. 나는 곧 국방장관이 될 것이었는데, 넌-루거 법안을 시행하고 군인들을 혁신적인 전투 씨스템으로 전장에 내보낼 수 있는 능력을 합리화하려 했던 초기의 중요한 작업들이 앞으로 닥칠 어렵고도 중요한 임무를 수행하는 데 큰 도움이 될 것이었다.

국방장관이 되다

말투가 유순한 것 때문에 너무 미안한 투로 나오지 말았으면 해요.
세계적으로 걸출한 선임자들 중에는 그런 말투를 가진 인물이 있잖아요.
조지 워싱턴도 그렇고, 로버트 E. 리, 에이브러햄 링컨, 예수 그리스도처럼.
본모습 그대로 밀고 나가면 됩니다.
— 1994년 2월 2일, 상원 인사청문회에서 로버트 버드 상원의원[1]

1993년 12월 15일과 16일에 난 앨 고어와 애시 카터, 그리고 후에 국방 부장관이 되는 스트로브 탤벗과 함께 모스끄바에 있었다. 미국과 러시아의 협력을 촉진할 목적으로 고어 부통령이 러시아 국무총리인 체르노미르딘과 함께 조직한 고어-체르노미르딘 위원회라는 이름의 프로그램에 참가 중이었다.[2] 그 회의가 끝났을 때 스트로브가 나를 한쪽으로 불러서 클린턴 대통령이 레스 애스핀에게 국방장관직에서 물러나 줄 것을 요청했다고 말했다. 대통령이 그런 결단에까지 이르게 된 것은 참담한 '블랙호크 다운' 사건 때문이었는데, 소말리아의 모가디슈에서 평화정착작전을 벌이던 중 반란군이 블랙호크 헬리콥터를 공격해서 18명의 미군이 전사했던 것이다.[3]

모스끄바에서 돌아오는 길에 나는 스트로브와 애시, 그리고 러시아의 외무 부장관인 게오르기 마메도프와 함께 끼예프에 들러서 우크라이나의 외무부 관리들과 3자성명서를 위한 협상을 했다.[4] 핵심만 말하자면 우크라이나가 소련해체 후 남은 핵무기를 포기하는 데 합의하고, 미국은 복잡하고 비용도 많이 드는 미사일과 탄두의 해체 작업을 돕고, 소련은 거기서 나오는 핵분열성 물질을 적합한 경우 희석하여 미국의 핵원자로의 연료로 전환하는 데 동의한 것이었다. (오늘날 미국의 원자력으로 만들어지는 전기 대부분이 예전에 소비에트연합에 속했던 나라의 핵물질을 희석한 연료를 쓴다.)

우크라이나의 무기는 냉전시대 무기증강의 유산 중 가장 위험한 경우였다. 소비에트연합이 해체되어 열다섯개 독립국가가 탄생했을 때 우크라이나에는 소련이 배치했던 거의 2천기의 핵탄두가 남아 있었다. 그것들은 우리가 SS-19와 SS-24로 부르는 ICBM에 주로 장착되어 있었다.[5] 그렇게 해서 우크라이나는 세번째로 많은 핵무기를 보유한 나라로, 프랑스와 중국, 영국의 그것을 합한 것보다 더 많은 핵무기를 지니게 되었던 것이다. 우크라이나는 핵무기를 안전하게 관리할 조직도 경험도 없는데다 사회적·경제적·정치적 격변의 와중에 있었다. 그래서 특히 위험한 상황이었다. 애시와 나는 우선적으로 우크라이나의 그 핵무기를 해체하려 했지만, 독립한 신생공화국은 자신들의 핵무기를 넘겨주는 데 상당한 저항감을 보였다. 많은 우크라이나 국민들은 러시아가 자신들이 얻어낸 자유를 다시 빼앗으려 할까봐 우려했고, 그럴 경우 핵무기가 자신들을 지켜줄 거라 생각했다. 우크라이나 당국은 미국이 안전을 보장해준다면 핵무기를 포기하겠다고 했지만, 미국으로서는 내키지 않는 일이었다.

스트로브 탤벗이 생각해낸 해결책이 바로 앞에 언급한 러시아와 우크라이나와 미국의 3자성명서였다. 위에 설명한 단서조항과 더불어 핵심사항은 러시아와 미국이 우크라이나의 국경을 공식인정하는 것이었다. 그로써 우크라이나에 얼마간의 안전이 보장되었다. 모스끄바를 출발하여 우크라이나에 도착한 그날 이른 아침부터 애시와 나는 스트로브가 러시아 외무장관과 우크라이나 외무장관과 함께 3자성명서의 최종문안을 만들어내는 작업을 도왔다. 1994년 1월 세 나라의 대통령이 합의서에 서명했고, 이제 우리는 넌-루거 프로그램을 본격적으로 시작할 준비가 되었다.[6]

역사상 급진적인 변화는 놀랄 만큼 돌발적으로 생겨나기도 하고 때로 그만큼 조용히 생겨나기도 한다. 미국과 소련이 수십년 동안을 팽팽한 핵 대치상황에서 과잉살상 무기를 유지해왔는데, 미국과 러시아, 그리고 독립한 신생공화국들이 핵무기를 해체하자는 협상에서 순식간에 합의에 이르렀으니 말이다. 여러 면에서 3자성명서는 냉전 이후 핵참사를 막는 어려운 임무의 특성이 변화했음을 보여주었고 그 임무에 성공하기 위한 소중한 원칙의 전형이 되었다. 첫째, 유출된 핵의 문제는 이후 핵물질이 테러 집단이나 여타 호전적 세력의 수중에 들어가지 않도록 확실히 막아야 한다는, 앞으로 전세계가 갖게 될 우려의 전조였다. 둘째, 우크라이나에서 생겨난 기회를 잡기 위해서는 앞을 내다볼 줄 알고 높은 결단력과 적응력을 지닌 지도자가 필요했다. 역사는 우리에게 서로가 두려워서가 아니라, 각 나라의 전통적 관심사들 ─ 지역안보, 한 국가로서 가져야 할 자유, 그리고 핵무기와 핵물질의 확산방지 ─ 을 존중하면서 모든 당사자들의 이득에 최대한 노력을 기울이는, 고전적인 외교술로 새로운 핵위험을 막을 기회를 주었던 것이다.

급하게 마련된 합의문은 곧 성문화되었다. 1994년 12월 5일, 러시아와 미국, 우크라이나, 영국의 정상들이 부다페스트에서 만나 끼예프에서 도출한 합의를 공식화한 부다페스트 양해각서를 조인했다. 이후 프랑스와 중국도 이 양해각서에 조인했다. 이 각서의 조항에 따르면 조인국들은 '우크라이나의 독립과 주권, 그리고 현재 국경을 존중'하고 '우크라이나의 영토보전이나 정치독립을 침해하는 어떤 위협이나 무력사용을 삼가'는 데 합의했다.[7]

(통탄스럽게도 이 획기적인 합의를 이끌어낸 협력 분위기는 지속되지 못했다. 20년 후 러시아는 우크라이나에 편입되어 있던 크림 반도를 합병함으로써 이 합의를 파기했고, 그들은 미국이 우크라이나의 민중봉기를 부추겨 빅또르 야누꼬비치 대통령을 끌어내리게 만들었기 때문에 그때 이미 합의는 파기되었다고, 되지도 않는 정당화를 했다.)

워싱턴에 돌아와 대통령이 국방장관으로 바비 인먼을 지명했다는 것을 알게 되었다. 그는 나와 가까운 동료로서 내가 국방차관일 때 NSA 국장이었다. 인먼을 존경하고 있었으므로 그가 훌륭한 장관이 될 거라 믿었고, 그래서 인준을 받자마자 장관직무를 시작할 수 있도록 브리핑을 해줄 요량으로 텍사스에 있는 그의 사무실을 찾아갔다. 그런데 상황이 이상하게 돌아가더니 인먼은 1994년 1월 18일 기자회견을 열어 지명자의 자리에서 물러나겠다고 발표했다. 이후 수년 동안을 그와 가깝게 지냈지만 왜 그런 결정을 내렸는지 전혀 알 수가 없었다.

그 주 금요일 클린턴 대통령이 나를 불러 장관직을 제안했다. 난 아내와 의논해본 후 토요일에 결과를 알려주겠다고 했다. 리와 나는 그날 저녁 오랜 상의 끝에 그 제의를 거절하기로 했다. 우리에겐 사생활이 중요했으므로, 우리의 일거수일투족에 따라붙을 언론의 관심이 불쾌할 거라는 생각이었다. 더구나 차관이나 부장관직은 정치와 무관하게 직무를 수행할 수 있었지만 장관직은 그럴 수 없으리라는 염려가 들었다. 지금도 그렇지만 내가 민주당 지지자였고 클린턴 대통령을 전적으로 지지하기는 하지만, 안보문제는 초당적으로 다루어야 한다는 생각이 강했다. 내각의 장관으로서 당파적인 정치문제에 끌려들어가는 일을 피할 수 없을 것이라 믿었다. 난 토요일 아침 대통령에게 전화를 걸어 제의를 받아들이지 못하겠다고 했다.

앨 고어 부통령과 아주 가깝게 지내왔던 터였으므로 그는 내가 그 좋은 기회를 물리쳤다는 사실을 알고 기겁을 했다. 그가 함께 더 논의해보자며 토요일 오후에 자신의 집으로 와달라고 했다. 몇시간의 얘기 끝에 앨 고어 부통령은 내가 사생활을 지나치게 중요하게 여긴다는 것을 이해했다. 그리고 국가안보 문제를 초당적으로 다룰 수 있도록 대통령과 함께 전적으로 밀어주겠다고 장담했다. 그의 주장은 설득력 있었고 나는 다시 리와 상의한 후 장관 자리를 수락하기로 했다. 그래서 클린턴 대통령에게 다시 전화를 걸어, 한번의 임기만 하겠다는 조건으로 장관 자리를 받아들이겠다고 했다. 대통령은 며칠 안에 나의 지명을 공표하겠다고 했다.

월요일에 CIA 국장 짐 울지와 함께 국가정보 예산과 관련한 회의를 하고 있는데, 울지의 비서가 들어와 클린턴 대통령이 통화를 원한다고 전해주었다. 그래서 회의장을 나와 전화를 받았다. 대통령의 애기는 간단했다. 한시간 후에 기자회견을 열어 나의 장관지명을 알릴 예정이니 하던 일을 멈추고 당장 백악관으로 오라는 것이었다. 리에게 전화해서 함께 백악관으로 가야 하니 30분 후에 집으로 데리러 가겠다고 했다. 리는 그렇게 촉박하게 알려준 데에 아연실색했지만 도착해보니 채비를 마쳐놓고 있었다. 다섯명의 자식들 중 같은 도시에 사는 둘에게 연락을 해서 참석하라고 하고 나머지 셋에게는 텔레비전을 보라고 일러줬다. 그러고는 CIA 회의실로 돌아가자 모두가 일어나 박수로 환호하는 것이었다. 워싱턴에서는 소식이 얼마나 빠른지, 특히 중앙정보부에서는 말이다!

기자회견에서 클린턴 대통령이 연단에 서서 짧게 나의 장점들을 추어올린 다음 나를 국방장관으로 지명한다고 발표하고는 내게 자리를 넘겨주었다.[8] 내가 장관에 지명되어 무척 영광스럽다고 간단히 말을 끝내자 곧 질문이 쏟아졌다. 그때 백악관 기자단을 처음 대면했는데, 그 질문들이 국가안보와는 거의 관계가 없는 것들이라 놀라지 않을 수 없었다. 울프 블리저는 내게 '내니 문제'(앞선 지명자 몇몇이 가사나 육아 도우미를 쓰면서 내야 할 세금을 내지 않았던 사실을 지칭한다)가 있느냐고 물었다. 난 없다고 했다. 안드레아 미첼은 군에서 여성의 지위를 높이고자 한 애스핀 장관의 정책을 유지하겠느냐고 물었다.[9] 그러겠다고 했다. 백악관의 기자단은 딱 그 질문에만 답하는 단답식 대답에 익숙하지 않았으므로 좀더 자세히 얘기해달라고 요구했다. 내가 말하길 "애스핀 장관은 임기 동안 중요한 유산을 많이 남겼습니다. 예를 들어 세부사항부터 출발하여 전반적으로 군문제를 검토하고 군의 모든 사회 면면들을 위해 노력했고, 특히 여성들을 전투에 적극적으로 참여시킨 것은 제가 열렬히 지지하는 바입니다." (내 이임식 때 클린턴 대통령은 내가 항상 수학적 정확성으로 대답을 하지, 정치가다운 기교가 없다고 평했다. 그 말을 칭찬으로 받아들이긴 했지만, 나의 단도직입적인 대답으로 인해 백악관이 좀 곤혹스러울 때가 있었다는 건 잘 알고 있었다.) 나의 첫번째 기자회견은 정치적으로 가능한 가장 나은 결과인 노 히트, 노 런, 노 에러를 기록하면서 마쳤다. 대통령은 만면에 웃음을 띠고 기자회견장을 떠나며 내게 엄지손가락을 척 들어 보였다. 그러고 나서 나와 내 가족, 대통령과 앨 고어 부통령이 사진을 찍기 위해 집무실에서 만났다.

그 당시엔 때맞춰 인준을 받는 일이 어려워서 어떤 경우엔 8~9개월이 걸리기도 했다. 그러나 내 경우엔 달랐다. 상원 국방위원회 의장인 쌤 넌 상원의원이 조치를 해서 지명한 지 불과 9일 만에 위원회와의 청문회 일정이 잡혔다. 인준과정은 별 탈 없이 진행되었지만 놀라운 일은 하나 있었다. 청문회에서 로버트 버드 상원의원은 내 말투가 너무 '유순하다'며 부정적으로 평한 신문기사를 언급했다. 그 기사에 동의하지 않는 것이 확실해 보이는 버드 상원의원이 이렇게 말했다. "나면서 위대한 사람도 있고 애써서 위대함에 이르는 사람도 있고, 또 어떤 사람은 떠밀려서 위대해지기도 하지요. 말투가 유순한 것 때문에 너무 미안한 투로 나오지 말았으면 해요. 세계적으로 걸출한 선임자들 중에는 그런 말투를 가진 인물들이 있잖아요. 조지 워싱턴도 그렇고, 로버트 E. 리나, 에이브러햄 링컨, 예수 그리스도처럼. 본모습 그대로 밀고 나가면 됩니다. 당신이 만장일치까지는 아니더라도 압도적인 찬성표를 얻게 된다면 그건 바로 당신의 본모습에서 나온 거예요." 난 놀라서 멍한 채, 현명하게도 아무 대답도 못했다. 위원회는 청문회 끝에 만장일치로 나의 인준을 건의했고, 다음날 상원은 97대 0의 표결로 인준했다.[10] 결국 워싱턴과 링컨, 예수를 존경한다는 동료위원과 다른 입장에 서고 싶은 의원은 없었던 것이다! 리가 청문회에 참석해 이를 지켜보았는데, 상원의원이든 내각이든 말투가 유순한 사람이라고는 없어서 그런 사람을 대해본 적도 없었을 것 같은데 버드 의원은 어떻게 그 특성이 훌륭한 자산이 될 거라고 확신했는지 모르겠다며 재미있어했다.

인준되고 한시간도 안 되어 취임선서를 하고 곧바로 국방장관직무를 시작했다. 그다음 날 매해 열리는 유럽안보회의(European Security Conference, Wehrkunde)에 미국 대표로 참석하기 위해 뮌헨으로 날아갔다. 그것이 유럽 국방장관들을 두번째로 만나는 기회였다. (지난 가을에 레스 애스핀이 입원해서 내가 대신 나토 국방장관 회의에 참석했을 때가 첫번째였다.) 그날 저녁 몇사람의 참모와 여남은명의 국방부 기자들을 대동하고 앤드류 공군기지에서 출발했다. 결과적으로 비행하는 동안 긴 기자회견을 가진 것과 진배없었다. 그것이 국방부 출입기자단이 장관으로서의 나의 견해를 듣게 된 첫 기회였으니 말이다. 그래서 뮌헨에 도착할 즈음까지 거의 잠을 자지 못했다.

공항에는 독일 주재 미국대사인 리처드 홀브룩이 마중 나와 있었는데, 보스니아의 세르비아인이 사라예보의 시장 지역에서 발포하여 사망자가 68명에 부상자가 2백명에 이른다는 1면 머리기사에 대해 얘기했다. 그러고는 그 사건에 대한 기자회견을 잡아놓았다고 했다.

나의 선임참모인 밥 홀은 이제 막 장관이 된 사람에게 이렇게 민감한 사안("이 잔학행위에 대해 미국은 어떻게 대응할 겁니까?")을 두고 기자회견을 하라고 하면 문제만 생길 뿐이라고 보았다. 하지만 기자회견이 이미 발표된 상황이었으므로 우린 한시간 동안 집중적으로 대비를 했다. 신참 장관에게 해준 베테랑다운 밥의 조언은 '뉴스거리를 만들지 마세요!'였다. 다행히 뉴스거리를 만든 건 없었다.

비록 인준된 지 며칠 안 돼 안보회의가 열리게 되어 때는 안 좋았지만, 나는 그 기회에 임기 초반부터 몇몇 주요 국방장관들을 비롯하여 헬무트 콜 독일수상과 실질적인 관계를 만들려고 애썼다. 신뢰를 얻는 것이 효율적인 외교의 핵심이라고 믿었고 그 기반을 닦고자 했던 것이다.

귀국하는 비행기에서 그다음 날로 예정된 하원의 국방예산 청문회를 벼락치기로 준비했다. 그 벼락치기가 통했는지 국방부 기자를 오래 했으며 공격적인 질문으로 유명한 헬렌 토머스가 청문회가 끝날 무렵, 국방장관이 예산에 대한 구체적인 사안을 이해할 수 있게끔 잘 설명해준 것이 이번이 처음이라고 말했다. 그것이 나의 브리핑 능력에 대한 얘기였는지 자신의 이해력에 대한 얘기였는지는 아직도 분명하지 않다.

2월 18일 난 포트 마이어에서 취임식을 가졌다. 내 다섯 자식들과 그 가족, 그리고 많은 친구들이 함께해주었다. 미국 군대처럼 감동적인 취임식을 여는 곳도 없을 것이다. 열병식에는 식민지 시절 군인 차림의 병사들과 애국가 제창, 그리고 삼군 모두에서 참여한 행군단의 질서정연한 대형 등이 있었다.

취임식이 끝나고 긴 환영만찬을 가졌는데, 가장 기억에 남는 순간은 육군 준위(NCO)인 리처드 키드 원사를 만났을 때였다. 그는 내게 짧은 조언 하나를 건넸다. "당신 부대를 잘 돌보면 부대가 알아서 당신을 잘 돌봐줄 겁니다."

나 역시 예전에 지원병이었기 때문에 굳이 얘기하지 않아도 서로 통하는 바 ─ 내 쪽에서는 아주 사적인 이해 ─ 가 있었다. 난 그의 조언을 가슴깊이 새겼고, 이후 수많은 어려운 결정들을 해나가는 데 그 조언이 나를 이끌어줄 것이었다.

이 신참 국방장관이 어떻게 '자신의 부대를 잘 돌보았는지'는 다음에서 자세히 펼쳐 보이겠다.

핵무기의 해체와
넌-루거 프로그램의 맥 잇기

지금껏 내가 찬성한 가장 훌륭한 예산은 우리가 지금
힘을 합쳐 대규모 살상무기를 해체하게 해준 예산입니다.
— 1996년 10월 18일, 러시아 세베로드빈스끄의 시브마시 조선소에서
샘 넌 상원의원[1]

　독일에서 돌아와 국방예산 관련 첫 기자회견을 마친 뒤 바로 넌-
루거 프로그램을 시행하는 일에 착수했다. 부장관이었을 때 이미 필
요한 자금이 이전되도록 조치했고 최고의 팀을 꾸렸으며, 1994년
1월에 모스끄바에서 세 나라의 대통령들이 3자성명을 조인하기까
지의 협상을 지원했다. 그러므로 이제 시작만 하면 되는 것이다! 애
시 카터와 나는 넌-루거의 상징이자 가장 드라마틱한 성과를 보여
줄 무기해체를 확실하게 해내기 위해 구소련의 가장 큰 미사일 기지
중 하나인 우크라이나의 뻬르보마이스끄를 방문하기로 했다. 그곳
은 80기의 대륙간탄도미사일(ICBM)과 8백기의 핵탄두를 보유하고
있었다. 무기해체의 네 단계를 직접 보면서 감독하고 싶었다. 맨 처
음에 탄두를 제거하여 핵분열성 물질을 빼내고, 그다음 미사일을 제
거·분해하여 고철로 이용하고, 그리고 격납고를 파괴한 후, 마지막
으로 미사일 용지를 농업용지로 전환하는 것이다.[2] 뻬르보마이스끄

미사일 발사장을 방문한 뒤 근처의 구 군수품 공장도 방문할 예정이었는데, 우크라이나는 미국의 원조를 받아 그곳에서 퇴역장교들을 위한 조립식 주택을 생산하고 있었다. 클린턴 대통령의 첫번째 임기가 3년 남았는데 우리의 목표는 이 야심찬 프로그램을 그전에 다 끝내는 것이었다.

뻬르보마이스끄를 처음 방문한 것은 1994년 3월이었다. 미 공군기를 타고 끼예프로 가서, 거기서 우크라이나의 국방장관인 비딸리 라데쯔끼 장군이 준비해놓은 헬리콥터를 타고 뻬르보마이스끄로 갔다. 그곳에 내리자마자 라데쯔끼 장군은 우리를 데리고 경비가 삼엄한 문을 통과해 콘크리트 벙커로 갔다. 엘리베이터를 타고 땅속 깊이 내려갔다. 엘리베이터를 나와 어둑하게 불을 밝힌 통로를 따라가니 7백기의 핵탄두를 조종하는 미사일 관제센터가 나왔다. 그 미사일 대부분이 미국을 표적으로 하고 있었다. 두명의 젊은 장교가 발사제어기에 앉아 있었는데, 미국의 고위관리가 들어오자 불안하고 심란해진 듯했다. 그러나 '시연하며 설명'하라는 지시를 받았으므로 어쨌든 자신들이 해야 할 일을 했다. 그들은 발사명령 직전까지의 미사일 발사의 일련 과정을 죽 해보였다. 국방 관련 일을 하면서 가상전쟁 게임에 참여해본 적은 자주 있었지만 이 경험은 차원이 달랐다. 나는 이 말도 안 되는 상황에 압도되었다. 젊은 러시아 장교가 가상으로 워싱턴과 뉴욕, 시카고, 로스앤젤레스, 쌘프란시스코를 파괴하는 것을 지켜보면서, 동시에 바로 그 시각 미국의 미사일들이 우리가 서 있는 바로 그 자리를 조준하고 있다는 사실을 의식해야 하는 상황을 생각해보라.

정말이지 냉전의 초현실적인 공포가 그때만큼 생생했던 적은 없었다. 대동한 몇 인사들과 나는 소련이 365일 24시간 내내 미국 내의 표적물에 핵탄두를 쏟아부을 태세를 갖추고 있던 시설과 그 발사과정을 목격한 최초의 미국인이었다. 직접 보게 되리라고는 상상도 못했던 소련의 ICBM 발사과정은 전면적 공격 중에서도 무시무시한 단계였다. 거기 서서 카운트다운을 시연하는 것을 지켜보면서 저런 공격이 촉발될 계기를 상상해보았다. 그것은 위기상황에서의 오판이나, 내가 경험했듯이 잘못된 경보 때문에 생겨날 수도 있었다. 혹은 쿠바에 접근하는 소련 함정을 멈춰 세우는 미 해군의 봉쇄처럼 도발상황에서 촉발될 수도 있었다. 그러나 그러한 공격 시나리오를 상상하는 중에도 내 생각은 뻬르보마이스끄의 지하 미사일 관제센터에 내내 박혀 있었다. 그리고 미국을 향한 ICBM 시연공격을 지켜보는 중에도 그로 인해 생겨날 미국의 경보발령과 발사결정을 상상했다. 앞서 국방부에 있을 때 경험했던 소련 핵미사일 공격에 대한 NORAD의 잘못된 경보야말로 엄청난 결정의 시나리오를 극적으로 보여준 사건이었다. 역사상 가장 불길한 것이 될 결정을, '합리성'이라는 전통관념을 확대 적용하지 않고서야 이해가 안 될 결정을 겨우 몇분 만에 내려야 한다는 사실 말이다. 아마 이 끔찍한 결정은 성공적인 방어라는 것이 존재하지 않는다는 현실적인 이해에서 나오게 될 것이다. 또한 공격 핵무기가 과잉살상이 될 것임을 잘 알면서도 진행할 것이다. 곧 닥칠 종말론적인 파괴에서 2차 세계대전 당시 파괴된 도시의 광경을 떠올릴 수는 있겠지만, 사실 그 공격의 여파는 상상을 초월할 것이다.

뻬르보마이스끄의 관제센터에서 미사일 발사시연을 보고 난 후 우리는 숙연해져서 아무 말없이 엘리베이터를 타고 지상으로 올라왔다. 라데쯔끼 장군이 다음으로 SS-24 미사일이 있는 격납고로 우리를 데리고 갔다. 거대한 격납고 뚜껑이 열려 있었다. 격납고 아래를 내려다보자 다탄두 미사일의 탄두가 모두 제거된 것을 확인할 수 있었다. 우리 눈앞에 있는 것은 이제 머리가 잘린, '공포의 균형'을 추구했던 냉전시기의 가장 무시무시한 무기였다. 탄두는 이미 기차에 실려 애초에 그것을 제작했던 러시아 공장으로 되돌려 보내졌고, 거기에서 해체될 것이었다. 절대 잊을 수 없는 그날의 경험 중 그것이 그나마 긍정적인 것이었다.

1995년 4월, 뻬르보마이스끄에 다시 가서 해체의 다음 단계를 검사했다. 거대한 크레인이 SS-19 미사일을 격납고에서 꺼내는 것을 지켜보았다. 그 탱크에서 독성물질을 빼낼 것이었다. 그러고는 기차에 실어 고철시설로 옮긴 후 잘게 부숴 고철로 만들게 된다.

미사일 기지에서 퇴역한 장교들을 위해 근처 도시에 짓고 있는 주거복합단지에 들렀다. 우크라이나(그리고 러시아)의 법은 퇴역한 장군들에게 주택을 제공할 것을 명하고 있지만, 그럴 만한 주택도 없는 데다 우크라이나 정부는 주택을 지을 자원도 없었다. 넌 상원의원의 도움으로 미국 건축업자로부터 조립식 주택의 설계도를 받았다. 그리고 우크라이나의 군수공장 하나를 그 주택을 생산하는 공장으로 전환했다. 거기서 처음으로 맡은 업무가 미사일기지 퇴역장교들을 위한 주택을 공급하는 것이었다.

공장을 둘러본 후 주택을 지을 택지로 차를 몰아갔다. 공사는 초기

단계였다. 주택단지가 될 그곳(내 참모들 중 농담을 잘 하는 친구가 '페리타운'이라는 별칭으로 부른)을 방문했던 그날이 국방장관직에 있는 동안 가장 행복한 순간 중 하나였다. 우크라이나의 전통에 따라 우리 모두 축하 빵과 소금을 조금씩 맛보았다. 그리고 역시 전통에 따라 리와 내가 기념식수를 했다. 그리스 정교회 목사가 성수를 뿌려 축복을 내리고 사랑스러운 소년소녀 합창단이 찬가를 불렀다.

1996년 1월, 세번째로 뻬르보마이스끄를 찾았다. 미국 팀 — 나와 애시 카터, 백악관의 칩 블랙커, 우크라이나의 미 대사인 빌 밀러, 그리고 곧 러시아의 미 대사가 될 짐 콜린스 — 이 도착하자 국방장관인 그라초프를 단장으로 한 러시아 대표단과 우크라이나의 새로운 국방장관이자 또한 부통령이기도 한 발레리 슈마로프를 단장으로 한 우크라이나 대표단이 맞이했다. 눈이 엄청나게 내린 그 추운 날 우리는 날이 개길 기다리면서 몇시간 동안 끼예프 공항에 발이 묶여 있었다. 일정이 취소되는 게 아닌가 싶을 때쯤, 드디어 슈마로프 장관이 대기실로 들어와 날이 개기 시작했다고 말했다. 우리는 우르르 몰려나가 우크라이나 공군기를 탔고 눈보라가 몰아치는 중에 비행기가 떴다. 거의 한시간 후 뻬르보마이스끄에 가장 가까운 착륙장에 근접했다. 여전히 눈보라가 몰아치고 있었기 때문에 거의 착륙지점에 다다라서도 땅을 분간할 수가 없었다. 조종사 역시 마찬가지였는지 활주로를 지나치고 말았다. 비행기가 왼쪽으로 기울어지더니 날개가 눈더미를 갈랐다. 그라초프 장군과 나는 둘 다 좌석에서 튕겨나와 바닥으로 굴러떨어졌다. (우크라이나 공군기에는 안전벨트가 없었다.) 어찌어찌하여 조종사가 비행기를 겨우 멈춰 세웠다. 심하게 파손된 비행기는 똑바로 서 있긴 했지만 비행을 할 수 없는 지경이었다. (나중에 끼예프에 돌아갈 때는 우크라이나 군이 다른 비행기를 몰고 왔다.) 나중에 듣기로는 일정이 취소되면 우리가 실망할 것 같아 슈마로프 장관이 일방적으로 비행을 결정했다는 것이었다. 평생 수없이 비행기를 탔지만 그때의 착륙이 가장 짜릿했다. 하지만 또 겪고 싶지는 않다.

조금 진정되자 차를 타고 뻬르보마이스끄의 기지로 갔다. 눈이 내릴 뿐 아니라 바람도 불고 추웠다. 두꺼운 외투를 입고 모자를 쓴 세명의 장관들은 설치된 세개의 버튼이 확연히 눈에 들어오는 단상으로 안내받았다. 우리는 각자 한마디씩 하고 버튼을 누르게 되어 있었다. 날씨가 사나웠으므로 다행히 우리의 발언은 짧았다. 그러고서 세 사람이 동시에 버튼을 누르자, 미사일 격납고로 신호가 가서 격납고가 폭발했다. 격납고에서 연기가 치솟는 광경을 지켜본 그때가 장관으로서 기억에 남는 순간 중 하나였다. 미사일 격납고는 폭격에도 파괴되지 않게 지어지므로 격납고로 가서 정말 파괴되었는지를 확인했다. 그다음에 텔레비전으로 방영되는 한시간짜리 합동 기자회견을 열어 지금 막 성사한 일의 역사적 중요성을 강조했다. 그날을 다시 돌아보면 참변이 될 수도 있었을 비행기 착륙이나 세명의 장관들과 나눈 대화가 아니라, 연기가 솟아오르며 SS-19 격납고가 폭파되던 바로 그 장면이 기억에 생생하다.

네번째이자 마지막으로 뻬르보마이스끄를 찾은 것은 1996년 6월의 화창한 날이었다. 역시 슈마로프 장관과 그라초프 장관이 함께했다. 우리가 만나기 하루 전날 마지막 핵탄두가 우크라이나를 출발해 러시아의 해체공장으로 갔다. 미사일과 핵탄두, 격납고가 모두 사라졌고, 격납고가 있던 움푹 팬 구멍은 흙으로 메워졌다. 죽음을 부르는 미사일 기지를 생명을 주는 해바라기 밭으로 바꿀 예정이었다. (나에게 해바라기는 상징적이었지만 우크라이나 국민들에게 해바라기는 환금작물이었다.) 삽을 하나씩 받아들고 함께 첫 해바라기를 심었다. 그날 일이 끝난 후 우리 셋은 손을 맞잡고 어렵고도 중요한 일을 훌륭하게 마친 것을 축하했다. 그렇게 손을 맞잡고 있는 사진을 꺼내 보거나 선의와 협력으로 얼마나 많은 것을 이루었는지를 돌이켜볼 때면, 오늘날엔 그러한 광경이나 협력은 생각도 할 수 없게 되었다는 사실에 마음이 무거워진다.

그다음으로 그사이 완성된 주택단지로 가서 막 새집으로 이사한 시뚭스끼 가족을 만나보았다. 2년 후, 내가 스탠퍼드에서 다시 강의를 하고 있을 때 시뚭스끼 가족으로부터 편지를 받았는데 그 텃밭에서 가족이 찍은 사진이 동봉된 편지에는 다음과 같이 적혀 있었다.

추수하러 함께 모일 때마다 우리는 뻬르보마이스끄에서 당신과 함께했던 따뜻한 만남과 당신의 말을 떠올립니다. '당신들 모두에게 평화와 번영이 있기를 바랍니다'라고 하셨죠. 지구상에서 핵미사일의 불길을 없애려는 당신의 노력에 깊은 감사를 표하고 싶습니다. 당신이 우크라이나의 땅에 심은 평화의 씨앗이 전세계에서 똑같이 멋지게 자라나기를 바랍니다. 항상 건강하고 행복하시고, 당신과 당신의 조국에 평화가 함께하기를![3]

이 감동적인 편지는 우리가 했던 어마어마한 계획의 좋은 면을 상징해 보여준다. 함께 그 계획을 이룬 그때의 정신은 이제는 사라져버렸고 그것을 되살릴 상황은 생각도 하기 힘들게 되었으니 안타까울 뿐이다.

그로부터 3년 전에 애시와 나는 클린턴 대통령의 첫번째 임기 내에 우크라이나와 벨라루스, 카자흐스탄의 미사일을 모두 제거하는 것을 목표로 정했다. 그중 어느 나라든 회귀할 위험이 존재했고 클린턴 대통령이 다시 당선되리라고 확신할 수 없었기 때문이었다. 그리고 때로는 도저히 넘을 수 없을 것처럼 보이던 장벽들을 헤쳐가며 드디어 성공을 이루었다. 끈기있게 나아갔고 기술이 뛰어난 참모진들의 헌신은 놀라울 정도였다. 우리와 함께 일한 러시아와 우크라이나의 팀들도 곧 미국 팀과 마찬가지의 열정을 보이기 시작했다. 그렇게 적대적인 시대 분위기에도 굴하지 않고 핵병기의 위험을 줄이려는 노력에 함께하는 것을 지켜보았던 그 일이 핵의 벼랑 끝을 따라가는 나의 여정에서 참으로 뿌듯한 경험이었다.

당연히 구소련의 미사일만 해체한 것이 아니라 미국 미사일도 동일한 만큼 해체했다. 우리가 뻬르보마이스끄에 시찰을 간 것이 알려지면서 그라초프 러시아 국방장관은 자국 내에서 비판받게 되었다. "미국인들이 우리를 무장해제하는 걸 내버려두는데, 정작 미국인들은 자기들 미사일은 유지할 것이다." 그래서 우리는 그를 미국 ICBM 기지로 데려갔고 그 시찰을 러시아와 우크라이나에 널리 알릴 수 있게 주선했다. 1995년 10월 28일 토요일, 애시와 나는 그라초프 국방장관과 일단의 미국, 러시아, 우크라이나 기자들과 함께 화이트먼 공군기지에 도착했다. 난 그라초프 장관이 화이트먼 기지에 있는 B-2기의 조종석에 앉도록 조치했다. B-2는 미 전략 병력의 가장 특별한 최신예 전투기였으므로 그는 아주 흡족해했다. (그라초프는 나중에 블랙잭 폭격기의 조종석에 나를 앉게 함으로써 그에 보답했다.) 화이트먼의 미사일 발사장에서 그라초프와 나는 함께 버튼 앞에 자리를 잡았고, 우리가 버튼을 누르자 미닛맨 II 미사일 격납고가 연기를 피워올리며 폭파되었다. 다음날 그라초프와 페리가 미국 미사일 격납고를 폭파하는 사진이 『워싱턴 포스트』는 물론이고 모스끄바와 끼예프 신문들의 1면을 장식했다.[4] 넌-루거 프로그램에 협조한다는 이유로 그라초프와 슈마로프가 감수해야 했던 비판은 그 작은 제스처로 잠잠해졌다.

뻬르보마이스끄의 이야기에 대한 에필로그가 두개 있다.

에필로그 1 해체된 폭탄에서 추출한 고농축 우라늄은 러시아의 한 시설로 보내 희석하여 상업용 원자로에 알맞은 저농축 우라늄으로 전환한 다음 미국으로 보내졌다. 이 연료는 '메가톤을 메가와트로' 프로젝트의 일부가 되어 많은 상업용 원자로의 연료로 공급되었다. 달리 말하자면, 예전에 미국 내의 목표물을 조준하고 있었던 폭탄의 연료가 지금은 미국의 가정과 공장에 전기를 공급하고 있다.[5]

에필로그 2 우리가 해바라기를 심은 그다음 해에 밀러 대사는 뻬르보마이스끄를 다시 찾았고, 전해에 우리가 심었던 해바라기 밭에서 씨를 모아서 내게 보냈다. 난 그 마음씀씀이에 감동받아 황홀할 정도였다. 내가 살면서 했던 가장 의미심장한 일의 가슴 저린 기억이 생생하게 떠올랐으니까. 나는 그 씨를 손자 녀석에게 주며 심으라고 했는데, 손자 세대는 핵으로 인한 전멸이라는 위험을 안고 살아가는 일 없이 자랐으면 하는 내 바람의 표시였다.

핵무기의 어마어마한 위험을 줄일 수 있다는 것은 환상이 아니다. 해바라기 씨는 그 일을 이룬 적이 있었다는 증거로서 다시 해낼 수 있다는 희망을 불러일으켰다.

넌-루거 프로그램의 일환으로 다른 계획들(펜타곤에서 협력적 위협감축 프로그램이라고 부르는)도 추진했다. 우크라이나와 카자흐스탄, 벨라루스가 ICBM을 해체하는 일을 돕는 일 외에도 러시아가 전략적 폭격기와 잠수함을 해체하는 일을 원조하기 위해 재정지원을 했다. 1995년 4월 4일, 애시 카터와 그의 팀이 모스끄바에서 남쪽으로 450마일 떨어진, 사라또프와 볼가강을 사이에 두고 있는 엥겔스 공군기지에 해체작업을 시찰하러 가는 길에 내가 동행했다. 냉전 시대에 소련의 핵무기를 연구하는 과정에서 우리에게 잘 알려진 엥겔스 공군기지는 최고이자 최신의 소련 전략 폭격기를 소유한 제1기지로서 미국에 수백만개의 핵폭탄을 쏟아붓는 것이 주요 임무였다. 엥겔스 공군기지의 폭격기들은 지금껏 제작된 것 중 가장 커다란 폭탄을 수송할 수 있었다. 소련군이 폭격기를 어떤 식으로 무장했는지는 결코 알 수 없었지만, 앞에서 언급했듯이 '짜르폭탄'이 1백 메가톤의 위력을 갖고 있음은 확실히 알았다. 엥겔스 기지에 있는 폭격기

1995년 4월, '해체된' 소련의 TU-95, 일명 '짜르폭탄'에서 나와 재활용을 기다리며 쌓여 있는 고철 더미를 러시아 군인이 지키고 있다.

유형 중 하나인 베어 폭격기(TU-95)의 수정판 폭격기로 그 폭탄의 축소판(50메가톤급)을 시험투하한 적이 있었다. 또한 현재 엥겔스 기지의 전략적 전투기 중에 최신 러시아 폭격기인 블랙잭(TU-160) 이 있다는 사실도 알고 있었다.

그러한 사실들을 다 알고 있었기에 엥겔스 기지에 내렸을 때 우린 기대를 잔뜩 하고 있었다. 그런데 내리고 보니 그곳은 마치 고물처리 장처럼 보였다. 폭격기 부품이었던 고철이 산더미처럼 쌓여 활주로 를 따라 끝없이 이어져 있었다. 그 광경에 난 멈춰 선 채 꼼짝할 수가 없었다. 유도로를 따라 걸어가 보니 전기톱을 든 노동자들이 폭격기 에서 날개와 동체 등을 잘라내고 있었다. 폭격기에서 나온 고철은 공장으로 보내져 일반상품 제조에 쓰일 것이었다. 엥겔스 기지의 러시아 노동자들은 미국인들이 보내준 공구로 자기 나라의 전략적 폭격기를 해체하는 것을 어떻게 생각하는지 궁금했다. 최근까지도 최대의 적이었던 미국인이 이곳에 와서 자신들이 일하는 걸 지켜보는 것에 대해서도.

고철더미에 꽂혀 있던 시선을 겨우 떼어내 둘러보니 신형 블랙잭 폭격기 몇대가 눈에 띄었다. 당연히 그것은 해체되는 폭격기 모델에 포함되어 있지 않았다. 블랙잭을 한번 둘러보겠느냐는 기지 사령관의 제의를 바로 받아들였다. 수년 전에 시험단계에 있던 위성에서 찍은 영상으로 그 폭격기의 성능을 분석해내려 한 적이 있었다. 그 폭격기를 이렇게 가까이에서 볼 기회를 갖게 될 줄은 꿈에도 생각하지 못했다. 그것도 조종사 자리에서.

시찰을 마치고 기지 사령관이 우리를 오찬에 초대했는데, 그가 미국방장관을 술 실력으로 때려누일 심산임을 곧 알아차렸다. 내게 경의를 표하는 축배로 보드카 두잔을 마시고 난 뒤 난 그에게 우리 참모들을 만나보겠느냐고 했다. 그가 그러자고 했으므로 난 그를 데리고 테이블을 돌며 참모들을 소개했고, 사령관은 그들 하나하나와 다 건배를 했다. 다 돌고 우리 자리로 돌아올 때쯤 되자 내게 더 건배를 제의하고 싶은 마음은 그에게서 사라진 뒤였다. 그래서 난 점심식사를 마치고 남의 도움없이 비행기로 되돌아올 수 있었다.

넌-루거의 협력적 위협감축 프로그램 계획은 빠르게 진행되었다. 1996년 10월 18일, 애시의 팀과 함께 백해의 세베로드빈스끄에 위치한 시브마시 조선소를 찾았다. 넌-루거 프로그램을 가능하게 했던 세명의 상원의원들인 넌과 루거, 그리고 리버먼을 수행해서 갔는데, 소련의 핵잠수함 해체를 시찰하는 것이 목적이었다. 이 해체작업은 각 잠수함에 장치된 핵원자로 때문에 기술적으로도 아주 까다롭고 환경적으로도 위험했다. 세베로드빈스끄는 아크에인절 항구에서 30마일 정도 떨어져 있는데, 그 항구는 2차 세계대전 당시 연합군이 소련에 4백만 톤 이상의 군수품을 조달했던 곳이다. 그 덕분에 전쟁 초반, 소련은 독일군에 우세할 수 있었다. 얼음으로 덮인 요사스러운 그 바다에 백척 이상의 연합군 배가 가라앉고 3천척 이상의 상선이 침몰했다. 윈스턴 처칠은 그 바다를 가리켜 '세상에서 최악의 항해'라고 했다.[6] 기지로 가는 동안 그 비극적 역사가 머릿속에서 떠나지 않았다. 도착했을 때는 막 정오가 지났을 때였는데도 해는 이미 기울어지고 있었다. 세베로드빈스끄는 북극권 한계선에 가까워 늦가을이면 해가 떠 있는 시간이 몇시간 되지 않는다. 그 일대가 황금빛 노을에 잠겨 있는 광경은 눈이 휘둥그레질 정도였다.

기지로 걸어가는 내내 건선거에 정박한 녹슨 잠수함과 그 위로 우뚝 솟은 크레인에서 눈을 뗄 수가 없었는데, 그건 마치 로봇 티라노사우루스 렉스 같았다. 이 황폐한 선체는 미국을 겨냥한 핵미사일을 싣고 깊은 바닷속을 돌아다니던 냉전시기의 잠수함이었다. 잠수함에 실린 원자로로 인한 안전상의 위험 때문에 해체과정은 특히나 조심스러웠다. 이제는 죽어버린 낡은 배가 북극 바다에 방사능을 흘려보내 심각한 환경오염을 초래할 위험이 있었다. 러시아에서 그냥 잠수함에 구멍을 뚫어 가라앉히자는 얘기가 나온 후 노르웨이 정부는 방사능이 그들의 북쪽 해변으로 밀려올 수도 있다는 사실을 걱정하며 안전한 해체작업을 위해 최선을 다해달라고 요청해왔다.

그 작업을 위해 미국에서 넌-루거 프로그램에 배당된 예산으로 티라노사우루스 렉스를 닮은 크레인을 포함한 비싼 특수장비를 러시아에 제공했기 때문에, 그 장비들을 얼마나 잘 사용하고 있는지 확인해야 했다. 먼저 해체 중인 잠수함을 둘러본 후, 파충류처럼 생긴 크레인이 잠수함에서 떼어낸 커다란 금속판을 절단기로 던져 넣으면 절단기가 마치 가위로 종이를 자르듯이 그것들을 잘게 자르는 것을 지켜보았다. 잠수함에서 제거한, 길이가 수마일은 되는 전선을 처리하는 기계가 들어서 있는 건물로 들어갔다. 그 기계는 값이 나가는 구리에서 상대적으로 쓸모없는 절연용 외피를 분리해냈다. '칼을 보습으로 바꾸기'가 극적인 현실이 된 것이다.

우리가 넌-루거 프로그램의 실행을 지켜보는 동안 러시아와 우크라이나의 언론들도 동행했다. 이 시찰에는 CNN의 펜타곤 담당기자인 제이미 매킨타이어도 따라와 우리들 각자와 인터뷰를 했는데, 그 중 가장 인상적인 것이 넌 상원의원과의 인터뷰였다. 넌-루거 프로그램의 놀라운 결과를 직접 두 눈으로 보며 말할 수 없이 강한 인상을 받은 넌 의원이 제이미 기자에게 이렇게 말했다.

내가 지금까지 미사일을 사는 데 찬성하고, 폭격기며 잠수함을 사는 데 찬성표를 던졌어요. 국방을 위해서 그것들이 다 필요하다고 생각했으니까요. 그런데 지금껏 내가 찬성한 가장 훌륭한 예산은 우리가 힘을 합쳐 지금 대규모 살상무기를 해체할 수 있도록 해준 예산입니다.[7]

시찰을 끝낸 후 우리는 조선소의 상급책임자를 만나 그들이 하는 일이 안보상으로나 환경적으로나 얼마나 중요한지 알려주었다. 해체 작업을 하면서 분한 마음이 들 수도 있을 거라고 생각했기 때문이었다. 해체보다야 당연히 제조하는 일을 하고 싶을 테니까. 하지만 그 어렵고도 위험한 작업을 훌륭히 해내고 있다는 데 그들이 대단한 자부심을 갖고 있는 것을 보고 놀라지 않을 수 없었다.

화학적 비무장화 역시 넌-루거 프로그램에서 추진되었다. 냉전이 끝났을 때 미국에는 거의 소련에 있는 만큼(3만 톤 대 4만 톤)의 화학무기가 전국적으로 대여섯군데의 기지에 쌓여 있었다. 지금까지 미국 화학무기의 약 90퍼센트가 폐기되었는데 상당부분은 나의 임기가 끝난 후에 폐기되었다. 두군데의 소규모 기지에 아직 남아 있는 화학무기는 2023년까지 폐기계획이 잡혀 있다.

넌-루거 프로그램은 구소련이 지녔던 엄청난 화학무기를 러시아가 폐기하도록 지원했다. 2013년 시점으로 구소련 화학무기의 4분의 3이 폐기되었다. 방법에 대해 기술적 의견차가 있었을 뿐 아니라 격변의 1990년대에 러시아 정부가 전반적으로 혼란스러웠기 때문에 폐기가 지연되었다. 비단 그런 문제만이 아니라, 이 치명적인 무기를 안전하게 폐기하려면 많은 돈이 들고 어려움도 컸다. 그래도 러시아가 화학무기 폐기를 2020년까지 끝낼 수 있으리라고 본다.

협력적 위협감축 프로그램 중에서 잘 알려져 있지는 않지만 중요한 부분으로, 폭탄은 물론이고 무기기술이 위험한 집단의 손에 들어가는 것을 막는 일이 있었다. 1990년대 초 러시아 경제가 어려워져서 핵무기 연구실들이 정부지원금을 거의 받지 못하게 되었을 때, 핵무기를 원하는 국가들이나 심지어 테러 집단들이 러시아의 숙련된 핵과학자와 기술자를 데려가려는 위험천만한 시도가 있었다. 그러한 인물의 영입 노력이 정말로 있었음을 보여주는 신뢰할 만한 정보보고서가 많이 있었다. 그러한 영입을 차단하기 위해 우리는 넌-루거 예산으로 모스끄바에 과학기술 연구소를 세워서 구소련 핵과학자들을 비군사적 부문에서 고용하도록 했다. 이 성공적인 프로그램은 상대적으로 적은 넌-루거 예산이 들었지만, 전세계가 재난에 빠지는 것을 막았다고 할 수 있다.

넌-루거 예산은 핵무기 해체 외에도 구소련 영토에 남아 있을 수 있는 핵분열성 물질을 통제하기 위해서도 사용되었다. 우리의 정보에 따르면 무기개발 계획뿐 아니라 연구용 원자로(그중 어떤 것은 고도로 농축된 우라늄을 원료로 이용했다)로부터 나온 핵분열성 물질이 폭탄제조에 이용될 가능성이 있어, 그 위험을 무시할 수 없었다. 사실 연구소는 보통 보안이 허술하기 때문에, 연구용 원자로는 심각한 위험요소였다.

넌-루거를 통해 핵분열성 물질의 유출을 막은 극적인 예가 사파이어 작전이다.[8] 이 작전은 1993년 가을 나자르바예프 카자흐스탄 대통령이 코트니 미 대사에게 우스뜨-까메로고르스끄의 창고에 고농축 우라늄이 잔뜩 쌓여 있다고 알려준 후 시행되었다. 창고의 보안장치라고는 가시철조망이 박힌 담장이 전부였고, 테러 집단이 이 우라늄을 구입하거나 훔칠 마음을 먹는다 해도 전혀 놀랍지 않을 듯했다. 이 작전에는 나자르바예프 대통령의 공이 정말 컸는데, 그가 카자흐스탄의 핵분열성 물질을 안전한 장소로 옮겨달라고 미국에 요청했기 때문이다.[9] 1994년 초 미국의 전문기술팀이 그 창고에 들어가보니, 그곳에는 무기 수준의 고농축 우라늄 6백 킬로그램이 있었다. 히로시마에 떨어뜨린 규모의 폭탄을 여남은개는 만들고도 남을 연료였다. 백악관은 이 핵물질을 엄격한 기밀과 보안을 유지하며 테네시의 오크 릿지로 옮기는 임무를 국방부에 맡겼다. 옮겨진 뒤에는 희석되어 상업용 원자로의 연료가 될 것이었다. 국방부 내에서 그 임무는 애시 카터에게 떨어졌고, 그는 확보한 우라늄을 몇대의 C-5 수송기에 싣고 테네시로 옮기는 극비 사파이어 작전을 세웠다. 테러 집단이나 핵무기를 보유하려고 하는 국가가 이 우라늄이 존재한다는 것을 낌새라도 채면 가로채려 할 수 있기 때문에 이 작전은 최대한 신속하면서도 기밀이 유지되어야 했다. 사실 CIA는 이란 정보원들이 이미 우스뜨-까메로고르스끄의 우라늄을 구하려 한다고 보고한 바 있었다.

주목할 만한 성공을 거둔 사파이어 작전은 매우 위험한 상황에서도 능력과 의욕을 가진 사람들의 작전수행으로 미국정부가 재빠르고 효율적으로 움직일 수 있음을 증명했다. 이 작전의 성공은 국방부를 비롯하여 에너지부, 국무부, CIA 등에서 일하는 많은 사람들이 헌신한 결과였다. 이 작전에서 보인 조직력과 신속함은 넌-루거 프로그램이 있었기에 가능했다. 또한 카자흐스탄과 러시아 정부의 전폭적인 협조가 없었다면 성공할 수 없었을 것이다. 그렇지만 무엇보다 그 공은 사파이어 작전을 신속하고도 능숙하게 계획하고 실행한 애시 카터의 지도력과 그의 팀 — 제프 스타와 로라 홀게이트, 쑤전 코흐를 포함한 ― 에 있다고 본다.

넌-루거 프로그램은 핵의 시대라는 불길한 역사에서 거의 기적처럼 보이기도 한다. 역사적으로 유례없었던 위협과 불길한 시대 분위기, 감수해야 하는 위험과 놓쳐서는 안 될 소중한 기회, 선의에서 나온 국제협력이라는 지상명령과 언제나 받아들여져야 마땅한 사고방식을 증명한 넌-루거 프로그램은 역사상 가장 의식있는 법안의 자리를 당당히 차지한다. 놀랄 만큼 여러 면모를 지닌 넌-루거는 미국의 안보와 궁극적으로 인류문명의 안전을 굳건히 하는 데 이바지했다.

우리는 이 프로그램으로 얻은 유일무이한 기회를 활용하기 위해 최선을 다했고 정말이지 놀랄 만한 성과를 이루어냈다. 애시 카터가 이끈 팀은 능력이 뛰어나고 의욕과 에너지가 넘쳤다. 하지만 가장 큰 공은 뛰어난 선견지명으로 만들어진 혁신적이고 탁월한 넌-루거 입법에 돌아가야 하고 궁극적으로 쌤 넌 의원이 받아야 마땅하겠다. 이 프로그램을 창안해내는 데 넌 의원이 한 역할과, 루거 의원의 도움을 받아 그것을 끝까지 밀어붙인 일, 그리고 미국의 안보를 위해 그가 한 다른 수많은 공헌 ― 그중 몇가지는 이 책에서 다루었는데 ― 을 인정하여 클린턴 대통령은 넌 의원에게 국방부 공로훈장을 수여하는 것을 인가했다. 내가 상원의원에게 이 메달을 수여한 것은 그때가 유일한 경우로서, 나로서는 말할 수 없이 영광스러웠다.

북한 핵위기

새로 부상하는 핵보유국 저지하기

> '북한 핵개발'에 대해 시끄럽게 떠들어대면서 이 전쟁광(미 국방장관 페리)은
> '설사 한반도에 다시 전쟁이 일어난다 하더라도 미국은 핵개발을
> 종결시킬 것'이라며 어처구니없는 호전적 발언을 일삼고 있다.
>
> ——1994년 4월 5일 『로동신문』[1]

　시간이 인간을 기다려주지 않듯이, 군사안보 위기는 국방장관을 기다려주는 법이 없다. 한꺼번에 쏟아져나와 아우성을 친다. 내가 마주했던 중대한 난국들을 이 책에서처럼 직선적으로 나열하는 방식은 여러 위기가 동시에 터져나왔던 현실을 제대로 전달하지 못한다. 정말이지 북한의 위험천만한 핵위기는 국방장관이라는 새로운 위치에 제대로 자리를 잡기도 전에 벌어졌다.

　한국전쟁이 평화협정이 아닌 휴전상태로 끝났기 때문에, 중무장된 한반도는 언제라도 위기상황이 될 가능성이 높았다. 북한은 자신의 영도 아래 한반도를 통일해야 한다고 믿었고, 그 목적을 달성하기 위해 한국전쟁을 비롯하여 해를 거듭하면서 터무니없는 침략행동을 계속해왔다.

　북한이 핵무기를 개발하겠다고 나섬으로써 촉발된 새로운 위기는 미국의 결단력과 적응력을 시험할 계기가 될 것이었다. 무엇보다도

혁신적 사고방식이 요구되는 일이었다. 북한이 핵무장을 하게 되면 동북아시아가 불안정해지고 세계의 다른 지역에까지 핵무기가 확산될 수도 있었다. 이 위기의 해결은 급선무였다. 하지만 외교적 성공을 위해 단호함만 고집하다보면 2차 한국전쟁이 벌어질 위험이 있었고, 한국전쟁 이래로 미국과 북한의 공식접촉이 없었다는 것을 생각하면 외교도 순탄치 않을 것이었다. 그래서 장관이 된 지 몇달 안 된 내가 직면한 상황은 북한이 핵무장을 하도록 내버려두거나 한국전쟁이 다시 발발할 위기를 감수하거나 하는, 끔찍한 양자택일을 앞에 둔 것처럼 보였다. 그 당시 클린턴 대통령에게 얘기했듯이, 그가 선택해야 하는 것이 재난과 대형참사 중 하나인 게 아닌가 하는 생각까지 들었던 것이다. (물론 우리의 진정한 목표는 제3의 선택을 만들어내는 것이었고, 사실 그렇게 하는 데 성공했다.) 그런데 어쩌다가 이렇게 위험천만한 지경에까지 이르게 되었단 말인가?

2차대전이 끝난 후 몇년간 남한과 북한은 통일을 목표로 했지만, 각자 자신들의 정부 주도로 통일이 되기를 원했다. 1940년대 말 김일성은 주로 소련의 원조로 남한을 무찌를 수 있을 만큼 강력한 군대를 구축했다. 처음에 스딸린은 김일성이 남한을 치는 것을 허락하지 않았다. 하지만 소련이 핵실험에 성공하고 미 국무장관이 남한은 미 방위선 내에 있지 않음을 내비친 후, 스딸린은 남침을 허락했을 뿐 아니라 추가로 군사지원도 해주었다. 그러나 미국은 남한을 도와 북한군을 물리쳤는데, 그후 중국이 개입하면서 교착상태에 빠졌고 그 상황을 평화협정이 아닌 휴전협정으로 해결할 수밖에 없었다. 전쟁이 끝난 후 소련은 북한을 재건하는 데 상당한 투자를 했고, 그래서

1999년쯤에는 북한이 또다시 남한에 심각한 위협이 되었다. 그러나 소련이 붕괴하고 러시아 경제도 완전히 망가지자 러시아는 북한에 지원을 중단하고 서구와 우호적인 관계를 맺기 시작했다.

그 당시 약 2천만명의 북한 주민들은 혹독한 가난에 시달렸지만, 북한의 병력은 세계에서 다섯번째 규모였다. 백만명이 넘는 군대(미군의 두배에 이른다!)가 대부분 휴전선 가까이 배치되어 있었고, 예비군도 몇백만명에 달했다. 이 거대한 군사력을 강대한 남한 군대(75만명)와 미군 병력이 저지하고 있었다. 한국에 배치된 미군은 남한 병력의 작은 부분에 지나지 않았지만, 일본과 하와이, 알래스카, 그리고 미 서부해안에서 만반의 준비를 갖춘 미 군사력이 그뒤를 받치고 있었다. 일본과 하와이, 알래스카에 배치된 전투기를 출동시켜 신속하게 공군력을 증강할 수 있었다. 화이트먼 공군기지에 배치된 B-2 폭격기는 하루도 안 걸려 북한에 이를 수 있었고, 강력한 항공모함인 제6함대의 근거지가 일본 근처에 있었다. 매해 미국은 팀 스피릿이라는 훈련을 벌였는데, 훈련 중 병력을 한반도 쪽으로 이동시켜 동맹국 남한과 합동훈련도 했다. 전쟁 씨뮬레이션을 해보면 북한이 상대편의 도발이 없는데 또다시 남한을 공격할 경우 단연코 패배할 것이었다. 내 생각에 북한군 지도자들 역시 이 점을 잘 알았을 것이고, 그래서 지난 수십년간 한반도에 평화가 유지될 수 있었다.

북한은 자신이 원하는 방식대로 한반도를 통일하겠다는 야심을 버린 적이 없었지만, 소련이 해체되고 러시아로부터 원조가 끊긴 지금의 상황에서 그러한 야심을 이룰 수 없음을 깨달았다. 재래식 무기면에서는 상대가 안 된다는 사실을 인식한 북한이 비밀리에 핵도발을 감행하게 되었던 것은 이러한 냉전 이후의 상황 때문이었을 것이다. 그리고 북한은 원하는 결과를 얻기 위해 상당한 위험을 감수했다.

북한의 비밀무기 프로그램은 영변에 기반을 둔 '평화적인' 핵발전 프로그램이어야 했다. 핵확산금지조약(NPT)의 가입국으로서 북한은 핵무기를 제조하지 않는 것에 이미 합의한 바였고, 더 나아가 국제원자력기구(IAEA)가 자신들이 핵무기를 제조하고 있지 않다는 것을 확인하기 위해 원자력시설을 조사하는 것을 허용한다는 합의도 했었다. 그러나 1993년 초 조사대상이 아니었던 초기의 연료재장전 과정에서 이미 소량의 플루토늄을 제조했다는 확신을 갖고 IAEA가 특별조사를 요구하자 북한은 IAEA와 갈등을 빚게 되었다. 내가 국방부장관직에 오른 뒤 얼마 지나지 않은 1993년 3월 12일 북한은 NPT 탈퇴를 선언했다. 1993년 6월 2일 미국과 북한은 IAEA에 의한 핵시설조사를 두고 벌어진 의견충돌을 조정하기 위해 회담을 시작했고, 6월 11일 북한은 NPT 탈퇴를 잠정 보류했다. 이 회담이 1994년 7월 초까지 계속되어, 몇몇 시설에 대한 조사를 허락하는 북한의 합의를 끌어냈다. 그러나 1994년 4월(이때쯤 난 장관이 되어 있었다) 북한이 영변 핵시설의 규약준수를 확증하기 위한 IAEA의 임무수행을 허락하지 않으면서 외교노력은 중단되었다.

북한이 조사를 막은 진짜 이유는 무엇이었을까? 그에 대한 답은 충격적이었다. 당시 북한은 영변의 핵원자로에서 나온 사용 후 핵연료를 빼낼 만반의 태세가 되어 있었다. 만약 북한이 이 사용 후 핵연료를 재처리한다면 거기서 나온 플루토늄은 핵폭탄의 연료로 이용될 수 있다.

1994년 봄이 되자 갈등은 위험수위에 이르고 있었다. 당시 언제든 영변의 원자로에서 연료를 빼낼 수 있는 상황이었는데도 IAEA는 여전히 조사에 대한 합의를 이끌어내지 못하고 있었다. 나는 너무 불안해져서 그해 4월 예정에도 없이 남한과 일본을 방문했다. 남한은 1년 전쯤 부장관으로 방문한 적이 있었지만 장관으로서는 그때가 처음이었다. 남한의 대통령 및 군지휘자들과 그 문제를 논의하고 주한 미군 및 유엔군 사령관인 게리 럭 장군을 만나보고 싶었다. 만약 북한이 1950년에 그랬듯이 남한을 선제공격한다면 그에 대응할 준비가 얼마나 잘 되어 있는지 럭 장군에게서 직접 보고를 받아야겠다는 생각이었다. 럭 장군이 나를 데리고 DMZ(비무장지대)로 가서 그곳에 배치된 우리의 병력을 보여주었고, 그다음 북한의 공격을 물리치기 위한 장기적 군사계획(OpPlan 5027)을 상세하게 검토했다. 그가 말하기를 자신이 휘하에 있는 미군과 한국군은 북한이 어떤 식의 공격을 해오더라도 물리칠 만반의 태세가 되어 있지만, 2만명의 병력, 몇대의 아파치 헬리콥터, 그리고 패트리어트 방공부대가 추가로 지원되면 남한 쪽의 민간인 피해를 훨씬 줄이면서 북한의 공격을 신속하게 막을 수 있을 것이라 했다.

그의 계획과 제안이 훌륭해 보였으므로 아파치 헬리콥터와 패트리어트 부대를 즉시 남한으로 이동시키는 데 동의하고, 그에게 워싱턴으로 와서 북한이 플루토늄의 제조계획을 철회하지 않을 경우의 군사력 증강에 대해 국가안보위원회에서 보고를 하라고 했다. 난 미국으로 돌아온 뒤 미국이 플루토늄 제조를 좌시하지 않을 거라고 북한에 공식적으로 경고했다. 이로 인해 북한의 정부대변인이 내게 독설에 찬 공격을 퍼부었는데, 내가 '전쟁광'[2]이라는 비난도 있었다. 5월 14일 북한은 여전히 IAEA의 전면조사를 허용하지 않는 가운데 원자로에서 사용 후 핵연료봉을 빼내기 시작했다. 그것은 사용 후 연료를 재처리하기 직전 단계였다. 이로 인해 상황은 막다른 위기에 이르렀다. 만약 북한이 사용 후 연료를 재처리한다면, 몇달 안에 6개에서 10개의 핵폭탄 제조에 충분한 플루토늄을 생산할 수 있을 것이고, 그것은 분명 아주 위험한 결과를 나을 것이었다.

난 합동참모본부 의장인 샬리카시빌리 장군[3]과 럭 장군에게 북한의 전력에 대한 최신정보를 반영하여 만일의 사태에 대한 비상대책을 새로이 짜라고 지시했다. 또한 서울이 사정거리에 들게 배치한 엄청난 규모의 장거리포에 대비할 구체적인 작전도 세우라고 했다. 그런 다음 영변의 재처리시설에 대해 크루즈 미사일로 '도려내기' 타격을 할 작전도 준비하라는 명령을 내렸다. 그 타격작전을 포함하기에 앞서 원자로에 연료가 남아 있을 수 있고, 심지어 여전히 가동 중일 수도 있다는 사실을 고려해야 했다. 분석결과 방사성 물질이 피어오르는 것을 감지할 수 없었기 때문에 그곳을 타격해도 '안전'하리라고 보았다. 이렇게 준비된 작전은 며칠간의 경계경보와 함께 실행될 수 있을 것이고 그 공격으로 인한 미국 쪽의 인명피해는 거의 없거나 전혀 없을 것이었다. 그러나 그 공격으로 인해 북한이 남한을 칠 가능성이 있었고, 그렇게 되면 '도려내기'라고 보기 힘든 결과가 초래될 것이었다. 애시 카터가 내 회의실 탁자에 둘러앉은 몇명에게 그 작전을 설명했을 때의 팽팽한 긴장감, 그 결정을 둘러싼 긴장감이 지금도 생생하다. 그렇게 타격작전이 '상정되어' 있긴 했지만, 최후의 수단이었다. 우선은 내가 생각하기에 최선의 방법인 외교수단으로 먼저 풀어나갈 것이었다.

외교상의 작전은 고전적인 강압외교로, 제재라는 강력한 프로그램이었다. 크리스토퍼 국무장관의 외교를 통해 미국이 UN에서 북한에 재처리과정을 중단하고 조사단에게 완전한 접근권을 허용하지 않으면 강력한 제재를 받게 될 거라고 밝힐 때 일본과 남한이 그에 동조하기로 이미 합의한 상태였다. 그렇지만 북한의 대응은 전혀 바람직한 방향이 아니었다. 처음에는 서울을 '불바다'로 만들어버리겠다고 위협하더니 그다음엔 제재조치를 '전쟁행위'로 간주하겠다고 선언했다.[4] 그저 엄포일 가능성이 많았지만, 그렇다고 대수롭지 않게 넘겨버릴 수는 없었다. 북한 사람들이 궁지에 몰리면 될 대로 되라 식으로 나올 수도 있었으니까.

군사충돌이 발생할 경우 그에 관여하게 될 미국 군지휘자들의 회의를 합동사령부의 안전시설에서 열었다. 럭 장군뿐 아니라 태평양의 미군 사령관(필요할 경우 증원병력을 제공할 책임이 있는), 페르시아만의 미군 사령관(미국이 한국문제에 정신이 팔린 틈을 타 사담 후세인이 쿠웨이트에서 문제를 일으킬지도 모른다는 우려가 있었으므로), 그리고 만일의 사태가 오면 급히 인력과 물자를 한국으로 보내는 데 주요역할을 해야 할 수송사령부 사령관도 그 회의에 참석하기 위해 미국으로 날아왔다. 철통같은 보안 속에서 열린 이 회의는 이틀간 이어졌고, 발생할 수 있는 모든 사태에 대한 럭 장군의 계획을 상세하게 검토하는 데 중점을 두었다.

긴박했던 그 당시 『워싱턴 포스트』에 실린 칼럼이 상당한 파장을 일으켰다. 전 안보담당 보좌관인 브렌트 스카우크로프트와 그의 동료 아니 캔터(그 둘은 오랜 친구였다)가 쓴 그 칼럼의 요점은 만약 북한이 재처리과정을 중단했음을 입증하지 않는다면 미국이 영변의 원자로를 폭격하리라는 것이었다. 핵심문장은 이러했다. "북한은 더 이상의 재처리과정이 실행되고 있지 않음을 확증할 수 있도록 지속적이고 제한없는 IAEA의 감시를 허용해야 할 것이다. 그렇지 않으면 미국은 재처리능력 자체를 없애버릴 것이다."[5]

당연히 그 칼럼은 미국과 한국 양쪽에서 엄청난 관심을 불러일으켰다. 사실을 말하자면, 만약의 사태에 대비한 작전이 있긴 했지만 정말로 그런 공격을 할 계획은 아니었다. (사실 그런 공격을 하려면 클린턴 대통령의 인가와 남한 대통령의 동의가 있어야 했는데, 아직 그런 시도도 하지 않은 상태였다.) 그러나 공공연하게 폭격을 요구한 스타우크로프트와 캔터의 글이 북한 고위관리들로 하여금 당장 그들이 처해 있는 위험을 느끼게 했기 때문에 그 위기상황에서 긍정적인 역할을 했다고 나는 믿고 있다. 북한 고위관리들은 스카우크로프트의 주장이 미국정부의 정책을 대변한다고 잘못 생각할 수도 있었기 때문이다. 실제로 내가 스카우크로프트에게 그런 칼럼을 쓰게 했다고 오해한 사람들이, 심지어 미국인들 중에도 있었으니까. 어떤 이유에서였든 북한은 지미 카터 전 대통령을 평양으로 초청하여 재빨리 위기를 수습하려는 모습을 보였다. 그러곤 카터를 통해 미 행정부에 전달할 해결방안을 제시했다. (북한과 미국 사이에는 공식적인 대화 채널이 없었다.)

이 위기는 기괴할 정도로 놀라운 어떤 계기를 통해서 해결되었다.

1994년 6월 16일, 나는 각료 회의실에서 클린턴 대통령이 검토할 행동계획을 제안하기 위해 샬리카시빌리 장군과 럭 장군, 크리스토퍼 국무장관과 함께 있었다. 북한에 제재를 가하고 미국 민간인을 남한에서 대피시키고 병력을 증강할 계획에 대해 대통령에게 보고하는 중이었다. 우선 북한이 남한을 침공할 경우에 대비한 작전인 OpPlan 5027에 대해 대통령과 국가안전보장회의(NSC)에 보고하면서 남한의 미 병력을 즉각 증강하는 여러 방안도 제시했다. 내가 제안했던 방안 하나는 지금 배치된 군대의 거의 50퍼센트에 달하는 2만명의 증원이었다. 대통령이 그 방안들 중 하나를 결정하면 새로운 인력배치에 바로 착수할 것이었다. 군대증원이 북한을 자극하여 병력증강이 제대로 이뤄지기도 전에 북한이 남한을 공격해올 가능성이 있다는 것은 잘 알고 있었다. 제재만 가했을 경우에도 역시 그런 식의 침공이 일어날 수 있으므로 병력을 증강하는 몇주 이후로 제재를 미뤄줄 것을 건의했다. 병력이 증강되면 북한에 대한 억제력이 커질 것이고, 억제력이 효과가 없을 경우 북한의 공격이 DMZ에서 차로 겨우 한시간 거리인 남한의 수도 서울에 미치기 전에 공격력을 약화할 최선의 기회가 될 것이었다.

대통령이 어떤 증강방안을 승인할지 막 결정하려는 순간, 보좌관이 헐레벌떡 들어와 평양의 지미 카터가 대통령과의 통화를 원한다고 전했다. 안보 보좌관인 앤서니 레이크를 보내 통화를 하라 했고, 그는 미국 쪽에서 제재와 병력증강이라는 조치를 중단하면 북한이 핵연료 재처리계획을 협상할 의사가 있다는 카터의 전언을 곧 알려왔다. 간단한 논의 후, 북한이 영변에서의 재처리과정을 전면중단한다면 미국도 협상기간 동안 모든 조치를 중단하고 협상을 시작할 용의가 있다는 대통령의 답변을 갖고 레이크가 다시 통화하러 갔다. 협상을 끝없이 질질 끌면서 플루토늄 제조를 계속하려는 북한의 속셈을 미리 차단하기 위한 조건이었다. 곧 레이크가 돌아와 과연 북한이 협상기간 동안 재처리과정을 중단하는 데 합의할지 의심스럽다는 카터의 답변을 전해주었다. NSC의 위원들 모두 같은 의견이었으므로 클린턴 대통령은 강경하게 나가기로 결정했다. 카터가 김일성 주석에게 그 뜻을 전달하자, 그가 조건을 받아들였다. 금방이라도 터질 것 같던 위기는 끝났고 증강계획은 보류되었으며, 아주 뛰어난 능력을 지닌 해외근무 장교인 밥 갈루치가 이끄는 미국 협상 팀과 함께 협상이 시작되었다.

그해가 다 가기 전에 기본합의문(Agreed Framework)을 채택하며 협상이 마무리되었다. 그 합의문에서 북한은 두기의 대규모 원자로 건설을 전면중단하고 이미 가동 중인 작은 원자로에서 플루토늄 생산을 위해 진행하던 재처리과정도 모두 중단하는 데 합의했다. 그리고 남한과 일본은 전기생산을 위한 두기의 경수로(LWR)를 건설해주고, 그 경수로가 작동을 할 때까지 미국은 북한의 원자로를 폐쇄함으로써 끊긴 전기공급을 위해 북한에 중유를 제공하기로 합의했다. 난 이 합의가 미국에 이로운 협상이라고 보았다. 전쟁을 피했고 플루토늄 생산은 중단되었으며 북한이 당시 건설 중이던 대규모 원자로의 건설계획을 포기(당시 보기에는 영원히)했기 때문이었다.

생각해봐야 할 가장 중요한 점은 이것이다. 북한이 당시 포기한 것이 무엇이었고, 우리가 어떤 핵위기를 막았던 것이었는지를 이해하려면 이렇게 생각해보라. 미국의 핵 전문가들의 추정에 따르면 2000년경에(앞뒤로 두서너해의 여지를 두고) 북한이 세기의 원자로에서 한해에 50개의 핵폭탄을 제조하는 데 충분한 플루토늄을 생산할 수 있었을 거라는 것이다!

이 예방조치는 특히 핵의 비확산과 세계적인 핵안보문제에서 새로이 생겨난 절대명령을 위한 것이었다는 점에서 분명 핵시대의 주요한 조치였다. 하지만 이는 미 의회의 상당한 반대를 감수해야 했다. 북한에 중유를 제공하기 위해 필요한 얼마 안 되는 예산을 책정하기 위해 매해 고군분투해야 했던 것이다. (그때마다 예산을 따낼 수는 있었다.) 그동안 남한과 일본은 북한에 경수로를 짓기 시작했다. 클린턴 대통령의 임기 동안은 미국은 기본합의문을 유지하면서 북한의 핵무기 개발노력을 저지할 수 있었다.

이후 상황은 악화된다. 다음 10년간 북한은 다시 핵문제를 터뜨리겠다고 위협했다. 이번에는 미국의 외교가 그것을 막는 데 성공하지 못했고, 그래서 이제 그동안 어떻게든 피해보려고 그렇게 애를 썼던 바로 그 핵무장한 북한이라는 안보상의 위험에 직면하게 된 것이다.

다음 장에서 다룰 내용은 북한과 핵무기라는 위험천만한 드라마의 전개다. 핵확산이 어떻게 펼쳐졌고 그것이 어떤 심각한 위협을 가져왔는지를 순서대로 기록해보겠다.

|1|2|
|3|4|

1. 1939년 열두살의 페리.
2. 1944년 10월 육군항공대에 자원한 페리.
3. 육군신병훈련 중의 페리.
4. 1950년 7월 육군 예비군으로서의 페리.

1. 1958년 부인 리와 다섯 아이들과 함께 있는 페리.

2. 1978년 연구기술 차관으로 국방부의 첨단 프로그램을 설명하고 있는 페리.

1. F-117 스텔스 전투기. 사진: 아런 앨먼 공군 하사. ©CreativeCommons

2. 쌘프란시스코만에서 시험 중인 씨 새도 시범 스텔스 군함. 사진: 미 해군 씨스템사령부. ©CreativeCommons

1. 1994년 1월 페리를 국방장관으로 지명하는 클린턴 대통령. © 백악관 사진실.

2. 1994년 2월, 인준을 받은 다음날 뮌헨으로 가는 비행기 안에서 열린 페리의 첫 기자회견.

1

2

1. 1994년 12월 8일 국방부 기자회견.

2. 1994년 2월 3군 의장대의 열병식에서 페리와 부인 리, 그리고 존 살리카시빌리 합참의장.

1. 1994년 3월 우크라이나의 뻬르 보마이스끄 첫 방문 때 지하 미사일 격납고를 내려다보는 페리 (검은색 털모자). 그 옆의 러시아 장교가 SS-24 ICBM과 그 보호용 격납고의 세부사항을 설명하고 있다.

2. 1995년 4월 두번째 뻬르보마이 스끄 방문 때 러시아 군인들이 미사일을 해체하기 위해 격납고 에서 빼내고 있다.

1996년 1월 세번째 뻬르보마이스끄 방문 때 러시아와 우크라이나 국방장관과 함께 폭발로 파괴된 미사일 격납고를 바라보고 있다.

1. 1996년 6월 네번째이자 마지막 뻬르보마이스끄 방문 때 앞서 미사일 격납고를 파괴했던 그 땅에 러시아와 우크라이나 국방장관과 함께 해바라기를 심고 있다.

2. 소련 ICBM 기지에서 근무했던 전 장교들에게 거주지를 제공하기 위한 넌-루거 프로그램의 일환으로 지어진 주택단지 내 정원이 딸린 새 집 앞에 선 시똡스끼 가족.

1. 1995년 4월 러시아 국방부장관인 안드레이 꼬꼬신(가운데)과 함께 우크라이나를 찾은 페리.

2. 1996년 1월 4일 우크라이나의 끼예프에서 열린 역사적 회담에서 손을 맞잡은 미국과 러시아와 우크라이나의 국방장관들.

1. 1995년 10월 화이트먼 공군기지에서 미국의 미사일 격납고를 폭파하는 그라초프 러시아 국방장관과 페리.

2. 1996년 10월 넌-루거 프로그램에 의한 핵미사일 잠수함의 해체를 지켜보기 위해 러시아 쎄베로드빈스끄의 시브마시 조선소에 함께 모인 피커링 대사(왼쪽)와 넌 상원의원, 리버만 상원의원, 루거 상원의원(페리의 오른쪽부터 순서대로), 그리고 페리와 애시 카터(페리 뒤).

ЖЕЛАЕМЫЙ РЕЗУЛЬТАТ

НАТО + РОССИЯ

= УСПЕХ

INTENDED OUTCOME

NATO + RUSSIA

= SUCCESS

1. 1995년 루이지애나 포트포크에서 열린 평화를 위한 동반자관계의 합동군사훈련.

2. "러시아+나토=성공." 1995년 11월 브뤼셀의 나토 본부에서 보스니아 합의문에 서명하는 그라초프 러시아 국방장관과 페리.

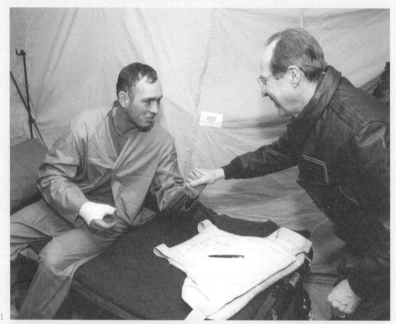

1. 1996년 헝가리의 터자 공군기지에서 보스니아 군사작전의 부상자를 만나보는 페리.

2. 1995년 7월 잠수함 승무원을 만나보는 페리.

1. 1995년 8월 미 해군 아이젠
   하워호에서 승무원과 얘기를
   나누는 페리.
2. 1995년 8월 아이젠하워호에
   서 항공모함의 착륙을 지켜
   보는 페리.

1. 1995년 12월 해군 부사관들을 만나는 페리.

2. 1996년 사우디아라비아의 공군 병사들과 만나 얘기를 나누는 페리.

1. 1996년 6월, 테러 공격으로 파괴된 사우디아라비아의 코바 타워를 찾은 페리.

2. 1996년 7월 12일, 넌 상원의원에 대한 국방부 공로훈장의 수여식에 참석한 넌 상원의원(왼쪽)과 존 샬리카시빌리 장군과 페리.

1. 1996년 6월 7일 미 해군 콜호
   의 진수식에서 후원자인 부
   인 리 페리와 함께. 콜호는
   2000년 10월 12일에 테러공격
   을 받았고 그 공격으로 17명의
   해군이 전사했다.

2. 1997년 1월 페리의 이임식에
   서 페리 가족과 클린턴 대통령
   부부.

1. 3자 대북정책 팀인 페리와 임동원(왼쪽)과 카또오 료오조오(오른쪽)가 2000년 대북정
   책심사를 완결한 후 손을 맞잡고 있다.

2. 2000년 10월 쌘프란시스코를 방문한 북한 대표단과 함께한 페리(왼쪽에서 두번째).

1. 2004년 북한 개성의 남북한 합작 공장을 둘러보는 김정.

2. 2008년 북한의 핵시설을 조사하는 지그프리드 헤커. © Siegfried Hecker

3. 2008년 2월 역사적인 평양에서의 뉴욕 필하모닉 공연에 참석하기 위해 북한군의 호위를 받으며 DMZ를 넘어가는
   페리.

1. 핵안보 프로젝트의 주요인사인 쌤 넌과 헨리 키신저, 빌 페리, 조지 슐츠.

2. 2013년 8월 윌리엄 J. 페리 프로젝트 하계연구 학생들과 함께. (왼쪽에서부터 이사벨라 가
브로프스키, 피아 울리히, 재러드 그린스펀, 대니얼 케일레시, 헤이든 패지트, 페리, 사힐
샤, 뤼켈 색스, 캐미 피즈, 테일러 그로스먼.) ⓒLight at 11B

| 1 | 2 |
| 3 | 4 |

1. 1970년대에 페리가 차관으로 근무할 당시 페리의 군 보좌관이었던 폴 카민스키 대령. 스텔스 기술의 실행에 중추적인 역할을 했다.

2. 페리의 오랜 동료이자 후배인 애슈턴 카터. 넌-루거 프로그램의 시행에 핵심역할을 했고, 2015년 2월 12일, 25번째 국방장관으로 임명되었다.

3. 학계와 트랙 2 회담에서 수년 동안 페리와 함께 일한 지그프리드 헤커. 2016년 현재 스탠퍼드의 프리먼 스포글리 국제관계연구소 선임연구원이다.

4. CIA 기술개발국장이었던 앨버트 '버드' 윌런은 냉전 초기에 소련 미사일 영상자료를 분석하는 정부 자문단에서 페리와 함께 일했다. ⓒLight at 11B

START II의 비준과
핵실험금지조약을 둘러싼 밀고 당기기

당신에 대한 공격을 기분 나쁘게 받아들이지 말았으면 해요.
그냥 정치적인 거니까.

—1996년 10월 17일, 러시아 두마 청문회에서[1]

블라지미르 지리놉스끼가 페리에게[2]

(원문 변형)

나는 군축에 대한 합의를 발전시키고 지원하기 위해 끊임없이 노력했다. 소련(이후 러시아)을 비롯한 다른 나라들과 그러한 합의를 이뤄내는 것이 항상 우선순위였다. 일을 진척시키려면 상대편과 소통하고 협력하는 것이 당연히 중요했다. 다행히도 내가 국방장관이 되었을 당시 미국과 소련의 관계는 점점 나아지고 있었다. 이는 효과적인 군축조치에 도움이 될 것이었고, 난 국무부에서 진행하는 협상을 열렬히 지지했다.

클린턴 대통령은 러시아와 군축합의를 끌어내는 데 전념했다. 또한 핵확산 금지나 핵무기 실험금지 같은 국제조치들이 갈수록 필요해졌다. 예를 들어 북한의 핵위기는 핵확산을 막기 위한 국제적 계획의 필요성을, 간담이 서늘해질 만큼 잘 보여주었다.

러시아와 뜻을 함께해나가는 것이 우선이었다. 클린턴 대통령은 앞선 조약에서 구체적으로 명시된 신속하고 안전한 핵무기의 해체와 더불어, 1993년 1월 조지 H. W. 부시 대통령과 보리스 옐찐 대통령이 조인한 획기적인 START II 협정을 비준하는 일이 꼭 필요하다고 믿었다. START II는 다탄두 각개유도 미사일(MIRV)식 대륙간탄도미사일(ICBM)을 모두 없애고, 그 협정을 준수하고 있음을 증명할 엄격한 기준을 제시했다. 나는 물론이고 행정부 전체가 대통령의 견해를 지지했고, 1995년 대통령은 조약을 비준받는 일에 나섰다. 샬리카시빌리 장군과 나는 미 상원에 출석해 비준에 대한 강력한 지지발언을 했다.

상원이고 다른 어디에서고 군축의 기회 — 냉전이라는, 핵무기를 증강하던 가장 암울했던 기간 내내 기다려왔던 기회 — 를 잡기 위해 압력을 넣기만 하면 장벽에 부딪혔지만 새삼스러운 일도 아니었다. 냉전 시의 갈등과 적대감이 이제 없어져가는 것은 틀림없었지만, 미 상원과 러시아 두마(자문과 입법을 담당하는 러시아 의회 — 옮긴이)에는 냉전이 끝났다는 사실을 믿지 못하는 의원들이 아직 있었다. 미 상원에는, 냉전의 종식으로 러시아로부터의 위협은 사라졌으므로 군축협정은 의미가 없다는 괴상한 논리를 내세우는 의원들도 있었다. 그러니까 만일의 사태에 대한 대비책으로 모든 핵무기를 계속 유지해야 한다고 주장하는 것이었다. (그런 식의 핵무기 보유는 스스로 예언을 실현하는 예언이 될 것이라는 점, 즉 실제로는 바로 그 때문에 우려하던 만일의 사태가 촉발될 것이라는 점은 고려하지 않는 것이다.) 요컨대 미 상원과 두마의 일부 의원들에게 비준은 여러가지 이유로 탐탁지 않았다. 그럼에도 불구하고 1996년 1월 우리는 상원에서 압도적인 찬성으로 비준을 따냈다.[3] 하지만 나의 러시아 동료들은 대부분 두마에서 표를 얻는 일은 무척 어려울 거라고 했다.

요즘 상황이라면 상상도 할 수 없는 일이지만, 나는 러시아 두마에 출석하여 왜 러시아가 START II를 비준해야 하는지 증언을 해달라고 요청받았다. 왜 내게 그런 요청을 했을까? 거기엔 두가지 주요한 이유가 있었다고 본다. 첫째 이유는 내가 넌-루거 법안에 따라 핵무기를 해체할 기회를 놓치지 않고 잘 시행했다는 것이었다. 그때는 신생공화국인 러시아 국민과 관료들이 소련 붕괴의 여파 속에서 우리에게 어떤 지도력과 원조를 기대하던 때였다. 애시 카터를 비롯한 그의 뛰어난 팀과 함께 나는 넌-루거 프로그램을 지휘했고, 그런 우리를 러시아 동료들은 신뢰할 만한(신뢰야말로 외교에서 가장 소중한 자산이라고 나는 믿는다) 사람으로 보았다. 또한 그들은 내가 냉전의 유산이자 어마어마한 살상력을 지닌 핵무기를 줄이고자 노력해온 것을 알고 있었다. 그런 생각을 공유하는 러시아 관리와 군지휘자들이 많았고 그들 역시 낡은 사고방식에 저항해야 할 상황이었다. 그래서 자신들보다 어쩌면 내가 비준의 필요성을 더 잘 입증할 수 있으리라 희망했던 것이다.

국무부에 있는, 나보다 덜 대담하지만 어쩌면 더 현명한 동료가 내게 가지 않는 게 좋겠다고 했지만 난 요청을 받아들였다. 1996년 10월 17일, 난 빈틈없이 들어찬 두마의 전체 의원총회에서 연설을 했고, 모스끄바 TV를 통해 수많은 러시아 국민들도 그것을 시청했다. 모두 발언은 그런대로 호응이 좋았고, 처음 받은 질문 몇개는 내가 수년간 함께 협력해왔던 두마의 동료들에게서 나온 것으로 긍정적이었다. 그리고 나자 사회자가 공격적인 반미주의자로 악명 높은 국수주의적 강경파인 블라지미르 지리높스끼에게 발언권을 주었다. 지리높스끼는 일단 발언권을 얻자 절대 그 자리에서 내려올 생각을 안 했다. 두마가 협정을 거부해야 하는 온갖 이유를 늘어놓으면서, 또 손쉬운 표적인 옐찐 행정부의 온갖 실정을 늘어놓으며 끊임없이 발언했다. 또한 어째서 미국이 러시아를 파괴하는 일에 혈안이 된 적인지에 대해 늘어놓으며 필리버스터를 했다.[4] TV 카메라가 그를 향하고 있는 한 계속해서 말을 할 작정인 듯했다. 청문회가 끝날 무렵 나는 나도 모르게 국무부의 동료 말을 들었어야 했다는 후회를 하고 있었다.

그다음 벌어진 일은 더 괴이했는데, 내가 원고를 정리하며 자리를 뜰 채비를 하고 있을 때 지리높스끼가 슬쩍 내게 오더니 말을 거는 것이었다. 태도는 비할 데 없이 싹싹했지만 그가 남긴 말은 나를 섬뜩하게 했다. "당신에 대한 공격을 기분 나쁘게 받아들이지 말았으면 해요. 그냥 정치적인 거니까." 그러더니 다음날 자기 사무실로 와서 함께 협력방안을 논의해보자고 하는 것이었다. 당연히 난 거절했다.

내가 두마에 출석한 것이 결과적으로 START II에 이득이었는지는 판단할 수 없지만, 또 그런 기회가 온다면 역시 받아들일 것이다. 그건 정말 특별한 경험이었다. 그리고 지리높스끼와 달리 입장을 확정하지 못하고 있던 러시아 의원들 몇을 나의 편으로 만들었을 수도 있다. 적어도 해가 된 것은 없었다. 정말이지 핵참사를 막는 데는 진지하고 합리적인 대화 노력이 제일 중요하다고 나는 여전히 믿고 있다. 이것 하나는 확실하다. 내가 두마에 출석한 것은 고전적인 접근방식과는 거리가 멀었다. 그러니 핵의 위기에는 새롭고 대담하게 접근해야 하는 것은 분명하지 않나 싶다.

그러나 군축을 위해 아무리 힘들게 승리를 얻어낸들 그것이 성공을 보증하지는 않는다. 거의 4년이 지난 2000년 4월, 마침내 러시아 두마가 START II를 비준하지만 그 협정은 전혀 효력을 발휘하지 못했다. 나토가 코소보에서 벌인 전쟁에 대해 러시아 쪽에서 보인 부정적 반응과 유럽에 BMD 씨스템을 배치하려는 미국의 계획으로 인해 휘청대기 시작했다. 2002년 6월 조지 W. 부시 대통령은 ABM 협정에서 미국을 탈퇴시켰고, 바로 다음날 러시아는 START II는 이제 무효라고 선언했다. 몇년 뒤, 더이상 START II의 제약을 받지 않는 러시아는 새로운 유형의 MIRV식 미사일을 제조하기 시작했고, 이로써 핵무기의 위험을 줄이려는 노력은 한참을 후퇴하게 되었다.

우리시대 군비축소 계획의 역사를 생각할 때마다, 지리놉스끼가 START II의 비준을 놓고 두마에서 거의 원초적인 공격을 한 뒤 내게 던진 말의 심오한 의미에 대해 곱씹어보게 된다. 그의 공격은 극단적인 민족주의와 자기고립이라는 인간의 아주 오래된 행동양식을 반영하는 것이었다. 그는 '그냥 정치적인 거니까'라고 말했다. 말하자면 '통상적인 의미의 정치'를 뜻한다. 예전에 이 말은 서글프지만 현명한 유머로 통했다. 하지만 핵의 시대에 이 말은 합리적 이성에 대한 케케묵은 성향의 승리라는 심각한 의미를 지닌다. '통상적'인 것과는 대척점에 서게 된 이 시대에 그것은 엄청나게 새로운 역사적 현실을 순화하는 역할을 한다. 핵의 위험을 축소해야 한다는 절대필요와 군축의 문제는 바로 '통상적인 의미의 정치'에 걸려 종종 좌초된다. 이러한 전형적 틀은 핵으로 인해 우리에게 닥친 전례없는 위험에 대해 더욱 광범위한 대중적 인식이 필요하다는 사실을 입증한다.

미 상원에서 포괄적 핵실험금지조약(CTBT)에 대한 비준을 받으려는 노력을 포함하여, 군축을 위한 다른 방안을 두고 수년 동안 공방이 계속되었지만 실제로 이룬 것은 없었다. 1995년 8월 클린턴 대통령은 폭발위력 없는(zero-yield) 실험까지 포괄하는 진정한 핵실험 금지를 지지한다고 천명했다. 미국은 1992년 9월 이후 핵실험 중단조치를 준수하고 있었다. 나는 미국이 그 조약을 비준한다면 다른 국가들도 함께할 것이라 믿었다. 또한 그 조약의 비준이 미국의 안보를 위해서도 최선임은 분명해 보였다. 미국은 천회 이상의 실험을 해왔고[5] 무기성능 시연에서는 세계 최고의 과학기술을 보유하고 있었기 때문에 조약이 명시한 제약을 지킬 능력도 다른 어떤 나라보다 많았다. 더구나 미국이 비준을 하지 않으면 다른 나라들이 그걸 구실로 계속 핵실험을 할 것이고, 그렇게 되면 미국의 안보 역시 불안해질 것이었다. 하지만 상원에서 요구되는 3분의 2의 표를 얻으려면 합동참모본부와 핵연구소 소장들의 전폭적인 지지가 있어야 한다는 것을 깨닫고 그 지지를 얻어내기 위해 샬리카시빌리 장군과 긴밀하게 협력했다. 연구소 소장과 외부 권위자들을 불러 그 사안을 충분히 토론할 수 있도록 회의를 마련했다. 우리가 접한 주장들을 참모총장들도 접할 수 있도록 회의에 초대했다.

몇달에 걸쳐 수없이 회의를 거친 뒤 샬리카시빌리 장군이 전하기를, 미국이 그 조약에 수반되는 몇몇 단독선언문을 발표한다면 참모총장들이 조약을 지지할 거라 했다. 단독조치 중 가장 중요한 것은 미국의 무기가 핵억제 임무를 수행하기에 필요한 만반의 준비가 되어 있는지 입증하기 위해 연구소 소장들이 매해 정례심사를 할 수 있게 하는 공식명령을 조약의 단서로 다는 데에 대통령이 동의하는 것이었다. 물론 미국의 제일의 국가이익이 위협을 받을 경우 대통령이 탈퇴를 추진할 수 있도록 하는 표준약관은 이미 조약에 있었다. 그렇지만 참모총장들은 핵실험 금지로 인해 우리의 핵전력에 차질이 생긴다 해도, 핵연구소 소장들의 명백한 경고가 없다면 대통령이 정치적인 이유에서 조약에서 탈퇴하지 않을 수도 있다고 우려한 것이었다.

수많은 연구와 논의를 거치고, 몇몇 단독성명을 발표하고 나서야 드디어 참모총장들이 동의를 했고, 1996년 9월 24일 클린턴 대통령이 CTBT를 조인했다. 하지만 안타깝게도 그로부터 3년 뒤, 내가 다시 스탠퍼드로 돌아갔을 때, CTBT는 상원에서 비준에 필요한 표를 얻지 못했다. 그러나 어찌되었든 핵연구소 소장들은 매해 대통령에게 심사결과를 보낸다.[6] 심사결과는 항상 긍정적이었다. 해를 거듭할수록 결과지가 점점 길어졌지만 말이다.

나토와 보스니아의 평화유지 작전, 그리고 러시아와의 안보유대관계 생성

내 군생활 대부분을 어떻게 하면 나토 전력에 핵무기 공격을 할 수 있을지
자세한 전술을 짜는 데 바쳤어요. 내가 나토의 본부에 이렇게 서서 나토 장교들과
얘기를 나누고 합동평화유지훈련을 계획하게 될 줄은 꿈에도 생각지 못했죠.
—나토 본부에서, 한 러시아 장교가 페리에게
(원문 변형)

공식적인 군축계획을 넘어, 예전에 바르샤바 협정국에 속했던 국가와 나토 회원국 간에 협력을 모색할 기회들이 생겨났다. 합동군사훈련을 위한 협력이 이루어져 몇년 새에 합동평화정착작전을 하기에 이르렀고, 보스니아가 그 첫 경우가 되었다. 난 국방장관으로서 이 활동에 깊이 관여했다. 그것은 냉전시기의 적개심을 없앨 중요한 기회였다. 하지만 새로운 관계를 꾸려가다보면 큰 기회만이 아니라 큰 위험도 생길 수 있다는 것도 잘 알았다.

냉전 당시 나토는 소련의 영토 야망을 저지하는 핵심요인이었다. 그 하나의 방법이 소련의 적군(赤軍)이 유럽을 침공했다 하면 바로 전술 핵무기를 사용하겠다고 위협한 것이었다. 소련의 공격을 막겠다는 단호한 의지가 너무 강조된 나머지 동맹국의 땅에서 핵무기를 터뜨리겠다는 계획이 얼마나 끔찍한 일인지는 무시되었다. 이렇게 상충하는 관심사를 해결하기 위해 나토는 핵무기 사용의 전략과 전

술을 개발하기 위한 핵기획 단체인 고위전문가조직(HLG)을 창립했다. 그런데 내가 장관이 되었을 즈음 나토 동맹은 그와는 아주 다른 면모를 가지게 되었다. 얼마나 달라졌는가 하면, 러시아 대표가 통상 나토 회의에 참석했던 것이다. 나토는 HLG(내가 장관일 때 애시 카터가 의장이었다)를 여전히 유지하고는 있었지만, 냉전 이후 시대에 그것의 최우선임무는 핵무기의 안전과 보안이었다.

그러한 변화는 기존의 군사적 사고방식에서 벗어나 좀더 현실적인 시각이 생겨나면서, 냉전기간에 핵무기의 '오버킬'식 증강이 남겨놓은 유산의 무시무시함을 깨닫게 되었다는 신호였다. 요컨대 엄청나게 쌓아둔 핵무기가 이제는 안보를 강화하는 정책이라기보다는 갈수록 모두를 위험 ─ 반드시 막아야 하는 위험 ─ 에 빠뜨리는 것으로 간주되었던 것이다.

하지만 다른 중요한 진전 또한 있었다. 동유럽 국가들 사이에서 눈에 띌 정도로 나토 가입에 대한 관심이 급증했다는 것이다.

나토가 소련의 적군을 저지하거나 무찌를 군사력을 제공하기 위해 창설되었으므로, 소련과 바르샤바 동맹국들에게는 오랫동안 '네 글자 욕설'(four-letter word, 욕설로 쓰이는 단어가 주로 네 글자 단어라서 '욕설'이라는 의미를 가지게 됨 ─ 옮긴이)과 동일시되었던 것도 놀랄 일이 아니었다. 그러나 냉전의 종식과 함께 나토는 구소련에 속했던 신생독립국들과 이전 바르샤바 동맹국들을 유럽 안보조직으로 흡수하기에 가장 좋은 수단으로 생각되었다. 이렇게 역사적이고 협력적인 안보관계를 돈독히 해나가기 위해서는 나토를 적으로 여기는 기존의 관점을 극복할 필요가 있었다. 2차 세계대전 직후 점령군으로서 일본인과 일했던 경험은 물론, 후에 국방부 고위관료로 러시아와 중국, 그리고 여타의 구 적국이나 현 적국과 교류했던 경험을 통해서 나는 관점은 충분히 바뀔 수 있고 협력관계도 가능하다는 것을 알았다. 당시 바르샤바 동맹국들과 신생독립국들은 민주주의체제가 정착되어 있었다. (몇몇의 경우엔 민주주의체제가 좀 불안정했다.) 바르샤바 동맹의 이념적 분위기에서 훈련을 받아온 군은 민주주의에서 군이 어떠해야 할지 전혀 감을 잡지 못했고, 그래서 나토의 회원국이 되어 그에 대해 알아보기를 원했다.

곧 앞으로의 상황에 중대한 영향을 끼칠 움직임이 나타났다. 나토 가입에 대한 동유럽 국가들의 관심이 급증하면서, 나토는 지금껏 경험해보지 못했던 커다란 기회이자 도전에 직면하게 되었던 것이다. 동유럽 국가들과의 협력관계는 환영할 일이었지만, 동시에 양측의 오랜 불신과 의심을 한순간에 불식하는 것도 가능하지 않았다.

그보다 더 문제는, 나 자신은 시기상조라고 보았던 나토 가입에 대한 동유럽 국가들의 관심 — 충분히 이해할 만하고 희망적인 일이긴 하지만, 현명한 외교술로 잘 대처하지 못할 경우 그 열망이 반대로 장기적인 위험요소가 될 수도 있는 — 을 어떻게 처리할지에 대한 복안을 나토가 갖고 있지 않았다는 것이다. 러시아가 그 지역에서 역사적으로 행사해온 영향력뿐 아니라 지역안보 문제에 대한 기존의 견해도 고려할 필요가 있었다. 동유럽 국가들이 우르르 나토에 가입하게 되었을 때, 핵무기 축소를 위해 러시아와 협조할 기회가 사라질 수도 있었다.

그 목표를 이룰 최선의 방법은 무엇일까?

어려운 도전을 기회로 만들기 위해 '평화를 위한 동반자관계'(PFP)라는 창의적이고 탁월한 계획에 착수했다. PFP는 국방부의 유럽부문 부차관보이자 매우 창의적이고 열정적이며 미래지향적 방안이 가득한 참모장교인 조 크뤼절[1]이 생각해냈다. (조는 후에 보스니아에서 비극적 사고로 전사했다.) 그것은 간단하면서도 균형 잡힌, 정말 뛰어난 구상이었다. 구소련에 속해 있다가 자유를 얻은 뒤 안보를 갈구하는 신생공화국들 및 구 바르샤바 조약 가입국들을 모두 나토의 보조기구인 PFP에 가입하도록 하자는 것이었다. 그를 통해 PFP 가입국은 일부 나토 회의에 대표를 파견(의결권은 제외)하거나 관련있는 나토 회의에 참석할 수 있고, 평화유지 활동의 일환으로 나토와 합동훈련을 할 수 있다. 그들의 선임장교들은 나토 선임장교들과 함께 나토의 효율성과 결속력의 핵심이라 할 합동훈련에서 중요한 경험을 쌓는 것이다. 이후 때가 되면 PFP 참가국은 나토에 가입할 자격을 얻는다. 모든 나라가 가입을 원할 것이므로 10년 정도 흐른 후 대부분 그렇게 될 것이다. 1993년 국방부는 독일의 가미쉬에 마셜센터를 세워, 그러한 나라에서 선정된 장교와 국방담당 고위관리들이 나토 장교들과 함께 '학교를 다니도록' 했다.[2] 이 센터가 한때 나토의 적이었던 나라까지 아울러 광범위한 유럽 안보구조를 창출하려는 미국의 전략에서 핵심역할을 하리라고 보았다. (계속해서 호놀룰루에 아시아태평양센터[3]를 세웠고, 그다음으로 워싱턴에 서반구국방연구센터[4]를 만들 것을 제안했는데, 후자는 내 장관 임기가 끝난 직후 이루어졌다. 나의 후임자가 그 계획을 계속 추진해주어 특히 기쁜 마음이다.)

PFP에 속한 동유럽권 국가 중에서 러시아가 동등한 회원국 중에서도 일인자라 여겨졌다. 난 1993년 애스핀 장관을 대신해서 나토 회의에 참석했을 때 러시아 국방장관인 파벨 그라초프를 만났다. 그후 모스끄바로 그를 만나러 갔을 때 넌-루거 프로그램의 이행을 함께 준비했기 때문에 특히 그와 친분이 두터워졌다. 그래서 그에게 경의를 표할 겸, 1994년 가을 나토 국방장관 회담의 한 행사로 나토 회원국 국방장관들과 함께하는 만찬을 주선했다. 유럽의 모든 장관들이 러시아 장관을 만나보는 데 지대한 관심을 보였기 때문에 그 자리는 성공적이었다. 이 만찬은 나토와 러시아 간의 긍정적인 관계를 위한 하나의 수단으로 그라초프를 초대한 나토 회의에 앞서 이루어졌다. 그라초프가 참가하겠다고 동의한 PFP 외에도, 나토는 러시아와의 합동 회원자격을 확립했다. 그렇게 러시아 국방장관이 나토 회의에 참석(의결권은 제외)하고 나토에 주재하면서, 러시아와 나토를 잇는 연락장교의 역할을 할 선임장교를 파견할 필요가 생겼다. 그라초프는 이 일에 역점을 두어 최고급 장교를 배정했다. 그 장교가 후에 내게 이런 말을 했다. "내 군생활 대부분을 어떻게 하면 나토 전력에 핵무기 공격을 할 수 있을지 자세한 전술을 짜는 데 바쳤어요. 나토의 본부에 이렇게 서서 나토 장교들과 얘기를 나누고 합동평화유지훈련을 계획하게 될 줄은 꿈에도 생각지 못했죠."

평화유지훈련이 PFP의 활동 중 가장 중요했다. 내가 장관으로 있는 동안 다섯번의 주요 훈련이 있었는데, 두번은 미국에서, 두번은 러시아에서, 한번은 우크라이나에서 열렸다. 이 중 세번의 훈련을 직접 가서 보니 애초에 기대했던 것 이상이었다. 미 군사훈련에서 마땅히 기대할 만한 수준으로 세심하고 엄격하게 수행되었을 뿐 아니라, 바르샤바 협정국의 군대로부터 열성적인 참여를 이끌어냈다. 그들은 미군의 전문성에 감탄하며 미군들과 개인적인 친분을 쌓아갔는데, 이후로도 그 친분은 이어졌다. PFP 평화유지 활동 외에 미−러 재난구호 활동도 계획했다. 미 해군과 해병대가 재난구호 활동을 위해 하와이에서 러시아 해군과 해병대와 만나 해일피해 복구작업의 가상 훈련을 했다. 이 훈련은 전문적이었고, 오늘날엔 상상하기 어려운 친선적 분위기에서 이루어졌다.

인상적일 만큼 현실적 시각에 따라 시행된 PFP 평화유지 활동은 관련된 이들이 많은 교훈을 얻을 수 있었던 소중한 경험이었다. 실제로 평화유지 작전에 곧 돌입하게 되었기 때문이다. 1995년 12월, 우리가 평화유지 임무 — 평화유지 훈련이 아니라 — 를 띠고 보스니아에 들어갔을 때 대부분의 동유럽 국가들이 함께했다.[5] PFP가 그를 위한 동기부여가 되어 감사한 마음이었고, PFP 훈련으로 그들의 전문성이 높아지고 미국과의 합동작전 능력이 생겨 더욱 감사한 마음이었다.

보스니아 평화유지 임무는 내 임기 중 가장 대규모 군사작전이었다. 장관 취임선서를 하고 불과 이틀 만에 사라예보의 시장에 폭탄이 떨어져 68명의 민간인이 숨지는 일이 일어났다. 그 포탄은 사라예보가 내려다보이는 언덕에 배치된 수많은 보스니아 세르비아계의 대포에서 발사되었다는 것이 대부분의 생각이었고, 그것은 야만적인 보스니아 내전에서 보스니아 세르비아계가 저지른 수많은 만행 중 하나였다. 조지 H. W. 부시 행정부의 마지막 해인 1992년에 벌어진 그 전쟁은 그리스정교를 믿는 세르비아 종족과 가톨릭의 크로아티아 종족, 그리고 이슬람교도('보스니액'Bosniaks이라고 불리는)가 섞여 있는 보스니아 내에서 역사적으로 쌓여왔던 적대감이 분출된 경우였다. 슬로보단 밀로셰비치 세르비아 대통령이 히틀러에 비견될 만한 연설로 종교적 적대감에 불을 붙임으로써 전쟁을 조장했고, 적대감은 곧 파멸적이고 극단적인 민족주의로 발전했던 것이다. 표면적인 목적은 보스니아에서 절대적으로 많은 부분을 차지하는 세르비아계 영토를 세르비아에 합병하려는 것이었다. 세르비아인들이 보스니아 전역은 물론, 특히 수도인 사라예보에서 크로아티아인과 보스니액들과 섞여 살고 있었고, 수세대에 걸쳐 평화롭게 함께 살아왔기 때문에 단순하게 영토를 가르는 것은 불가능했다. 그럼에도 밀로셰비치의 민족주의적 웅변은 다른 집단들을 자극하여 맹렬한 내전을 촉발했다.

유럽 국가들은 보스니아 위기는 지역문제이므로 미국의 도움없이 해결할 수 있다고 공언했다. 부시 대통령은 그러한 판단을 기꺼이 받아들였다. 유엔은 미국이 참여하지 않은 평화유지군을 조직하여 보스니아에 배치했다. 유엔 보호군(UNPROFOR)의 작전은 참담할 정도의 실패로 끝났다. 언론보도에 따르면 내가 장관에 취임했을 즈음 전쟁으로 인한 사망자가 20만명이 넘었는데, 그 대부분이 보스니액이고 훨씬 더 많은 수의 보스니액이 고향에서 내몰리고 집단 수용소에 갇힌 상황이었다. 유엔군의 전력이 너무 약한데다가 매우 제한적인 교전규칙하에 작전을 수행했기 때문에 그러한 만행을 저지할 수가 없었던 것이다.

1995년에 접어들어 미국 대중은 보스니아에서 계속 자행되는 만행에 격분하기 시작했고, 많은 사람들이 미국의 개입을 지지했다. 개입할 수 있는 세가지 방안을 놓고 언론에서 토론이 벌어졌다. 그것은 유엔 평화유지군의 전력을 높이기 위해 미군을 평화유지군에 파병하는 것, '제재해제와 폭격,' 그리고 평화를 정착시킬 수 있을 만큼 강력한 군대를 새로이 나토 아래 조직하는 것이었다. 난 첫번째 안에 반대했다. 그건 질 것이 뻔한 카드에 돈을 두배로 거는 격이었고, 제한적인 교전규칙을 고려하면 더욱 그러했다. '제재해제와 폭격' 안역시 탐탁지 않았다. '제재해제'란 무기 금수조치를 해제하여 보스니액에게 무기를 제공하는 것이고 '폭격'이란 보스니아 세르비아계에 선택적 공습을 가하는 것인데, 경제적인 방안이기는 하지만 유럽 국가들이 주장하듯이 그것은 이미 보스니아에 배치되어 있는 유럽 평화유지군의 안전을 위태롭게 할 수 있었다. 훈련이 잘 된 강인한 보스니아 군을 저지하기 위해서는 '지상군 파병'이 꼭 필요하다고 난 믿었다. 하지만 미군이 나토군에 참가하는 방식으로 개입한다는 나의 선택지는 '제재해제'를 통해 보스니아에 무기를 보냄으로써 보스니액을 돕는 안에 대해 대중이 보인 열렬한 지지와는 맞지 않았다. 대중은 '제재해제' 방안이 돈이 적게 들고, 쉬우면서도 효과적인 방법이라고 잘못 알고 있었던 것이다.

6월에 내가 스탠퍼드의 졸업식에서 연설하고 있는데, '페리 — 보스니아에 무기를 보내라'라고 적힌 띠를 단 비행기가 경기장 위를 날아다녔다. 그다음 달에는 마가릿 새처 전 영국수상과 함께 애스펀 회의에서 연설을 했는데, 새처 전 수상은 '제재해제와 폭격'을 지지하는 입장에서 2차 세계대전 시 처칠 수상이 '우리에게 도구를 주면 우리가 알아서 처리할 겁니다'[6]라고 루스벨트에게 약속했던 경우를 비유적으로 들었다. 그래서 난 내가 얘기할 차례에, 미국이 그래서 정말로 영국에 '도구'(무기와 군함, 전투기)를 보냈었지만 '나머지도 처리하기 위해' 결국 다시 몇백만명의 '지상군 파병'을 해야 했다는 점을 청중에게 상기시켰다. 미 지상군 파병이라는 세번째 안을 지지하기는 했지만, 그것은 미군이 나토군의 일부로 참가하고 유엔군의 교전규칙보다 더 강력한 규칙하에 작전을 벌여야 한다는 사실을 전제로 한 것이었다.

그 법안이 제정되려면 나토의 주요국 정상들과, 누구보다도 클린턴 대통령이 동의해야 했다. 그러나 유럽 강대국들은 이미 군병력을 제공하고 있는 UNPROFOR를 전폭적으로 지지하고 있었다. 그러던 중 1995년 7월 보스니아 세르비아계는 스레브레니차를 점령하여 약 8천명의 보스니액 — 주로 성인남자와 소년들 — 을 잡아들였고, 그들을 도시 바깥쪽으로 몰고 가 처형한 후 거대한 공동묘지에 시체를 다 쓸어 넣어버렸다. 스레브레니차의 대학살로 불리는 이 잔악무도한 만행은 그 도시에 주둔한 유엔군이 무력하게 지켜보는 중에 일어났다. 이로써 유엔군을 파병한 유럽회원국들은 유엔군으로 충분하므로 더 강력한 군사행동이 필요없다고는 더이상 주장할 수 없게 되었다.

스레브레니차의 대학살이 벌어진 지 열흘 만에 주요국 외무장관들과 국방장관들, 그리고 미국과 나토 가입국과 러시아의 군 참모총장들이 런던에 모였다. 난 워싱턴으로 귀국해 클린턴 대통령 및 국가

1995년 8월, 런던에서 열린 보스니아 사태 관련 나토회의에 참석한 워런 크리스토퍼 국무장관(왼쪽)과 샬리카시빌리 장군(오른쪽). 그 회의는 보스니아 군사작전의 전환점이 되었다.

안보 팀과 회의를 가졌다. 그 회의에서 클린턴 대통령은 워런 크리스토퍼 국무장관과 내가 나토에 개입하기 위해 나토 동맹국을 향해 강경한 입장을 견지할 것을 인가했고, 나는 기꺼이 그렇게 했다. 다른 나토 동맹국의 장관들도 동참했다. 그 결과 스레브레니차의 인접도시인 고라즈데로 향하고 있는 군대를 당장 멈추고 모든 폭격을 중단하지 않으면 우리가 군사개입하여 그들 기지에 대규모 공습을 하겠다는 최후통첩을 보스니아 세르비아계에 보낼 수 있었다.[7]

그때까지 그들에게 맞섰던 군사작전이 별 효과가 없었으므로 보스니아 세르비아계는 그 최후통첩에 코웃음을 치고는 지상군 공격과 폭격작전을 계속해나갔다. 게다가 몇백 명의 유엔 평화유지군을 인질로 잡는 극단적인 도발까지 했다. 미국의 지휘하에 나토의 공군 부대가 보스니아 세르비아계 기지 일부를 궤멸했다. 처음으로 자신보다 우월한 군사대응을 당하자 보스니아 세르비아계는 마침내 물러섰다. 군사작전을 중단하고 협정(데이튼 협정)을 위한 테이블로 나오겠다고 밝혔다. 그 협정에 따라 유엔 평화유지군은 나토 평화정착 병력으로 대체되었다.[8] (오하이오주 데이턴의 라이트-패터슨 공군기지에서 이루어진 협상에 관련된 놀라운 이야기는 수석대표였던 리처드 홀부룩의 저서 『전쟁을 끝내기 위하여』에 자세하게 실려 있다.)[9]

1995년 11월에 마무리되어 그해를 넘기기 전에 파리에서 조인된 데이턴 협정에 따라 거의 6만명에 이르는 나토군 ― 그중 미군이 2만명 이상이다 ― 을 그해 말까지 보스니아 지역에 배치하기로 했다. 레이튼 스미스 미 제독이 전 나토군의 총사령관을 맡았고, 유럽군의 미 사령관인 조지 줄원 장군이 뛰어난 기술과 열정을 보이며 미군 병력을 맡았다. 줄원 장군 부대의 핵심부분은 독일에 주둔한 제2기갑사단으로 빌 내시 소장이 지휘하고 있었는데, 러시아 여단과 터키 연대와 북유럽 여단 역시 그가 맡았다. 북유럽 여단에는 PFP 프로그램 하에서 덴마크 군이 훈련을 책임지고 있던 발트해 군대도 포함되어 있었다. 러시아 국방장관은 최고로 훈련된 낙하산부대 하나가 나토 평화유지군에 참여하는 것을 인가했다.

어떻게 러시아 정부가 자신의 정예부대를 미 장성의 지휘 아래 두는 결정을 내렸는지는 지금 생각해봐도 믿기 힘들다. (그리고 지금은 다시 그런 일이 일어나리라고는 상상도 할 수 없다.) 보스니아 세르

1995년 10월 포트 라일리에서 의식용 기마를 타고 있는 그라초프 러시아 국방장관.

비아계의 만행을 저지하기 위해 새롭고 효과적인 행동을 취할 것을
명백히 했던 런던의 나토 회의에 참석했을 당시 러시아 쪽에서는 보
스니아의 평화정착 작전의 일환으로 여단을 보낼 의사는 있었지만,
그 군대를 나토의 지휘 아래 두는 것은 원하지 않았다. 나토 사령관
은 지휘권을 분할해서는 제대로 작전을 수행할 수 없다고 주장했고,
그것은 일리가 있는 말이었다. 1995년 10월에 클린턴 대통령과 옐찐
대통령이 회동하여, 두 국방장관들이 잘 해결하도록 맡기자는 데 동
의했다. 말이야 얼마나 쉬운가!

그라초프 러시아 국방장관과 나는 어떻게 하면 '잘 해결할' 수 있
을지 대책을 강구하기 위해 두달 동안 세번의 회의를 갖기로 했다.

제네바에서 가진 첫번째 회의는 완전 실패였다. 끝날 때쯤 애시 카터가 그날의 논의는 가망이 없으니 그냥 접고 다음에 만날 장소와 시간을 정하자고 제안함으로써 그나마 파국을 면했다. 다음 회의는 몇주 후 미국에서 갖기로 했다. 휑뎅그렁하게 큰 펜타곤 내 나의 회의실에서 가진 회의 첫날 우리는 보스니아 지휘권문제와 관련해 한 발자국도 나아가지 못했다. 자신의 부대는 절대 나토 지휘관의 지시를 받을 수 없다는 그라초프의 주장은 확고부동했다. 결국 나는 분위기를 전환할 셈으로 그라초프 국방장관에게 포트 라일리를 구경시켜주었고, 그는 거기서 의식용 기마(騎馬)를 탔다. 다음으로는 화이트먼 공군기지로 가서 그를 B-2의 조종석에 앉아보게 했다. 분위기가 누그러지기 시작했고, 마지막 회의 때 나는 드디어 '난제를 해결했다'. 그라초프가 자신의 부대가 나토 지휘관의 지시를 받는 건 안 되지만 미국사령관의 지시를 받는 것은 괜찮다고 한 것이다! 러시아 부대의 사령관이 러시아의 '국가상 지휘권'과 줄원 장군의 '작전상 통제권'과 빌 내시 장군의 '전술적 지휘권' 아래에서 작전을 수행하는 것을 그라초프 장군이 받아들이기로 잠정 합의했다. 이 이야기가 주는 교훈은 문구가 중요하다는 사실이다. 몇주 후 그라초프와 나는 브뤼셀의 나토 본부에서 만나 앞의 합의를 공식화하는 협정을 조인했다. 그 조인은 '나토+러시아=성공'이라고 적힌 포스터 옆에서 이루어졌다.

이런 배후사정과 함께 드디어 보스니아에서 적절한 대처를 하게 되었다고 믿었다. 그러나 샬리카시빌리 장군과 나는 몇번이고 국회에 불려가 증언을 해야 했는데, 한번은 어떤 하원의원이 경고하기를 우리가 보스니아에 지상군을 파병하면 매주 몇백개씩의 시체운

1995년 11월 미군의 보스니아 파
병에 대해 논의하고 있는 클린턴
대통령과 페리. ⓒ 백악관 사진실.

반 자루(미군 쪽 사상자)를 받게 될 거라고 했다. 미군부대가 위험해
질 것임은 틀림없었고 그래서 위험을 최소화하기 위해 모든 노력을
기울이려는 계획을 세우긴 했지만, 샬리카시빌리 장군도 나도 그러
한 전망엔 동의하지 않았다. 난 따로 클린턴 대통령을 만나, 미군이
어느정도 위험에 처하게 되는지 추정되는 결과와 그 위험을 최소화
하기 위해 어떤 대비를 하고 있는지 보고했다. 그는 상당한 군사력을
투입해 전쟁에 개입하겠다는 결정이 잘못되면 대통령직을 잃게 되
리라는 걸 잘 알지만 그것이 옳은 일이라고 믿는다면서, 계속 추진하
라고 했다.

　미군이 보스니아에 들어가기까지 몇주가 남은 11월, 독일의 주 기
지에 주둔한 제1기갑사단을 찾아가 우리가 왜 지상군을 파병하는지,

그리고 어떤 상황을 맞이할 것인지를 부대원에게 설명했다. 그다음에는 추운 날씨와 노변지뢰, 게릴라 작전, 전초기지에 대한 테러 공격, 암거래 등, 미군이 보스니아에서 겪게 될 상황의 씨뮬레이션을 보러 내시 장군이 세운 특수훈련 기지를 찾아갔다. 내시 장군은 그 무엇 하나도 운에 좌우되지 않도록 보스니아에 배치되는 모든 부대가 그 특수훈련을 반드시 받도록 했다. "평화 시에 많은 노고를 들일수록 전쟁에서 피를 덜 흘린다."10) 그리하여 지상군은 그해에 보스니아에서 대성공을 거두었다. 그들이 맡았던 보스니아 지역을 완벽하게 장악했다. 보스니액을 다시 그곳에 정착시키고 사회기반시설을 다시 짓기 시작했다. 그러면서도 사상자는 거의 없었다.

지상군이 보스니아 국경을 넘어 들어갈 때 그 부대를 방문했는데, 그것이 1996년에만 네번이었다. 처음에는 크로아티아의 집결지로 비행기를 타고 가서 군이 사바강 위에 설치한 부교(浮橋)를 그들과 함께 건너갔다. 다리를 반쯤 건넜을 즈음 다리에서 여전히 작업 중이던 전투공병 하나가 샬리카시빌리 장군과 나를 멈춰 세웠다. 그가 말하길, 자신의 복무기간이 그 주에 끝나는데 그 자리에서 입대선서를 하고 4년을 더 연장하고 싶다는 것이었다. 그래서 사바강의 한가운데, 살을 에는 추위에다 비는 내려 진창인 그 자리에서 샬리카시빌리 장군과 나는 그의 선서식을 집행했다. 우리 부대의 군인정신과 자신감을 보며 난 보스니아에서의 우리 작전이 성공할 것이라고 확신했다.

그해 늦은 봄, 두번째로 그곳을 찾았을 때는 미군부대만이 아니라 러시아와 발트해 여단도 방문했다. 내시 장군의 요청에 따라 거기에서 러시아 여단 사령관에게 국방부 메달을 수여했다. 러시아 사령관

1996년 1월, 사바강 위에 육군 공병들이 세운 부교를 건너 보스니아로 들어가는 페리와 샬리카시빌리 장군.

의 임무수행이 아주 뛰어났고, 보스니아 세르비아계가 러시아의 도보순찰을 평화적으로 받아들였기 때문에 러시아가 순찰에 참여하여 사상자를 크게 줄일 수 있었다고 내시 장군이 보고했기 때문이었다.

세번째 때는 추수감사절을 부대에서 보냈다. 마지막은 그들이 다시 독일의 기지로 돌아왔을 때였는데, 그들은 대단한 일을 해냈다는 성취감이 충만해 있었고 놀랍게도 이전 해 평화 시의 독일 파병 때보다 사상자가 더 적었다. (독일에서의 사상자는 주로 아우토반 사고로 인한 것이라고 들었다.)

보스니아 작전은 미군의 기술과 전문성을 입증한 예였다. 존 샬리카시빌리 장군과 조지 줄원 장군, 빌 내시 장군, 그리고 다른 사람들

1996년 보스니아의 초소 주변에서 나토의 팀에 속한 러시아군과 미군 병사가 그 지역의 소요상황을 지켜보고 있다.

이 힘을 합쳐 이 임무를 모범적인 평화정착 작전으로 만들어냈다. 나아가 나토의 영향력이 얼마나 큰지, 그리고 불과 몇년 만에 PFP가 얼마나 실질적인 힘을 지니게 되었는지도 보여주었다.

보스니아 작전은 또한 나토가 전유럽적 동맹이 된다면 훨씬 더 효과적이라는 사실을, 특히 러시아가 우리와 적대관계가 아닌 협력관계에 놓인다면 더욱 그러하다는 것도 증명해 보였다.

전유럽적 안보동맹을 형성하려 했던 그때의 노력을 돌이켜보면 PFP의 주요 역할과 처음 그것을 조직해야 했던 정당한 이유를 떠올리게 된다. 어떤 배경에서 PFP가 생겨났는지 잘 살펴보면 역사적 교훈을 얻을 수 있다. 2차대전이 끝남과 동시에 미국은 마셜플랜[11]을 이행했는데, 그것은 수십년 동안 서구유럽이 평화와 번영을 누리게 된 비결을 스스로 찾아낸 셈이었고 전쟁억제라는 광범위한 전략에도 핵심적이었다. 냉전이 끝나고 핵의 시대에 범유럽적 안보를 강화할 전략적 기회가 생겨나면서, 우리 쪽에서는 동유럽 국가들에 마셜플랜과 같은 종류의 계획이 필요하다고 주장하는 사람이 많았다. 그 나라들은 경제적으로 절박한 상황이었을 뿐 아니라 생겨난 지 얼마 안 된 민주주의정부는 상당히 위태로웠기 때문이다. 그 나라들이 붕괴할 경우 이제 막 움트기 시작한 광범위한 안보가 위협받을 것이 확실했다.

신마셜플랜은 현실화되지 못했지만 다행히 PFP를 만들어냈고, 그를 통해 동유럽에서의 전략적 안보목표를 촉진할 수 있었다. 결정적으로는 PFP를 통해 동유럽군의 장교들이 상대편 서유럽 군대를 높이 평가하며 모범으로 삼고자 하는 열망을 갖게 되었다. PFP의 경험은 또한 민주주의사회에서 군의 역할은 선출된 지도자를 지원하는 것이지 그들에 맞서 쿠데타를 벌이는 게 아니라는 점도 잘 보여주었다. 정말이지 나토군과 함께 일했던 경험은 광범위한 평화유지의 차원에서도 말할 수 없이 값진 것이었다. 보스니아 내전에 범유럽적으로 대응한 예를 들 수 있겠다. 전략적 측면에서 보자면 PFP는 가까운 미래에 우리와 동유럽 국가들이 군사적으로 대립하는 일이 없도록 보장하는 역할을 했다. 더욱 중요하게는 미국이 러시아와 협력하는 기반을 제공했다. 사실 PFP가 아니었다면 보스니아 작전에 러시아의 참전을 이끌어내지 못했을 거라고 본다. 러시아 여단이 미군 사단장의 지휘를 따르게 할 수 없었을 것도 확실하다.

그러나 PFP 성공은 그 나름의 문제점도 있었다. 대부분의 PFP 참가국은 그를 통해 나토 회원이 될 수 있다고 보았기 때문에 참여하고 있었다. 그러니까 모두가 서구 안보팀의 일원이 되고자 했던 것이다. 나 자신도 그러한 열망을 전적으로 지지하긴 했지만 남달리 민감한 장기적인 사안들, 단기적·정치적 지형과 상충하는 그런 사안들을 고려하면 나토의 가입은 시간이 필요했다. 적당한 때를 찾는 게 가장 중요했다. 우리 시대에 안보문제를 함께 해결하는 것이 거기에 달려 있었다.

따라서 나는 동유럽 국가의 수도를 방문하여 나토 회원의 규준을 설명하면서 참고 기다려달라고 부탁하고, 기다리는 동안 그 나라들이 계속해서 PFP에서 왕성한 활동을 보여줄 것을 촉구하는 데 많은 공을 들였다. PFP가 그냥 커다란 성공인 정도가 아니라 대단한 성공이었음은 어디서나 확인할 수 있었다. PFP에 참가한 지 3년이 지나자 해체된 소련에서 근래에 독립한 발트해 연안국을 비롯한 모든 동유럽 국가들이 모두 나토에 가입하길 원했다. 그로부터 5년이 지나서가 아니고, 그로부터 3년이 지나서도 아니고, 그때 바로 당장!

나토를 확대하는 문제에 전략적으로 신중하게 접근할 필요가 있다는 점은 러시아와의 관계에서 절대적이었다. PFP에 대한 열의가 전반적으로 커져가면서 러시아는 적극적인 PFP 회원이 되어 나토 회의에도 참석하고 있었지만 동시에 모순에 처해 있음을 알게 되었다. 러시아는 전통적으로 동유럽 국가들, 특히 그 주변의 국가들이 나토에 가입하는 것에 반대해왔기 때문이다. 러시아에 나토는 여전히 잠재적 위협이었는데, 이제는 동유럽 국가들이 그 위협에 대한 완충역할도 하지 못하게 된 상황이었다. 그럼에도 결정적인 순간에 러시아는 그 나라들이 PFP에 참여하는 것을 긍정적으로 받아들였다. 사실 그들 자신도 적극적으로 그에 참여했던 것이다. 그리고 드디어 보스니아 임무에서 미군 사단장의 지휘 아래 그들의 정예부대가 작전을 수행하도록 함으로써 중대한 돌파구를 만들어냈다. 그러나 러시아가 그들 지역의 안보문제에서 새로운 전망으로 당장 전환하지는 않을 것임은 확실했다. 따라서 나토를 확대하는 일을 무리하게 밀고 나가기에는 시기가 좋지 않다는 게 내 생각이었다. 무엇보다 중요한 것은, 러시아와의 관계를 진전해나갈 필요가 있었는데 이 시점에 나토를 확대한다면 그 흐름이 역행할 수 있다는 점이었다. 그리고 이 시점에서 관계가 퇴행하면, 냉전이 끝난 이후부터 공들여 쌓아온 긍정적 관계를 망쳐버리게 되리라 믿었다. 핵의 시대에 많은 것이 좌우될 수 있는 전도유망한 길에 이제야 비로소 들어서게 되었는데 그 흐름을 무한정 후퇴시킬 수 있었다. 동유럽 국가들이 종국에는 나토에 가입하게 될 것이고, 또 그래야 한다고 믿었다. 하지만 지금은 상대편 핵강대국인 러시아를 서구의 안보영역 안으로 끌어들이는 데 더 많은 노력과 시간을 들여야 한다고 보았다.

1996년, 당시 국무부 차관보였던 리처드 홀브룩이 폴란드와 헝가리와 체코공화국, 그리고 발트해 연안국을 포함해 많은 PFP 회원국을 한번에 다 나토에 가입시킬 것을 제안했을 때 나는 극력 반대했다. 당시 나의 생각은 이러했다. 그 계획을 2~3년만 미뤘으면 한다. 그때쯤이면 러시아가 서구 안보체제 내의 자신의 지위를 안심하고 받아들여 그것을 안보위협으로 여기지 않게 될 것이다.

그러나 홀브룩은 절대 물러서려 하지 않았고 그의 제안이 힘을 얻기 시작했다. 난 클린턴 대통령을 만나 우려를 전하면서, 나토 가입을 연기해야 한다는 주장을 표명할 수 있도록 국가안전보장회의 전체회의를 소집해줄 것을 요청했다. 대통령은 그 사안을 논의하기 위한 국가안전보장회의를 소집했고, 난 몇년간 나토 가입을 연기해야 한다는 주장을 피력했다. 그 회의의 역학관계는 놀라워서, 워런 크리스토퍼 국무장관도, 앤서니 레이크 안보담당 보좌관도 전혀 발언을 하지 않았다. 대신 고어 부통령이 나서서 반대발언을 했는데, 그는 즉각적인 나토 가입을 옹호하는 단호한 주장을 펼쳤고 대통령은 그 주장이 더 설득력이 있다고 보았다. 그래서 폴란드와 헝가리와 체코공화국을 바로 가입시키는 데 동의하는 대신 발트해 연안국의 경우는 좀더 지켜보자며 유보했다. 고어 부통령의 주장은 동유럽 국가를 유럽 안보체제 안으로 끌어들이는 일이 중요하다는 데에 근거를 두었는데, 나도 그 점에는 동의했다. 그는 또한 러시아와의 사이에 생겨날 수 있는 문제는 우리가 잘 해결해나갈 수 있을 거라 믿었는데, 거기에는 동의할 수 없었다. 나는 러시아와 우호관계를 유지해나가는 일이 나토의 확대를 몇년간 유보하는 일과 결부되어 있다고 보았기 때문이다. 그리고 다시 말하지만 근본적으로 중요한 이유는 이것이었다. 러시아가 아직 엄청난 규모의 핵무기를 보유하고 있기에 러시아와 우호관계를 유지하는 일이 먼저라고 보았다. 그것이 앞으로 핵무기의 위협을 줄여나가는 일과 관련되므로 특히 그러했다.

내 입장은 확고했으므로 장관직에서 물러날 생각도 했다. 그러나 나의 사퇴가 폴란드와 헝가리와 체코공화국의 나토 가입을 반대하는 것으로 오해받을 수도 있었다. 가입 자체에 대해서는 적극 찬성이었고 단지 지금은 때가 아니라고 보았던 거니까. 결국 계속 관여해 어떻게든 불신을 없앨 수 있기를 희망하며 장관직을 계속하기로 결정했다. 사실 클린턴 대통령은 내가 원하는 것 ─ 내 의견을 피력할 기회 ─ 을 다 들어주었다. 불행히도 내가 그들을 제대로 설득하지 못했을 뿐이었다.

그 중차대한 결정을 돌이켜보면 나토 가입을 미루기 위해 내가 좀 더 효과적으로 싸웠어야 했다는 후회가 든다. 클린턴 대통령이 소집한 안전보장회의가 열리기 전에 워런 크리스토퍼와 토니 레이크를 일대일로 만나봄으로써 나토 확대결정을 연기해야 한다는 입장에 지지를 모을 수도 있었다. 내 주장을 담은 문서를 작성하여, 회의 전에 모든 위원들에게 배포해달라고 대통령에게 부탁할 수도 있었을 것이다. 아니면 사퇴하겠다는 결심을 밀고 나갈 수도 있었다. 아무려나 러시아와의 불화는 결국 일어났을 수도 있다. 하지만 아직은 그렇게 인정하고 싶지 않다.

1996년은 미국과 러시아의 관계가 정점에 이르렀던 해였다. 그 우호적이고 건설적인 관계가 양국 모두에 가장 이득이었으므로 지속해나가야 마땅했다. 그러나 다음 장에서 서술하겠지만 이후 양국의 관계는 거의 냉전시대에 버금갈 정도로 악화되게 된다. 지금 우리는 적어도 양편에게 가장 중요한 안보문제에서라도 협력하는 분위기를 다시 만들기 위한 힘겨운 싸움을 하고 있다. 그 안건들 중에서 최우선 순위는 핵무장 테러리즘과 지역차원의 핵전쟁을 막는 일이다.

"오점 없이 완벽한" 아이티 침공작전과
서반구 안보를 위한 연대구축

> 미국 국가안보상의 방어최전선인 서반구 내의 관계는 이러한 원칙들에
> 따라야 한다. 안보협력과 모든 시민들이 번영할 수 있는 기회의 제공과
> 친선으로 결속된 완전히 민주주의적인 서반구가 여전히 우리의 목표다.[1]
> ──2007년 4월,『과학과 법과 기술』잡지 국가안보 특집, CRC 출판사

러시아와의 관계유지가 확실히 기존의 핵위험을 줄이는 데 핵심이었지만, 핵무장 테러리즘과 같은 새로운 핵안보 사안들이 출현하고 있었고 이 사안을 처리하기 위해서는 서반구의 국가들을 포함한 다른 나라들과의 긴밀한 안보관계가 필요했다. 그런데 역사적으로 펜타곤은 그러한 관계에는 별 신경을 쓰지 않았다.

지금에 와서 생각해보면 거기에는 몇가지 원인이 있었다. 의도하지는 않았지만 냉전 탓에 미국의 안보 관심사는 소련과 소련이 영향력을 확장하고자 하는 지역에 집중될 수밖에 없었다. 그 결과 유럽에 20만명 이상, 아시아에 10만명 이상 규모의 미군기지가 있고 강력한 태평양 함대도 있었다. 유럽에 상당한 부대를 배치하고 있는 강력한 나토 동맹국인 캐나다를 제외하고 펜타곤은 서반구 국가들에 거의 관심을 두지 않았다. 국방장관이 임기 중에 그곳의 나라들과 깊이 관계를 맺은 적도 없고, 그곳을 방문하여 유대관계를 맺으려 한 적도

없었다. 그런데 바야흐로 변화가 찾아왔다. 그 변화는 한편으로는 냉전이 끝났기 때문이었다. 하지만 그것은 안보는 국내에서 시작된다는 나 자신의 견해를 반영한 것이기도 했다.

그런 나의 견해와는 상관없이 서반구 내의 안보문제는 급작스럽게 생겨나 바로 내 책임으로 떨어졌다. 장관직에 올랐을 당시 아이티의 안보위기는 악화일로를 걷고 있었다. 1991년 아이티의 군부가 민주적으로 선출된 대통령인 장 베르트랑 아리스티드를 축출했다. 군부는 허수아비 대통령을 그 자리에 앉혔고 수장인 라울 세드라스 장군이 권력을 장악하고 군부통치를 시작했다. 미국은 세드라스 장군에게 권력을 내놓고 아리스티드 대통령을 합법적인 대통령직에 복귀시키라고 요구했다.[2] 세드라스 장군이 거절하자 미국은 군사행동을 취하겠다고 위협했고, 클린턴 대통령은 내게 침공계획을 세우라고 했다. 난 대서양 사령부의 총사령관인 폴 데이비드 밀러 제독에게 계획을 세우고 침공에 필요한 병력을 모을 것을 명했다.

밀러 제독은 병력을 모아 재배치하면서 대단한 기지를 보여주었다. 아이티에 공중투하로 진입하기 위해 캘리포니아의 포트 브랙에 주둔한 제82공수사단을 포프 공군기지에 결집시킨다. 제10산악사단은 항공모함에 주둔하고 있다가 공중투하 이후 헬리콥터를 타고 진입하여 평화유지군으로 활동한다.[3] 아이티에는 공군이 없었으므로 밀러 제독은 항공모함의 사령관들에게 전투기를 지상기지로 이동시키고 그 대신 헬리콥터와 제10산악사단을 항공모함에 태우라고 했다. 바다를 통해 진입하는 동안 군기지에 앉아서 기다려야 한다는 계획을 항공모함의 조종사들이 달가워하지 않았다는 건 두말할 필요도 없다. 계획된 침공 전날 난 아이티에서 몇십 마일 떨어져 주둔 중인 항공모함으로 날아가 군배치 상황을 살펴보았다. 밀러 제독의 뛰어난 계획은 정말 인상적이었고, 그래서 작전의 성공을 확신할 수 있었다.

하지만 우리는 침공이 불가피해지기에 앞서 외교로 해결되기를 바라고 있었다. 카터 전 대통령과 쌤 넌 상원의원, 그리고 그즈음 퇴역한 콜린 파월 장군 — 걸출하고 남다른 외교팀이 아닐 수 없다 — 은 아이티로 와서 해결방안을 협상해보자는 세드라스 장군의 제안을 받아들였다. 세드라스가 대통령직을 아리스티드에게 다시 이양해야 한다는 클린턴 대통령의 무조건적인 요구를 들고 그들이 아이티로 갔다. 세드라스 장군이 그 요구를 거절했다는 카터 전 대통령의 보고가 들어왔고 그래서 우리는 침공계획을 실행하기 시작했다.

미군부대를 아이티로 진입시키기로 정해놓은 1994년 9월 18일 일요일, 부대의 진격상황을 보고하러 대통령 집무실로 들어갔다가 미국 외교팀이 아직 아이티에 있다는 말을 듣고 경악했다. 분명 그들은 자세한 침공계획을 모른 채, 협상을 접고 귀국하라는 클린턴 대통령의 지시라는 카드를 아직 펼치지 않고 여전히 아이티에서 세드라스와 함께 있었던 것이다. 카터 전 대통령이 클린턴 대통령에게 전화를 걸어, 좀더 머물며 마지막으로 한번 더 회담을 하자고 했고 합의를 확신한다고 알려왔다. 그 대화가 공개통화로 이루어졌기 때문에 클린턴 대통령은 우려되는 상황을 알리지는 않고 즉시 그곳에서 나오라고만 지시했다. 실망했을 것임이 분명한 카터 전 대통령이 회담을 접으려 하는 순간 아이티 보좌관이 세드라스의 집무실로 뛰어 들어

1994년 클린턴 대통령이 집무실에서 각료들과 아이티의 위기상황을 논의하고 있다.
© 백악관 사진실.

와 미 공수사단 병력이 막 포트 브랙에서 출격했다고 알려왔다. 세드라스가 포트 브랙과 그 근처의 포프 공군기지를 감시하는 요원을 지상에 배치해놓았음이 분명했다. 그 소식을 듣자 세드라스는 바로 기세가 꺾이더니 권력을 내놓겠다고 했다. 그렇게 해서 카터 전 대통령은 원하던 합의를 끌어내게 되었지만, 미군의 침공소식이 세드라스에게 전해지지 않고도 그게 가능했을지는 모를 일이다. 난 즉시 공수사단 병력에게 포트 브랙으로 돌아올 것을 명령하고, 밀러 제독에게는 시행되기 직전이었던 헬리콥터 침공작전을 이튿날의 평화적 상륙으로 바꾸라고 지시했다. 미군 쪽에서든 아이티 쪽에서든 한명의 사상자도 없이 미군은 평화유지군으로 아이티에 진입했다. 이 상륙은 '오점 없이 완벽한 침공'이라 불리게 되었다.

이 사건이 해피엔딩으로 끝나긴 했지만 그것은 강압외교가 갖는 예측불가능한 변수의 위험 또한 보여주었다. 소통과정이 약간만 달랐더라도 아주 다른 결과 — 별로 해피엔딩이라고 볼 수는 없는 — 가 초래될 수 있었다. 정말이지 소통이 부족해서 혹은 그저 상대편의 의도를 잘못 알아서 군사충돌이나 심지어 전쟁이 발발한 예는 지금까지의 역사에서 넘치도록 많다. 그런데 핵의 시대에 그런 오판은 상상할 수도 없는 참혹한 결과를 가져올 것이다.

며칠 후, 샬리카시빌리 장군과 나는 아이티로 가서 세드라스 장군을 만났고, 중앙아메리카에 안전한 피신처를 마련해놓았다고 설명했다. 그는 처음에는 아이티를 떠나는 것을 탐탁지 않아 하면서 다른 방안을 놓고 협상을 시도했다. 그래서 결국 협상을 하는 게 아니라 지시를 하는 거라고 말해주지 않을 수 없었다.

두 달 뒤, 추수감사절에 리와 나, 샬리카시빌리 장군과 그의 부인 조앤, 존 머서 하원의원과 그의 부인 조이스, 그리고 매들린 올브라이트 대사는 아이티로 가서 아리스티드 대통령을 만났고, 그다음 우리 부대원들과 추수감사절 만찬을 함께했다. 우리가 공항에 내렸을 때 미군 군의관들이 치료 중인 아이티 아기들을 보여주었다. 추수감사절 축하연에서 대통령으로 복귀한 아리스티드는 내게 살아 있는 칠면조를 선물했다. 칠면조(와 미 국방장관)를 빼고는 모두 다 그걸 보고 아주 즐거워하는 것 아닌가!

이제 동맹국인 캐나다의 군까지 합세하여 평화유지 작전은 유능하고 잘 훈련된 미군의 통제하에 순조롭게 진행되었다. 미국으로서는 다행스럽게도 유엔은 1995년 3월에 평화유지 임무를 공식적으로 인계받았다. 당시 수면 위로 떠오르기 시작한 보스니아 위기에 대처하기 위해 미군이 빠져나오고 캐나다 군이 그 유엔 병력의 상당부분을 떠맡았다.

아이티의 평화유지 작전이 처음으로 떠맡은 서반구 안보문제이긴 했지만 그에 대한 나의 관심폭이 점점 넓어지리라는 건 이미 알고 있었다. 세계는 새로운 시대를 맞이하고 있었다. 냉전은 끝났지만 핵위기는 끝나기는커녕 더 복잡해졌다. 미-러 핵 교착상태가 사실상 전적인 관심의 대상이었던 때의 사고방식은 이제 더이상 통하지 않았다. 달라진 상황에 맞는 새로운 사고방식이 필요했고, 그것도 지금 당장 필요했다. 많은 지역의 핵물질과 핵시설에 대한 철저한 보안이 갈수록 요구된다는 신호를 비롯하여, 냉전이 끝난 직후 격변의 시기에 여기저기서 터져 나오는 신호를 살펴보면 안보문제에, 무엇보다 서반구 특유의 문제에 전지구적으로 관심을 가져야 한다는 짐은 너무나 분명했다.

난 이 기회를 잘 이용하기로 했다. 장관에 임명된 지 불과 세달 만에 이웃나라 캐나다를 방문했다. 그다음 또다른 이웃인 멕시코를 방문할 계획이었는데, 멕시코가 역사적으로 미군을 별로 좋아하지 않는다며 국무부에서 만류했다.

난 그 주장이 잘 납득이 되지 않았다. 이 책 전체에서 확인할 수 있듯이 과거나 현재에 서로 대립하던 민족들도 어떤 공동의 이해관계가 생기면, 특히 아주 심각한 사안일수록 효과적으로 협력하는 모습을 보여주었다. 그래서 멕시코와 안보에 대한 대화를 시작하는 문제에 대해 내 나름으로 조사를 해보았고, 그 일환으로 주미 멕시코 대사를 만나보기도 했다. 곧 서반구 이웃나라들과 안보문제를 함께 논의하고 계획을 세우기 시작하면 좋은 결과가 나오리라는 결론을 내렸고, 그래서 멕시코 국방장관을 미국으로 초청했다. 그가 수락했고, 회담은 화기애애하면서 실속이 있었다. 그에 대한 답으로 그가 이번엔 나를 멕시코로 초청했고, 난 기꺼이 응했다.

놀랍게도, 미 국방장관이 멕시코를 방문한 것은 그때가 처음이었다. 멕시코 방문은 정치적으로나 안보적으로나 대성공이었다.

이것을 더 밀고 나가 브라질과 아르헨티나, 베네수엘라, 칠레까지 방문일정을 잡았다. 그 일련의 회담에서 국방장관들과 나는 서반구의 모든 국방장관들이 함께하는 회담이 여러모로 유익할 거라는 데 의견을 같이했으므로, 그러한 회담을 조직하는 일에 착수했다. 1995년 7월, 쿠바를 제외한 34명의 국방장관들이 전부 버지니아의 윌리엄스버그에서 만나 안보관심사(마약거래와 그에 관련된 폭력에 맞서 싸우는 일이 우선순위였다)에 대해 의미있는 논의를 했다. 처음에는 상당히 회의적이었던 아르헨티나 장관이 아마 회담결과에 대해서는 가장 열광적이었을 것이다. 그는 2년마다 모임을 갖자고 제안하면서 다음 모임은 아르헨티나에서 열겠다고 했다. 이후로 모임은 계속되었고, 미국이 서반구 이웃나라들에 대해 새로이 관심을 보이면서 서반구 국방연구센터를 설립하는 데에 이르렀다. (영광스럽게도 2013년에 국방수권법에 따라 그 센터가 서반구 국방연구 윌리엄 J. 페리 연구소로 명칭이 변경되었다.)[4]

군사역량과 삶의 질 간의 '철의 논리'

당신 군대를 잘 돌봐주세요. 그럼 군대가 당신을 잘 돌봐줄 겁니다.
— 1994년 2월, 미군 선임하사인 리처드 키드 원사가 페리에게
(원문 변형)

내 취임식에 이어 열렸던 축하연에서 키드 선임하사가 내게 해준 조언은 오랫동안 내 맘속에 남아 있었다. 이후 몇달 동안 자주 그것을 곱씹으면서 그 조언을 따르리라 마음먹었다. 군대의 사기와 훈련이 군사력의 핵심이라고 믿었고, 내가 통솔하게 된 군사력이 세계 최고임을 알았다. 어쩌면 그 규모로 치자면 세계에서 가장 유능한 군대일 것이다. 내가 그 사실을 인지하고 있었을 뿐 아니라, 더 중요하게는 세계 강대국의 군사지도자들 역시 그랬다. 재래식 병기 면에서의 미군의 뛰어난 역량에는 그것이 핵무기 비중을 최소화해서, 핵무기를 사용할 가능성은 물론 그것을 사용하겠다는 위협까지도 줄일 수 있었고 그럼으로써 전세계적으로 핵무기의 수를 줄이기 위한 합의를 밀고 나갈 수 있다는 중요한 의미가 있었다. 현재 우리가 사는 핵의 시대에서 이 점이 얼마나 중요한지는 아무리 강조해도 지나치지 않다.

미군의 군사우위는 이라크와 처음으로 전쟁을 벌였던 1989년 '사

막의 폭풍' 작전 당시 극적으로 입증되었다. 아이티와 보스니아에서도 마찬가지의 성공을 거둘 것이라고 믿어 의심치 않았고, 상황은 매우 달랐지만 결과는 같았다. 내가 이 뛰어난 군사역량에 일종의 집사역할을 해야 한다는 것을, 즉 우리 군의 수준을 잘 유지하여 후임자에게 넘겨줄 책임이 있다는 것을 알았다.

하지만 어떻게? 재래식 병력의 역량은 타의 추종을 불허할 만큼 우월한 무기장비에서 비롯되었고, 1970년대 말 연구기술 차관이었을 당시 난 '상쇄전략'을 계발하고 시행하는 중요한 역할을 맡았다. 유능하고 의욕있고, 잘 통솔된 군인들 또한 병력만큼 중요하다고는 믿었지만 이 점에서는 그에 비할 만한 경험이 전혀 없었다. 이 임무를 어떻게 수행할지 곰곰이 생각해본 후, 사업을 하면서 키웠던 지도력이 유용하기는 하겠지만 의욕과 사기로 충만한 군인들을 길러내려면 다른 요소도 더 필요하리라고 판단했다.

리처드 키드 선임하사가 해준 '당신의 부대를 잘 돌보라'는 조언은 훌륭한 조언이었고 그 가치를 바로 깨달을 수는 있었지만 그것을 어떻게 따라야 할지는 여전히 불확실했다. 하지만 어디서 시작해야 할지는 분명히 알았다. 그것은 바로 나의 지원병 시절의 경험에서 나온 것이었다. 나는 모든 군인들의 행복한 삶이 얼마나 중요한지 여실히 느꼈다.

군대에서 어느 부서의 어디를 가든 난 부사관(NCO)들에게서 최고의 재능을 발견했다. 선임군사보좌관 폴 컨 소장이 말하기를 미국 부사관의 우수함은 다른 나라 군사력에 비해 '일방적 경쟁우위'를 갖는다는 데 있으며 우월한 기술만큼이나 중요하다고 했다. 따라서 그것의 유지를 최우선과제로 삼아야 한다고 주장했다. 사병들은 규모 축소와 예산삭감, 시설의 낙후 등으로 결정적인 타격을 받고 있으니 직접 가서 그들이 어떻게 살고 있는지 볼 것을 권했다. 난 기꺼이 그렇게 하기로 했다. 수천명의 사병들을 찾아다니며 대화를 나눈 결과, 난 중요한 교훈을 얻었고 그것을 '철의 논리'라 불렀다. 그것은 우리 전투력의 질은 군인가족들의 삶의 질과 바로 연결되어 있다는 사실이다. 그들을 찾아가 얘기를 나누는 동안 그 '철의 논리'를 이해하고 그 교훈을 어떻게 실행할지도 아주 명백해졌다.

나를 교육시키기 위해 컨 소장은 각 군의 선임부사관들과 일련의 회의를 마련했다. 처음엔 각 군의 선임부사관과 따로 자리를 했고[1] 그다음엔 한꺼번에 모여 그들이 내게 조언을 하는 식이었다. 분기마다 다른 군사기지를 방문했다. 그때 '방문의 규칙'은 각 기지의 선임부사관이 자신이 보기에 중요하다고 생각되는 곳을 중심으로 나에게 무엇을 보여줄지 계획을 짜는 것이었다. 장교는 전혀 관여하지 않았다. 다시금 '현장방문경영'—내가 사회생활을 시작한 지 얼마 안 되었을 때 정말 성공적인 방법임을 터득했던 그 접근법—을 군에서도 하게 될 것이었다.

각 기지에 도착했을 때는 사령관이 우리를 맞아주지만, 그다음에는 사병들과의 프로그램을 계획해놓은 그 기지의 선임부사관이 책임을 넘겨받는다. 프로그램에는 항상 '시연하며 설명하기'가 포함되어 있지만 가장 많은 것을 얻을 수 있는 자리는 예외없이 사병들과의 소규모 토론이었다. 장관직에 있는 동안 난 수천명의 사병들과 공개대화의 자리를 가졌다. 그들이 긴장해서 국방장관인 나와 솔직한 대화를 나누지 못하리라 생각했었는데, 전혀 그렇지 않았다. 돌아오는 비행기 안에서 나와 컨 소장은 그동안 알게 된 것들을 갖고 선임부사관과 논의를 하고 그들의 비평을 수렴했다. 이러한 수많은 방문과 대화를 통해서 우리 병사들이 처한 시급한 문제들을 알 수 있었고, 우리 사병들의 최고의 자질 덕분에 우리가 누리는 '일방적 경쟁우위'를 계속 유지하기 위한 방안을 짤 수 있었다.

부사관군단이 최고 능력을 갖는 데에 미군의 집중적인 훈련 프로그램이 근본역할을 한다는 것을 알게 되었다. 이 훈련 프로그램은 부사관 기간 내내 강도 높게 이루어진다. 다른 나라의 어떤 군에서도 이와 유사한 것을 찾아볼 수 없다. 그런 면에서라면 산업분야를 통틀어도 비슷한 것을 찾아볼 수 없다. (그나마 가장 근접한 것이 2차대전이 끝난 뒤 몇십년 동안 IBM에서 수행했던 훈련 프로그램이라고 하겠는데, 그때에는 IBM의 기술자들과 판매 담당자들이 오랫동안 IBM에 남아 일을 하는 게 보통이었으므로 IBM으로서는 훈련에 투자한 금액을 충분히 회수할 것이라 믿었다. 컴퓨터 산업이 성장하면서 IBM이 훈련시킨 기술자들을 다른 회사들이 데려가기 시작하기 전까지는 그랬다.) 미군 측에서 돈이 많이 드는 집중훈련 프로그램의 이점을 완전히 깨달으려면 부사관의 재복무 비율이 아주 높아야만 했다. 내가 사병들로부터 들어서 알게 된 바에 따르면, 입대는 자신들이 알아서 하지만 재복무는 가족에게 달렸다는 것이었다. 높은 재복무 비율과 군인가족의 삶의 질에 대한 만족도 간의 관계는 반박의 여지없이 분명했다.

'철의 논리'가 우리 병력의 전투력과 그 가족의 삶의 질을 함께 엮고 있다는 결론을 내린 후 나는 전세계의 미군기지에 필요한 개선작업을 하기 위해서 필요한 150억 달러를 특별히 추가책정해줄 것을 클린턴 대통령에게 제안했다. 펜타곤의 수많은 냉소적 구경꾼들에게는 너무 놀랍게도 대통령이 그 제안을 받아들였다. 그 돈은 군인가족에게 특히 중요한 어린이집 같은 항목에 아주 요긴하게 쓰였다. 하지만 누군가 자신들의 얘기에 귀를 기울인다는 강렬한 느낌, 누군가는 자신들의 문제에 관심을 보인다는 그런 느낌이 군인가족들 사이에 널리 퍼졌다는 사실이야말로 그렇게 가시적인 프로그램들로부터 얻어낸 가치보다 훨씬 컸다.

그런데 삶의 질 면에서 가장 커다란 사안이라고 할, 미군기지의 열악하고 노후된 관사문제 해결에서 그 예산은 단지 시작일 뿐이었다. 매해 국방예산에는 신축관사를 위한 예산이 책정되었는데, 보동 몇십억 달러 정도였다. 그러나 당장 필요한 관사를 짓는 데만 해도 몇천억 달러가 들 것이었다. 그래서 해가 갈수록 상황이 나아지기는커녕 점점 더 나빠지는 것이었다. 부사관과 장교들 할 것 없이 많은 군인가족들이 수준 이하의 주택에서 살고 있었다. 기지를 돌아다니면서 목격한 주거상황이 얼마나 열악한지 당황스러울 정도였다. 그러나 단지 그런 주관적 느낌 때문만이 아니라, 이 문제를 해결하지 않으면 양질의 전투력 유지라는 우선목표를 이룰 수 없다는 객관적인 사실('철의 논리')이 있었다.

이 상황을 개선하겠다는 굳은 마음을 먹고 경제안보 차관보인 조슈아 갓바움을 시켜 불충분한 의회예산에 의존하지 않고 민간자본을 이용해 관사문제를 해결할 방안을 찾아보도록 했다. 민간업체들이 자본을 들여서 미군기지에 주택을 지을 수 있으리라 예상했기 때문이다. 그런 후 군인들이 매달 받는 주택수당만큼의 임대료를 받고 그 주택을 군인들에게 임대하는 것이다. 그렇게 되면 책정된 예산을 사용하지 않고도 훌륭한 주택을 공급할 수 있으리라고 보았다. 조슈아는 각 군 참모부장—모두들 관사가 심각한 문제라고 보고하면서 해결방안을 찾기 위해 인력을 보태는 데 동의했다—으로부터 힘을 얻어 군의 모든 부문에서 나온 대표들로 관사문제를 위한 실무 그룹을 조직했다. 1995년 초 이 그룹은 새로운 권한의 범위 및 기존권한의 탄력적인 운용을 제안했는데, 이른바 '군 관사' 제안이었다.

조슈아가 하는 일을 보완할 셈으로 난 예전에 육군 장관을 했던 잭 마시를 의장으로 하는 '삶의 질에 대한 마시 태스크포스'를 임명했다. 마시 태스크포스는 1995년 가을에 결과보고서를 제출했는데, 실무 그룹의 제안에 전적으로 동의했다.

제대로 가고 있다는 것을 확인했으므로, 난 새로운 제안을 들고 국회의 승인과 예산책정을 담당하는 위원회의 원로의원들과 여러차례 조찬을 함께했다. 그리고 난 후 조슈아가 법안에 대해 증언하고 협상을 한 결과 1996년에 법안이 제정될 수 있었다. 법안은 5년 동안은 임시로 운용되고 그다음에 영구적인 승인을 받을 수 있게 했다. 가능한 한 빨리 프로그램을 시작할 수 있도록 조슈아가 임시집무실을 마련했고, 그것은 나중에 '주거공동체 계획'으로 대체되었다. 삼군이 이 프로그램을 열렬하게 환영했고, 그것은 그후 줄곧 사실상 미국의 모든 군인주택—약 20만가구—을 개조하기 위해 가동되었다.[2] 장관직에서 물러난 후 미군기지를 방문할 기회가 있었는데, 그때 새로운 주택을 돌아보았다. 그 규모나 수준에 대단한 자부심이 들었다. 처음의 기대를 훨씬 넘어섰던 것이다. 나의 후임자들이 그 중요성을 알고 열성적으로 그 프로그램을 추진해나간 것에 대해 항상 감사한 마음이다.

사병들과의 대화에서 얻게 된 또 하나의 교훈은 군병력의 우수함과 제대군인 원호법을 연결하는 '철의 논리'였다. 그것이 나 자신의 교육에도 그렇고, 2차 세계대전 이후 제대한 모든 세대들에게 아주 중요한 역할을 했다는 것은 잘 알고 있었다. (거의 8백만명의 2차대전 참전군인들이 제대군인 원호법을 유용하게 이용했고, 궁극적으로 미국의 경제와 전지구적 경쟁력과 생활수준이 그로부터 대단한 수혜를 입었다.) 기지를 돌아보면서 수많은 젊은 병사들에게 입대한 이유를 물었을 때 그 대답은 대부분 이런 식이었다. "대학등록금을 댈 경제적 여유가 없었어요. 그래서 제대군인 원호혜택을 받으려고 입대했습니다." 그런 식으로 제대군인 원호법은 수준 높고 야심있는 젊은이들을 군대로 끌어모으는 주요한 요인이 되었다. 그 사병들이 제대하여 민간인이 되었을 때 많은 수가 그 법의 혜택을 받았다. 어떤 사병들은 뛰어난 훈련과정을 높이 평가하여 재입대한 뒤, 군생활을 하는 동시에 고등교육을 받기도 했다. 어느 쪽이든 나라 전체가 그로부터 혜택을 받았다고 할 수 있다. 제대군인 원호법은 민간사회에서도 대단한 가치를 지닐 뿐 아니라 현역 군장병의 우수성에 중요한 역할을 했다. 난 그에 깊은 감명을 받아서 새로운 제대군인 원호법을 국회에서 통과시키는 데 주도적인 역할을 했던 '소니' 몽고메리 하원의원에게 국방부 공로훈장을 수여했다.

이것이 규모축소와 예산삭감의 시기에도 어떻게 하면 전투병력을 최상의 수준으로 유지할 수 있는가에 대해 내가 배운 몇가지 교훈이다. 돌이켜보면 그 교훈은 누가 봐도 분명한 것이었지만, 컨 장군의 현명한 지도가 아니었다면 제때에 배워 실행할 수 없었을지도 모른다. 펜타곤 정도의 규모를 지닌 관료집단에 변화를 가져오려면 시간과 실천, 인내, 굴하지 않는 후속조치들이 요구된다. 그리고 할 만한 가치가 있는 싸움으로 제대로 골라야 한다는 것도. 이 싸움이 할 만한 가치가 있다는 나의 신념은 변한 적이 없다.

군인들에게 더 나은 삶을 제공하기 위해 내가 했던 노력을 돌아볼 때면 이미 여러번의 경험을 통해 입증된 '현장방문경영'이 주효했음을 깨닫는다. 정말이지 이 접근법이 연구소 경영이든 국제관계 개선이든, 내가 주력했던 모든 일에서 기본이었다고 할 수도 있다. 그것은 내 방식의 국제외교 그러니까 정직과 협력을 통해 효과적으로 상대방의 마음을 여는 방식이자, 설사 끔찍하게 안 좋은 상황에서 서로 맞서는 경우라 할지라도 생사가 걸린 공동의 필요라는 이해관계가 걸려 있을 때는 서로가 협력할 수 있다는 오랜 경험에서 나온 방식을 구현한다고 볼 수 있다. 여기에서 복잡할 것이라고는 하나도 없다. 상대편과 만나서 솔직하고 정중하게 말을 들어주는 일이, 즉 상대편이 어떤 사람인지, 그들이 믿는 것은 무엇인지, 그리고 무엇을 추구하는지 등을 들어주는 일이 무엇보다 중요할 뿐이다. 그 방식은 서로가 적대감을 버리고 마음을 열게 만드는데, 왜냐하면 각각의 사안들, 특히 서로가 원하는 미래를 같은 시각에서 바라보게 하기 때문이다. 공동의 선을 위한 이 거리 좁히기가 각자가 실감하는 군사적·

경제적 위협을 비롯하여 지엽적 관심사를 제대로 바라볼 수 있도록 도와준다.

군장병들의 생활수준을 개선하는 중에 다음과 같은 일도 있었다. 미군기지를 방문할 때면 많은 경우 내 아내 리가 동행했다. 대개 기지의 군인 배우자들이 아내에게 자신들의 생활모습을 보여주었는데, 그 과정에서 아내는 온갖 이야기를 다 들을 수 있었다. 대부분은 생활수준과 관련있었고, 그중에서 관사문제가 언제나 첫번째였다. 리는 뭔가를 알아낼 수 있는 그런 기회를 그냥 지나치는 법이 없었고, 그래서 난 생활수준에 대한 정보를 군인들로부터 직접 들었을 뿐 아니라 간접적으로 그들의 배우자들에게서도 들을 수 있었다. 가장 심각한 사안들을 어떻게 공략하면 될지 리 역시 생각한 바가 있었으므로, 시간이 허락할 때면 나와, 그렇지 않을 경우 나의 참모들과 그 일을 추진하곤 했다. 군지휘자들이 이 사실을 알게 되어, 나의 이임식 때 리는 군장병 가족들을 지원하고 그들의 생활수준을 높이는 데 기여한 공로로 삼군에서 수여하는 훈장을 받았다. 그녀는 또한 해외의 미군기지들도 방문하여 그곳의 군인가족들에게도 연민과 지원을 아끼지 않았다.

한번은 그것이 다른 나라의 군장병에게까지 미친 적이 있었다. 1995년 알바니아를 방문했을 때 그녀는 육군병원을 돌아보게 되었는데 그 미흡한 시설과 비위생적인 환경에 경악했다. 미국으로 돌아와 그녀는 나의 참모들과 함께 도울 방법을 연구하기 시작했다. 그녀와 컨 장군의 아내 디디는 주 방위군 부대 하나를 여름에 알바니아로 초청하여 병원의 위생상태를 기준에 맞게 개선하도록 하자는 묘안을 냈다. 그 결과는 무척 놀라웠고, 알바니아의 대통령이 세계적으로 가장 유명한 알바니아인 중 하나인 테레사 수녀의 이름을 딴 마더 테레사 메달을 리에게 수여하기에 이르렀다. 나는 리가 받은 그 메달이 내가 받은 그 어떤 메달만큼이나 자랑스럽다.

무기여 잘 있거라

오마 브래들리에 대해서 그가 GI의 장군이었다고들 했습니다.
그렇다면 빌 페리는 확실히 GI의 국방장관이었습니다.
— 1997년 1월 14일 버지니아 포트 마이어에서 열린 이임식에서
존 샬리카시빌리 장군[1])

1996년 대통령 선거가 끝나고 며칠 지나서 난 클린턴 대통령을 찾아가 그의 재선을 축하한 뒤, 내가 애초에 한번의 임기만 하는 조선으로 장관직을 수락했으므로 1월 20일에 장관직에서 물러난다는 사실을 그에게 상기시켰다. 후임자에 대해 길게 논의하면서 몇명의 인물을 추천했는데, 그중에는 부장관의 역할을 아주 유능하게 수행했던 존 도이치와 존 화이트도 있었다. 그러자 대통령은 정치배경을 가진 인물, 예를 들어 전 상원의원 같은 인물을 지명하는 건 어떻게 생각하느냐고 물었다. 내가 안보분야에 배경지식을 지니고 있어서 곧장 직무에 나설 수 있을 만한 인물로 쌤 넌과 리처드 루거와 윌리엄 S. 코언, 세명의 상원의원을 꼽았다. 대통령은 만약 상원의원이, 그것도 공화당 의원이 장관을 맡게 된다면 당시 공화당이 장악하던 상원과 빈번하게 정쟁을 벌여야 하는 상황을 원만하게 처리할 수 있을 거라고 하면서 내게 코언 상원의원에게 의사를 물어보라고 했다. 나는

국방장관은 내각의 다른 장관직과 달리 3백만명의 인원과 4천억 달러에 이르는 1년 예산을 관리하는 무척 버거운 임무를 맡아야 하는데 상원의원들은 보통 그렇게 까다로운 업무를 해본 경험이 없다고 말했다. 그러나 대통령은 상당한 관리경험을 가진 인물을 부장관으로 임명하면 그 문제는 해결될 수 있을 것이라 했다. 속으로 생각만 했을 뿐 입밖으로 내지는 않았지만 역사적으로 그러한 전략이 항상 바라던 대로 잘 풀리지는 않았다. 다음날 코언 상원의원에게 전화를 걸어 의사를 묻자 그는 반색했다. 클린턴 대통령에게 그렇게 보고하자, 그는 곧 코언 상원의원과 얘기를 나눈 뒤 1996년 12월 5일에 그를 국방장관으로 지명했다.

장관직을 그만두면서 복잡한 감정이 들었다. 장관직을 수행하는 동안 정말 성취감을 느꼈고, 사병들과 선임부사관들에서 군지휘자들에 이르기까지, 특히 통합사령부와 특수전사령부 사령관들과 합동참모총장들에 이르기까지 군대와 아주 특별한 관계를 맺기도 했다. 특히 샬리카시빌리 장군과 가까웠는데, 그는 가장 위대한 상원의원 중 한사람이라고 믿어 의심치 않았다. 내 참모들과 국방부 장관실(OSD)의 직원들도 더 바랄 나위없이 훌륭했다. 특히 컨 장군과 하우스 장군, 애브라쇼프 중령, 매티스 장군, 멜바 볼링, 캐럴 셔핀은 가족과도 같았다. 분명 그들이 무척 그리울 것이었다. 게다가 아직 끝내지 못한 중요한 계획이 여럿 있었고 후임자가 그것을 중단할까 염려되었다. 거기에는 군 관사 개선계획과 선임사병과의 유대를 위한 특별 프로그램, 새로 세운 센터들(마셜센터, 아시아태평양센터, 서반구 안보연구센터), '평화를 위한 동반자관계,' 그리고 미국과 러시아가 좋은 관계를 유지하도록 내가 쏟았던 노력 등이 있었다. 다른 한편, 우크라이나와 카자흐스탄과 벨라루스의 핵무기를 해체한다는 나의 최우선과제는 애시 카터와 내가 빡빡하게 짜놓은 일정에 맞춰 이미 끝난 뒤였다.

하지만 기력을 계속 유지하기 어렵다는 사실을 인정해야만 했다. 그해 말이면 난 일흔이 되고, 아직까지는 기운이 왕성했지만 향후 4년을 그렇게 유지할 수 있다고는 확신할 수 없었다.

마지막으로 매우 주관적인 이유로는, 연임했던 예전 국방장관들을 둘러싼 상서롭지 못한 얘기들이 있었다. 그중 두번째 임기를 끝까지 마쳤던 경우는 단 한번도 없었다. 모두 임기가 끝나기 전에 대통령의 사임권유를 받았던 것이다. 그게 단지 우연의 일치라고는 보지 않는다. 이 특정한 직무에는 8년이 다 가기 진에 맛이 가게 만드는 뭔가가 있는 것이다. 어쩌면 그건 다시 돌아오지 못할 수도 있는 임무로 우리 군장병들을 내보내는 군배치 명령에 서명을 해야 하는 압박감일 수도 있다. (나는 이 서명에 무척 개인적으로 접근했다. 일이 잘못될 수도 있고 그렇게 되면 그 가족들이 어떤 타격을 받게 되는지를 이해하려는 식으로. 이 무시무시한 결정과 밀접한 사적관계를 유지하기 위해 자동서명을 사용하지 않고 직접 서명을 고집했다.) 어쩌면 그건 자신의 명령에 따라 임무를 수행하다가 전사한 군인들의 가족들과 너무나 감정이 북받치는 만남을 가져야 하기 때문인지도 모른다. 아니면 '포토맥 열병'에 걸리는 경향 때문일 수도 있다. 시간이 가면서 국방장관으로 하여금 자신이 그렇게 주목을 받는 이유가 자신의 지위에서 나오는 게 아니라 자기가 잘나서 그런 거라고 믿게 만드는,

그래서 때로 수중에 있는 엄청난 권력을 균형감 있게 행사하지 못하게 만드는 질병 말이다. 그 어떤 이유에서건, 혹은 여러 이유의 조합 때문이건 그러한 역사는 많았다. 그래서 나는 제때에 장관직을 잘 그만두었다고 믿는다. 신임장관이 취임선서를 하고 2주 뒤에 리와 나는 다시 캘리포니아로 돌아갔고, 절대 미련을 두지 않았다.

그동안 이룬 것에 자부심이 컸고, 스탠퍼드로 돌아가 다시 가르친다는 생각에 기운이 솟았다. 장관직을 맡기 전에 시작했던 비공식적 외교를 계속하고, 지역적 핵갈등처럼 새로이 나타나기 시작한 어려운 문제들을 집중적으로 생각하고 탐구할 수 있게 되었으니 말이다. 국방장관으로서는 핵억제라는 긴급한 사안을 다루는 핵위기의 참호 안에 있었다면, 이제는 줄곧 인식하고는 있었지만 충분히 조사해보지 못했던 새로운 차원의 위협을 검토하고 평가할 수 있을 것이었다.

이런 생각이 내내 머릿속을 맴도는 와중에 장관직의 마지막 두 달 동안 리와 나는 많은 환송회에 참석했다. 육해공 각각의 선임부사관들이 마련해준 파티에 특히 감동을 받았다. 그들이 준 특별한 기념품은 아직도 간직하고 있다. 참모들 역시 '최후의 만찬'을 준비해주었는데, 정말 감동적이었다.

1월 14일 포트 마이어에서 열린 이임식은 잊지 못할 것이다. 클린턴 대통령은 내가 조지 마셜 이후 최고의 국방장관이라고 말하면서 '대통령 자유메달'을 수여했다. 샬리카시빌리 장군은 내가 장병들과 얼마나 가까웠는지를 얘기하며 다음과 같이 말했다. "오마 브래들리(2차대전 시 미 육군 지휘관)에 대해서 그가 GI의 장군이었다고들 했습니다. 그렇다면 빌 페리는 확실히 GI의 국방장관이었습니다." 내가 정말로 존경하고 감탄해 마지않는 샬리가 내게 이보다 더 뜻깊은 얘기는 할 수 없었을 것이다. 군인들, 나는 그들을 위해 일했고 그들 역시 나를 위해 훌륭히 임무수행을 해주었다. 군인들에 대한 자부심에 대해 말하며 내 고별사를 끝냈다. 각 군으로부터 메달을 받았고, 리는 군인가족들을 위해 헌신적으로 노력한 공으로 합동참모본부의 메달을 받았다. 그러고 나서 정말 뜻밖의 선물을 받았는데 말할 수 없이 감동적이었다. 사병들과 그 가족들을 위해 역사상 어떤 장관이 했던 것보다 더 많은 일을 했다며 선임부사관들이 지금까지 한번도 수여한 적이 없는 특별상을 주었던 것이다. 여러모로 그 상은 여남은 국가들로부터 받은 상까지 포함하여 내가 지금껏 받은 그 어떤 상보다도 더 뜻깊고 의미있는 상이다.

군합창단이 애창곡 몇곡을 부르면서 이임식이 마무리되었다. 「캘리포니아여, 내가 간다!」도 당연히 그중 하나였다. 식이 끝난 뒤 나와 가족은 대통령 부부와 함께 밖으로 걸어 나가, 멋진 비행쇼를 구경했다. B-2기가 저공으로 쌩하고 날아가는 모습이 무엇보다 인상적이었다. 그날 저녁엔 이웃들이 환송식을 열어주었는데, 다 끝나고 리와 내가 그 자리를 뜰 때 그들이 발코니에 모여 서더니 종이비행기를 머리 위로 날려주며 그들 나름의 비행쇼를 해주는 게 아닌가!

장관으로서의 마지막 날인 1월 24일, 난 백악관에서 열린 코언 상원의원의 취임식에 참석했다. 펜타곤의 계단을 내려가 운전기사가 차를 대기해놓은 곳으로 가는 동안, 수백명의 펜타곤 동료들이 계단에 모여 박수를 쳐주었다. 몇분이라도 시간을 내서 그들에게 고맙다는 인사와 작별인사를 했으면 좋았겠지만, 목이 메어서 그냥 웃으며 손을 흔드는 것밖에는 할 수가 없었다.

백악관에서 열린 코언의 취임식은 간단명료했다. 끝난 후 내 차를 찾았는데, 알고 보니 이미 코언 장관이 타고 가버린 뒤였다. 당연히 그건 '내' 차가 아니었다. 국방장관의 관용차였고 난 이제 국방장관이 아니었으니까. 그래서 펜타곤으로 다시 갈 때 동료의 차를 얻어 탈 수밖에 없었는데, 우리가 거기 도착했을 때엔 이미 내 사진 대신 코언 장관의 사진이 걸려 있었다. 너무 느닷없어 약간 거슬리긴 했지만 그게 당연한 거였다. 우리의 위대한 민주주의에서는 각료들이 자동차는 물론 자리에 딸려 오는 특전을 '소유'하지 않는다. 임기 동안 국민들을 위해 일하기 위해 — 바라건대 제대로 잘 — 그런 특권을 누리다가 다시 평범한 삶으로 돌아가는 것이니까. 리와 나는 기꺼이 그렇게 할 준비가 되어 있었다.

두주 후 리와 나는 집으로 향하는 길을 달리고 있었다. 다시 한번 사랑하는 캘리포니아로, 이번엔 영원히 돌아가는 것이다. 민간인의 삶에 더 빨리 적응하면서 긴장을 덜기 위해 비행기를 타기보다 차를 몰고 가기로 결정했고, 혹독한 겨울 날씨를 피하고자 일부러 남쪽 길을 구불구불 따라갔다. 첫 며칠 동안은 주로 리가 운전을 했다. 4년 동안 펜타곤 보안 팀이 나를 데리고 다니다보니 내 운전실력은 전체적인 점검이 요구될 정도였던 것이다! 전에 나의 선임 군사보좌관이었고 당시 육군 제4보병사단(기계화) 사단장이던 폴 컨 장군과 그 부인 디디를 만나보기 위해 서쪽으로 텍사스의 포트 블리스를 거쳐서 갔다. 즐거운 시간을 함께 보내고 다음날 아침 그곳을 떠나려는데 차가 시동이 걸리지 않았다. 정비소 주인이 차를 고치려면 다른 마을로

견인해 가야 할 거라고 말하는데 그의 어깨너머로 주차장에 세워져 있는 신형 셰비 블레이저가 눈에 들어왔다. 순간적으로 좋은 생각이 떠올랐다. "고장 난 내 캐딜락이랑 저 신형 블레이저랑 바꿉시다." 한 시간도 안 되어 우린 다시 서부로 이어지는 길을 달리고 있었고, 3일 후 최신형 선홍색 블레이저를 타고 팰로앨토에 도착했다.

팰로앨토로 돌아와 당시 스탠퍼드의 학장을 맡고 있던 콘돌리자 라이스를 만났다. 그녀는 내가 예전에 스탠퍼드에서 맡았던 자리를 다시 맡아주되 반은 공과대학에서 반은 국제안보협력센터(CISAC)에서 전임으로 근무해달라고 했다. 마이크 버버리언이 이미 마이클 앤 바바라 버버리언 기금에서 석좌교수직을 주겠다고 제안한 바 있었다. (짐 스필커가 세운 스탠퍼드 전기통신 주식회사의 이사회에서 함께 이사직을 맡았을 때 마이크를 알게 되었다.) 그래서 수월하게 스탠퍼드 공동체에 다시 합류하게 되었고, 진정으로 '귀향'했다는 느낌이 들었다.

스탠퍼드에서 추진하려고 계획한 새 의제를 위해서는 보조연구원이 필요했다. 펜타곤에 있을 때에는 군과 민간 분야에서 매우 유능한 보좌관들이 팀을 이루어 힘겨운 일정을 마칠 수 있도록 도와주었다. 그들은 나의 '전력 배가'였고 그들이 아니었다면 내가 맡았던 광범위한 프로그램을 결코 다 이뤄내지 못했을 것이다. 스탠퍼드에서 하게 될 새 프로그램에 대해 야심찬 계획을 갖고 있었으므로 마찬가지의 '전력 배가' 팀을 찾았지만, 나의 석좌기금은 펜타곤에 있었던 식의 팀이 아니라 단 한사람밖엔 지원을 해주지 않았다. 난 데버러 고든을 고용했고, 그녀는 재빨리 주어진 상황에서 최대의 능력을 발휘하여 1인 '전력 배가'가 되었다.

클린턴 행정부에서 장관직을 한 덕에 과연 내가 스탠퍼드에서 특별한 대접을 받았을까? 스탠퍼드로 돌아온 지 일주일 정도 지나 캠퍼스를 거닐다가 옛 친구와 마주치게 되었다. 그는 어리둥절한 표정으로 나를 보더니 물었다. "어이, 빌! 요즘에 왜 이렇게 안 보였어? 어디 갔다 왔나?"

그로부터 일주일 후 워싱턴에 갈 일이 있었는데, 덜레스 공항에서 젊은 해병이 반색하며 나에게 물었다. "장관님, 사인 좀 받을 수 있을까요?" 그러더니 내가 사인을 하는 동안 옆의 부인에게 작은 소리로 이렇게 말하는 것이었다. "여보, 당신에게 딕 체니 전 국방장관님을 소개해주게 되다니 정말 감격스러워!"

나의 멋진 재교육이 진행되었다. 스탠퍼드 공과대 학장인 존 헤네시(후에 스탠퍼드 총장)가 공과대학 안에서 나의 학과를 다른 학과와 합치려 하니 그 일을 주관해달라고 부탁했다. 아무 생각없이 순진하게 그 일을 맡았는데, 나중에 보니 학과를 통합하는 과정에서 분출된 학계정치가 얼마나 치열한지 보스니아 위기를 해결하는 건 그에 비하면 아무것도 아니었다. 종종 심한 언쟁으로까지 번지기도 했던 논의과정을 8개월이나 한 끝에 학과통합은 우리가 추천했던 방식대로 이루어졌다. 즉 경영공학과(Management Science and Engineering)라는 새로운 학과로 계속 발전해나가기로 한 것이다.

국가안보 면에서 기술의 역할이라는 수업을 다시 시작했고, 당면한 안보위험에 대한 세미나를 시작했다. 그러나 다른 무엇보다도 나는 스탠퍼드에서의 연구가 국방장관으로서 핵무기의 위험을 축소하기 위해 벌인 노력과 성과를 연장하는 것이기를 바랐다. 애시 카터가 하버드의 벨퍼 센터로 돌아왔으므로 우리는 '예방적 국가방위'라는[2] 스탠퍼드-하버드 합동 프로젝트를 구상했다. 그 이름은 펜타곤에 함께 있을 때 넌-루거 프로그램하에서 했던 핵위협 감축과업에 붙였던 것이었다. 장관일 때 내가 그 이름을 선택한 이유는, 우크라이나의 핵미사일을 해체하기 위한 예산책정이 우크라이나에 호의를 베풀기 위해서가 아니라 미국인의 생명과 재산을 잃을 수도 있는 일에 미군이 나서야 하는 상황을 미연에 방지하기 위함이라는 사실을 국회에 분명히 보여주기 위해서였다. 애시와 나는 프로젝트 초반에 『예방적 국가방위』라는 책을 공동저술했고, 그것이 1999년에 출간되었다. 그 책에서 우리가 했던 펜타곤 프로그램과 핵위협을 줄이기 위한 활동을 연대기적으로 기술하고 그 필요성을 주장했으며, 앞으로의 정책을 그려 보였다.[3]

그때부터 지금까지 러시아와 중국, 인도, 파키스탄, 북한, 이란 등과 더불어 핵과 국가안보 사안을 놓고 일련의 트랙 2 외교적 대화를 지속하는 데 대부분의 시간을 바쳤다. 앞으로 서술하게 될 이 노력들은 15년을 넘도록 여전히 진행 중이고, 때때로 돌파구가 열렸다가는 다시 교착상태에 빠지기도 한다. 결과가 절망적일 때도 있었지만 그러한 노력의 궁극적인 가치와 목적을 한번도 의심해본 적은 없다. 큰 차이가 있더라도 어떻게든 합의점을 찾아보면서 대화를 계속해나가는 것이야말로 어느 때보다도 험난한 안보위기를 헤치고 나아갈 수 있는 길이기 때문이다.

러시아와의 안보유대관계의 단절

그렇게 되면(나토를 확장하게 되면) 냉전이 다시 시작될 거라고 봅니다.
러시아가 점차 반발하게 될 거고 그것이 정책에도 영향을 미칠 겁니다.
제 생각에 그것은 아주 심각한 실수입니다.
— 조지 케넌, 1998년 5월 2일자『뉴욕 타임스』에서 토마스 L. 프리드먼이 인용[1]

내가 펜타곤을 떠났을 때만 해도 미국은 러시아와 좋은 관계를 유지하고 있었지만 저 멀리 지평선에서 검은 구름이 피어오르고 있었다. 관계가 다시 곤두박질칠 수도 있다는 우려 때문에 애시 카터와 나는 펜타곤에 들어가기 전과 펜타곤에 있을 때 돈독히 해놓았던 친선관계를 유지하고자 최선을 다했다. '예방적 국가방위'의 일환으로 러시아와 미국 간에 대화의 창구를 확립했다. 하지만 1990년대는 러시아인들에게 끔찍한 시기였다. 극심한 경제침체에다가 온갖 무법행위가 판을 쳤고, 옐찐 대통령은 국제적으로 당혹스러운 행동을 일삼아 러시아인들은 다른 나라들로부터 무시당한다고 느꼈다. 그들에게 이 시기는 굴욕의 시대였다. 많은 러시아인들은 그 문제들이 민주주의나 미국 때문에 생겼다고 보았다. 미국이 자신들이 약해진 틈을 타서 서서히 파괴하려 한다고 본 것이다. 일부에서는 심지어 소련이라는 '지나간 좋은 시절'을 동경하기도 했다.

권력이 옐찐에서 뿌찐으로 넘어가면서 몇년 사이에 러시아 전역에 걸쳐 민주주의제도와 실천이 침식당하고 새로운 안보조직(KGB에 있던 뿌찐의 이전 동료들을 중심으로 조직된)이 득세하면서 다시 질서가 잡히고 러시아 경제도 상당히 나아졌다. 러시아 국민들은 뿌찐 덕에 그렇게 질서가 잡히고(그건 사실이었지만, 자유를 댓가로 내줌으로써 가능한 것이었다) 경제가 나아졌다고(경제가 갑자기 나아진 것은 주로 국제유가가 배럴당 80달러 이상까지 치솟았기 때문이므로 이건 사실과 달랐다) 믿었다. 이러한 분위기에서 뿌찐은 반미적 수사를 동원해 공격적 민족주의를 조장하기 시작했다.

미-러 관계가 틀어지면서 러시아에서 열리는 우리 모임도 신통치 않게 되었다. 러시아는 1977년에서 99년 사이에 진행되었던 나토의 확장을 자신들에 대한 위협으로 여겼고, 후에 발트해 연안국들까지 가입한 것은 '나토의 위협이 자기들 턱밑까지 행군해 들어온' 것이라 보았다. 현명하지 못하게도 미국과 나토는 러시아의 우려를 대수롭지 않게 여겼다. 특히나 러시아의 화를 돋우었던 것은 코소보에서의 나토의 조처와, 유럽 내 BMD 배치, 그리고 오랫동안 짜르 치하 러시아의 일부였고 수십년간 소련의 일부였던 발트해 연안국까지 아우르며 나토를 확장한 일이었다. 연이어 나토는 조지아와 우크라이나까지 가입시키기 위한 절차를 밟기 시작했다. 이제 러시아는 더더욱 나토를 멀리하면서 미국에 반감을 나타내기 시작했다. 미국이 러시아의 감정이나 이해관계는 전혀 배려하지 않는다고 믿었다. 또한 미국은 자기들한테 좋은 것만 하면서 러시아는 죽이 되든 밥이 되든 알아서 하게 내버려둔다고 결론을 내린 것이다.

1995년에 정말 어렵게 미국은 보스니아에서의 협조적 평화유지 작전을 이루어냈는데, 1998년 코소보 사태에서는 그러한 일을 할 수가 없었다. 유엔 승인절차조차 받지 못한 세르비아인에 대한 나토의 군사개입은 보스니아 이슬람교도(보스니액)의 학살에 비견될 만한 학살이 코소보 이슬람교도를 대상으로 벌어질 수도 있는 상황에서 그것을 미연에 방지한다는 중요하고 확실한 목표를 지니고 있었다. 하지만 전통적으로 세르비아의 동맹이었던 러시아는 나토의 개입에 극력 반대했고, 유엔의 승인을 어떤 식으로든 막았을 것이었다. 코소보 국민을 보호하기 위한 방안을 러시아와 합의할 수 있었을까? 그건 알 수 없지만 내가 보기에 나토는 충분한 노력을 기울이지 않았다. 나토는 러시아가 코소보 침공을 막지 못하리라는 것을 알았고, 그래서 러시아가 어떻게 생각하든 밀고 나가겠다고 결정했던 것이다. 하지만 그로 인해 러시아 쪽에서는 원한이 생길 수 있었고, 그렇게 쌓인 원한이 이후 행동으로 나타날 것이었다.

미-러 관계가 특히나 심각하게 악화된 요인은 유럽에 BMD를 배치한 일이었다. 냉전 초기부터 BMD 씨스템(다른 말로 ABM 씨스템)은 줄곧 미국과 소련 사이의 논란거리였다. 그런데 SALT 조약의 조항이 ABM의 배치를 상당한 정도로 제한했으므로 그것이 조인된 후 BMD는 이미 끝난 문제나 마찬가지였다. 그러나 조지 W. 부시 대통령이 이란의 미사일에 대항하여 동유럽에 BMD 씨스템을 배치하려 했고, 그러기 위해 ABM 협정에서 미국을 빼버리는 바람에 러시아와의 긴장이 고조되었다.

SALT 협정에서 ABM의 제한을 정말로 중요하게 다루게 된 이면에는 공격형 핵무기 씨스템과 방어형 핵무기 씨스템이 뗄 수 없이 결부되어 있다는 독창적이면서도 예리한 사고방식이 있었다. 러시아가 미국의 새로운 방어체계의 효력에 대해서 의심하기는 했지만, 미국의 방어체계를 제한하지 않는 상태에서 자신의 공격 씨스템을 축소하는 것은 안전하지 않다고 보았다. 즉, 러시아는 유럽에 새롭게 배치된 BMD 씨스템이 자신들의 미사일에 대항한 것이라고 보았고 그것이 확장됨에 따라 그들의 억제력이 약화되리라고 믿었던 것이다. 더구나 이란은 현재 대륙간탄도미사일(ICBM)이나 핵탄두를 보유하고 있지도 않고 그것을 보유하게 된다 해도 그러기까지는 수년이 걸릴 것이라고 강조하면서, 설사 이란이 ICBM 몇기를 가지게 된다한들 미국이 수천기의 보복성 핵탄두를 갖고 있는 마당에 왜 그걸 미국을 향해 발사하겠느냐고 물었다. 이러한 주장을 근거로 러시아는 미국에 유럽의 BMD 프로그램을 중단하라고, 아니면 이란의 미사일은 미국만큼이나 러시아에도 위협이 될 것이므로 적어도 그것을 러시아와 협조하에 추진하자고 호소했다. 하지만 두 나라 정부가 합의에 이를 전망은 없어 보였고, 그래서 현실적으로 가능한 접근법을 찾아보기 위해 트랙 2 외교가 가동되었다.

2009년에 나의 트랙 2 파트너인 애시 카터는 오바마 행정부의 국방부 차관 자리를 수락했다. (2011년에 부장관으로 승진했고, 2013년 12월에 사임했다. 2015년 2월에 국방장관으로 확정되었다.) 그래서 당시 나의 트랙 2 파트너는 로스앨러모스 국립연구소(LANL) 전 소장이자 스탠퍼드 교수로서 기술과 국가안보에 대해 가르치는 지그프리드 헤커가 되었다.[2] 그는 LANL 소장으로 있으면서 전략적 사안을 놓고 수백번은 러시아 인사들을 접촉했던 터라 알고 있는 러시아 인사들이 많았고 그것이 우리 모임에 중요한 바탕이 되었다. 우리는 유럽의 BMD 사안에 대해 러시아의 우려를 잠재우면서도 이란의 핵 프로그램이 잠재적인 위협이 될 수 있다는 것을 받아들이는 접근방식을 찾아보려 했지만 가능한 출발선을 아직 찾아내지 못하고 있었다. 그러는 사이 러시아는 어떤 만족스러운 합의도 나오기는 틀렸다고 결론을 낸 뒤 마치 미국이 자신의 ICBM을 위협하기라도 한 듯이 '적절한 조치'를 시행하기 시작했다. 공격력을 재구축했고, 가장 돈을 덜 들이고 공격력을 증대하는 방법이 MIRV이므로, 미사일에 다탄두를 장착하는 새로운 ICBM 프로그램을 시작했다. 이러다가 새로운 방식의 냉전 핵무기 경쟁에 빠져드는 게 아닐지 우려되었다. 이런 내용의 영화는 이미 본 적이 있었다. 그때도 마음에 들지 않았는데 이번에는 더욱 그랬다.

그때가 오바마 대통령이 직무를 시작한 지 한달 남짓 지났을 때였는데 그는 이렇게 진행되는 공격무기 증강의 심각성을 이해하고는 미-러 관계를 '처음부터 다시 시작'하겠다고 공언했다. 그것은 좋은 생각이었고 한동안은 잘되어가는 듯했다. 뿌찐이 수상 자리에 앉고 메드베데프가 뿌찐에 이어 대통령 자리에 올랐는데 그는 미-러의 관계개선에 적극적으로 보였다. 핵무기를 제한하고 직접 들어가 검증할 것을 규정한 신전략핵무기감축협정(New START)이 조인되었다. 메드베데프는 핵무기의 완전철폐라는 목적을 지지하는 유엔 결의안에 동의했고 미국을 방문하기도 했다. (스탠퍼드에 와서 조지와 샬롯 슐츠 부부가 마련한 만찬에 참석하기도 했다.) '다시 시작' 과정이 무르익어가는 듯했다. 그런데 메드베데프의 4년 임기가 끝난 후 그는 다시 대통령 후보로 나서지 않겠다고 발표하고는 뿌찐에게 자리를 양보했다. (뿌찐은 앞서 4년의 임기만을 했으므로 다시 후보로 나설 자격이 있었다.)

뿌찐은 선거에서 이기기는 했지만 '부정선거'라는 혐의가 있었다. 놀랍게도 메드베데프는 언론과 만나 자신이 4년 전에 후보로 나섰을 때 첫번째 임기가 끝난 후 뿌찐에게 그 자리를 양보하고 내려오기로 그와 거래를 했다고 밝혔다. 많은 러시아 국민들이 분노하여 붉은 광장으로 몰려나와 대규모 시위를 벌였는데 그 수가 10만명 이상에 달했다. 그 시위에 뒤이어 벌어진 친뿌찐 시위에서는 말끔하게 인쇄된 피켓 등을 든 몇백명의 인원이 질서정연하게 행진을 했다. 그때 나는 모스끄바의 회의에 참석 중이었으므로 회의실 창문으로 그 시위를 지켜볼 수 있었다. 회의에 참석한 러시아인 하나가 러시아 특유의 조소를 담아 정부가 시위인원을 저것밖에 동원을 안 했다니 놀랍다고 우스갯소리를 했다.

오바마 대통령 행정부 초기에 대통령은 포괄적 핵실험금지조약(CTBT)을 다시 제안하여 승인을 받겠다고 했지만, New START의 승인을 받기 위해 힘겨운 싸움을 치르고 나자 CTBT는 첫번째 임기 때 제안하지 않기로 결정했다. 이 책을 쓰는 시점에서 그것은 오바마 대통령의 두번째 임기 중에도 승인될 가능성이 없어 보인다.

어쩌면 CTBT의 승인을 받지 못한 일은 나에게 다른 어떤 실패한 군축협상보다 심란한 일이었다. 그 협정은 어느 면에서나 절대적으로 미국의 안보와 직결된 문제로 보였기 때문에 열띤 반대 입장에 별로 믿음이 가지 않는다. 그 협정의 승인이 절대명령이라는 건 명백하기 때문에 그에 대한 반대는 순전히 정치적인 동기에서 나온 것이라 생각한다. 그렇게 생각하다보니 당연히 그러한 반대에 효과적으로 대응하기가 힘들어진다. 어쨌든 CTBT에 대한 나의 본질적인 평가는 그것이 효과적인 군축방법일 뿐 아니라 미국 국가안보의 이해관계에 완전히 들어맞는다는 것이었다. 결국 그것을 승인하지 못함으로써 다른 핵강대국 — 특히 러시아와 중국, 인도, 파키스탄 — 에 핵실험의 명분을, 따라서 새로 핵무기를 개발할 기회를 주는 셈이다. 정말이지 러시아는 지금 설계하고 있는 새 무기를 뒷받침하기 위해 곧 핵무기 실험을 시작할 것이다. 그리고 우리가 CTBT를 승인하지 못했다는 사실로 그것을 합리화할 것이다. 또한 러시아의 핵실험으로 다른 핵실험이 봇물 터지듯 시작되지 않을까 우려된다. 중국과 인도, 파키스탄, 그리고 그들에 뒤질 수 없으니 미국 역시 말이다. 미국이 핵무기 실험으로 국가안보에 어떤 이득이 생기든지 — 어느 정도는 있을 것이다 — 그것은 다른 나라들 역시 핵무기를 개발하게 됨으로써 발생하는 안보위험으로 상쇄되고도 남을 것이다.

뿌찐이 다시 대통령이 되고 시위가 열리면서 미-러 관계는 곤두박질치기 시작했다. 뿌찐은 그 시위가 자신의 체제를 전복하려는 '색깔' 혁명의 첫 단계라고 보았고, 미국정부가 조직하고 자금을 대고 있다고 믿는 듯했다. 마이크 맥펄 신임 미 대사가 몇달 후 모스끄바에 도착했을 때 그를 맞이한 것은, 그가 뿌찐 정부를 전복하라는 오바마 대통령의 지시를 받고 왔다는 모스끄바 신문의 머릿기사였다. 신임대사에 대한 얼마나 대단한 환영인지! 그가 대사에 임명되기 전에 스탠퍼드의 민주주의와 법규칙 센터의 소장이었다는 사실도 이 (잘못된) 믿음을 부추겼다.

이 혼돈 속에서 오바마 행정부는 러시아와의 관계를 회복할 방법을 집중적으로 모색했지만 발판이라 할 만한 것이 별로 없었다. 이제 러시아 학자들 중에는 뿌찐이 그즈음엔 '미국에 대한 신경을 아예 꺼버렸고', 미국이 자신을 막지 못할 것이라 믿으며 미국의 우려는 무시하고 공격적인 계획을 추진하고 있다고 믿는 사람들도 있다. 어떤 면에서 뿌찐은 1990년대에 러시아가 미국 주도의 조치들을 막지 못했던 무력감을 되갚아준다고도 할 수 있었다.

뿌찐은 전통적으로 러시아가 누렸던 강대국으로서의 명성을 되찾으려는 시도를 계속해나갔다. 러시아는 2012년 올림픽을 개최하여, 러시아가 강대국으로 다시 등장했음을 만천하게 알리고자 마련한 화려한 볼거리를 보여주었다. 올림픽이 끝나자마자 크림반도에서 군사작전을 감행하여 실질적으로 합병해버렸다. 이어서 빅또르 야누꼬비치 우크라이나 대통령이 끼예프의 독립광장에서 벌어진 반정부 시위로 축출당하자, 뿌찐은 대체로 러시아어를 쓰는 동 우크라이나의 지역의 분리 움직임을 지원했다. 처음에는 대충 위장한 러시아 군대로 지역의 반란군들을 지원하더니 나중에는 그런 위장조차 집어던졌다. 미국은 경제제재가 주가 된 나토의 대응을 주도했다. 제재는 경제적인 차원에서는 효과적이었고, 국제유가가 배럴당 80달러에 한참 못 미치는 한에서는 러시아에 타격을 줄 수 있을 것이다. 그러나 정치적인 차원에서는 효과적이지 못해서 반란군에 대한 러시아의 지원을 차단하지 못했다.

지금까지의 이러한 사정은 비극적이지는 않을지 몰라도 서글픈 얘기다. 관계라는 것이 얼마나 순식간에 틀어지고 마는지, 그리고 두 강대국이 대립하면 얼마나 큰 피해를 입게 되는지에 대한 우화라고도 하겠다. 불과 15년 만에 미국과 러시아의 관계는 긍정적인 관계에서 최악으로 추락했다. 나처럼 1990년대에 미국이 러시아와 장기적인 협력관계를 다질 기회가 있었다고 믿는다면 특히 더 서글플 수밖에 없다. 그 미끄러운 비탈길을 굴러 내려가기 시작한 것은 섣불리 나토를 확장하면서였다는 게 내 믿음이다. 동유럽 국가들을 너무 일찍 나토에 가입시킴으로써 생겨난 결과는 우려했던 것보다 훨씬 더 나빴음을 곧 깨닫게 되었다.

뿌찐 대통령은 반미적 수사로 국수주의를 조장함으로써 인기를 쌓아올려왔다. 러시아 군대는 중대한 무기 프로그램에 착수했는데, 가장 중요한 부분이 지상기지, 해상기지, 공군기지 전체를 기반으로 하는 차세대 핵무기의 제작이다. 러시아 정부관료들은 이 핵무기가 러시아의 안보에 핵심이라고 열심히 떠들어대고 있다. 러시아 시사평론가 일각에서 New START에서 탈퇴할 것을 주장하는 가운데 군비축소 회담은 구석으로 밀려났다. 심지어 한 유명 시사평론가는 정부가 통제하는 TV에 나와 러시아가 '미국을 방사능 재로 뒤덮을 수 있는'[3] 유일한 나라라며 호언장담을 했다. 그리고 이 모든 일이 벌어지는 동안 미국정부는 러시아에 무거운 제재를 가하기 위한 국제적 노력을 주도하고 있었다.

이 사태를 어떻게 봐야 할까? 이렇게 바람직하지 않은 방향으로 미-러 관계가 악화된 원인이 무엇이었는지를 어떤 식으로 분석해야 할까? 확실히 그것은 핵의 위험을 줄이기 위한 광범위하고 장기적인 노력 면에서 가장 불행한 위기 중 하나다. 이 서글픈 결과에 러시아 정부가 일조했다는 건 의심의 여지가 없다. 나토 확장이 그 위기를 초래했다고 볼 수 없는 것도 분명한 사실이다. 그러나 나토 확장이 그 방향으로 내딛은 첫걸음이었다.

다시 말하건대, 그 결정에 뒤이어 미국과 나토는 러시아에 위협이 될 일련의 조치들을 취했다. 가장 두드러진 것은 미국이 유럽에 BMD 씨스템을 배치한 것과 세르비아에서의 나토의 군사작전, 그리고 우크라이나와 조지아에 나토 가입을 권유한 일 등이다. 이들 중 어느 하나도 결정적인 역할을 하지는 않았다. 하지만 러시아의 입장에서는 그 모든 게 러시아의 이해관계를 무시하는 일로 보였다. 미국이 러시아의 견해를 전혀 중시하지 않는다는 표시로 말이다.

그것은 이후 매우 위험해질 수 있는 불안한 전환이었다.

중국과 인도, 파키스탄,
이란과 공통기반 찾기

> 가장 큰 영향력 — 가장 중요한 최상의 예방책 — 은 외교적인 것이 아니라
> 경제적인 것인 듯하다. 즉 인도와 파키스탄 간의 무역이
> 상당한 규모로 증가할 수 있도록 촉진하는 것이다.
> 다시 말하지만 MAD가 아니라 MAED여야 한다.
> ─ 트랙 2 미-파키스탄 간 대화의 조사보고서,
> 2012년 8월 23~24일, 스탠퍼드 대학[1]

앞장에서 서술한 바대로 미-러 관계는 냉전 이후 최악의 상태에 놓였는데, 공식적 외교든 트랙 2 프로그램이든 그 불행한 사태를 되돌려놓을 만한 추동력이 별로 없었다. 하지만 러시아와의 문제를 해결해나갈 방법을 찾는 중에도 중국과 이란, 인도, 파키스탄, 북한처럼 핵개발 프로그램을 지닌 다른 나라들에서 생겨날 위험은 간과할 수 없었다.

어떤 논의가 이루어진다 한들 그것이 정부의 실제행동으로 이어지기가 어려운 것이 분명한 탓에 조급증이 날 때가 많았고 내가 장관으로서 가졌던 권위도 이젠 사라졌지만, 그럼에도 트랙 2에 공을 들일 만한 가치가 충분하다고 진정으로 믿는다. 중국, 대만과의 트랙 2 활동에서는 정부의 중요한 결정에 영향을 주는 데 성공하기도 했다.

예방적 국가방위 프로그램에서 중국과의 대화는 러시아와의 대화

바로 다음으로 중요했다. 중국이 경제대국인데다 계속 성장하고 있고, 그들이 마음만 먹으면 금방 증강할 수 있는 핵 프로그램도 보유하고 있음을 우리는 잘 알았다. 중국은 앞으로 국제무대에서 중추적인 나라가 될 것이 확실했다.

1997년 나의 오랜 친구이자 때로 시인이도 했던, 현재는 중국의 주석인 장 쩌민을 중국에서 만났다. 그는 미-중 관계를 개선할 장기 계획인 트랙 2에 동의하면서, 그것이 대만과의 양안관계에 중점을 두어야 한다고 했다. 그는 중국 대표단의 단장으로 장 쩌민 이전에 상하이 시장이었던 왕 다오한(汪道涵)을 앉혔다. 그는 장 쩌민이 스승처럼 생각하는 인물이었다. 미국 쪽에서는 애시 카터와 내가 미-중 관계에 대한 정책위원회와 한 팀을 이루었고, 위원회는 잔 베리스를 대표로 임명했다. 그녀는 '핑퐁 외교'때부터 중국과 일을 해왔을 뿐 아니라 중국어에도 능통했다. 우리는 중국과 미국을 번갈아가면서 매해 모였고, 중국을 방문할 때면 대부분 대만에도 들렀다.

중국, 대만과의 트랙 2 외교는 익숙한 배경에서 이루어졌다. 미국을 참담한 군사충돌로 끌고 들어갈 수도 있는 중국과 대만의 갈등을 완화하는 데에 오랫동안 노력을 기울여왔기 때문이다. 그러나 우리의 외교에는 분명 제약이 있었다. 주권문제를 두고 중국과 대만이 오랫동안 겪어온 견해차이에 의미심장한 영향을 주기 힘들다는 사실은 트랙 2 대화 초반부터 명백했다. 더구나 기존의 사고방식으로는 성공을 보장할 수 없는 듯했다. 그래서 새로운 사고방식을 임시변통으로 만들어내었다. 특정한 시기에 적합한, 새로운 억제방안을 전략으로 삼기로 했는데, 다시 말해서 점점 왕성해지는 중국과 대만 간의 경제교류를 이용하는 것이었다. 해협을 가로질러 이루어지는 접촉 — 사업상의 접촉이나 사회교류, 친족끼리의 교류 — 이 계속 늘어나게 함으로써 군사충돌의 가능성을 줄이는 데 중점을 두었다. 그렇게 되면 전쟁으로 치달을 수 있는 일촉즉발의 상황을 막는 데 도움이 되리라고 보았다. 그리고 그 전략을 위해 구체적인 내적 지렛대를 골랐다. 즉, 양안을 오가는 민간항공편을 취항하도록 양쪽에 영향력을 행사했던 것이다. 2008년에 드디어 민간항공편에 대한 합의에 이르렀고 그후로 점점 확대되어, 사업거래가 상당히 늘었고 사회관계와 친족교류뿐 아니라 관광사업도 크게 확장되었다.

우리가 양국 정부와 가졌던 대화는 그러한 합의를 도출하는 데 중요한 역할을 했다. 그런 영향력을 확인할 수 있었던 눈에 띄는 예도 있다. 트랙 2 동료 중 하나인 타린 슈가 말해주기를, 대만 공항이 마잉주(馬英九) 대만 대통령과 우리 대표단이 함께 찍은 거대한 사진을 벽면에 내걸었다는 것이었다. 그 사진은 대만이 중국과 항공편 합의에 이르기 직전에 타이페이에서 열린 회의 때 찍은 것이었다.

중요한 점은, 오늘날 중국과 대만의 사업이 촘촘하게 얽혀 있기 때문에 군사충돌이 일어나면 그 결과와 상관없이 두 나라 모두 파멸하리라는 것이다. 냉전시기 미국과 러시아는 상호확증파괴(Mutual Assured Destruction, MAD)에 대한 우려로 서로를 공격하지 않았다. 그러나 이제 지역적으로나 전지구적으로나 시대는 달라졌다. 오늘날 중국과 대만 간의 군사충돌은 경제적인 상호확증파괴(Mutual Assured *Economic* Destruction, MAED)에 대한 우려 때문에 억제된다. 전쟁억제를 위해 변화하는 시대에 적합한 방안을 생각해낼 수 있는 것이다.

이렇게 좋은 소식도 있지만 나쁜 소식도 있었다. 미국과 중국 사이에 불신이 점점 커져 적대감에 이를 정도가 된 것이다. 양쪽의 여론 일각에서 상대가 군사위협이 되고 있다는 경보를 울려대기 시작했다. 중국과 대만 간의 충돌이 전쟁의 도화선이 될 거라는 낡은 가정이 이제는 힘을 잃었음에도 불구하고 전쟁이 불가피하다고 주장하는 것이다. 그런데 대만 대신 또다른 전쟁의 도화선이 나타나고 있었다. 남중국해의 섬과 산호에 대한 중국의 영유권 주장을 둘러싸고 오래도록 격렬하게 벌어진 분쟁은 영유권을 주장하는 다른 주변국뿐만 아니라 미국과도 관련이 있다. 미국은 그것을 남중국해의 자유로운 항행에 대한 도전이라고 보기 때문이다. 또한 한동안 잠잠했던, 자잘한 섬들의 소유권을 둘러싸고 미국의 동맹국 일본과 중국 간에 벌어지는 분쟁으로 인해 군사갈등의 가능성이 커지고 있다.

18대 당대회 직전인 2012년 11월에 중국과의 트랙 2 회의를 여는 내내 난 좌절하지 않을 수 없었다. 대만과 오끼나와 사이에 위치한 일군의 무인도(센까꾸 열도 혹은 댜오위다오)를 일본이 매입한 것을 두고 중국인들이 격렬한 민족주의에 휩싸여 있었다. (일본정부는 일본 시민이 그 섬을 두고 중국을 자극할 행동을 취할까 우려되어 정부가 나서서 섬을 매입했다고 말한다.) 그때 일본에 없었으므로 직접 확인할 수는 없었지만 일본에서도 극렬한 민족주의 감정이 들끓고 있었다. 중국과 일본 양국이 그 열도에 대한 영유권을 주장하고, 그 문제에서는 대만도 그렇다. 그 열도에는 특정한 영유권을 지지할 주민도 없다. 게다가 남중국해에서 분쟁의 대상이 되고 있는 섬들과는 달리, *그*곳에는 대단한 경제가치가 있는 것 같지도 않다. 그런데 일단 발동된 민족주의를 가라앉힐 수가 없다. 일본은 자신들과 체결한 미 방위조약에 그 열도도 속한다고 주장하며 자신들을 지지해달라고 공식적으로 미국에 요청해왔다.

2014년 중국이 처음에 산호초를 준설하는 것을 시작으로 2015년에 스트래틀리 섬에 해군기지를 만드는 강수를 두자 남중국해 분쟁은 위기국면을 맞았다. 이 일방적 행동은 자신의 영유권을 기정사실화함으로써, 오랫동안 스프래틀리 섬의 영유권을 주장해왔던 필리핀의 허를 찌른 셈이었다. 중국은 군대를 동원하여 건설작업을 함으로써 사실상 필리핀과 미국에 군사조치를 취하려면 취해보라는 식의 태도를 보였다. 이는 영유권 분쟁을 외교가 아닌 무력으로 해결하겠다는 표현이었으므로 나로서는 말할 수 없이 실망스러웠다. 이성적으로 생각한다면 각자 다른 주장은 중재를 통해 해결하거나 국제법정에서 가릴 수도 있고, 단순히 지금의 상태를 그냥 유지하자는 상호이해에 이를 수도 있는데, 중국정부의 태도는 군사적 해결도 마다하지 않겠다는 것이기 때문이다.

2015년에 중국정부는 해안경비를 중심으로 조직되어 있던 현재의 해군을 개혁해 '대양' 해군을 조직하겠다는 새로운 군사전략을 발표했다. 거기에 그치지 않고 핵무기도 상당한 규모로 증강하고 다탄두각개유도미사일(MIRV)를 장착한 새로운 대륙간탄도미사일(ICBM)을 추가하여 ICBM을 현대화한다는 것이었다. 이는 중국의 전략 핵무기 성능에서 의미심장한 변화가 일어남을 의미한다. 군사력 증강을 위한 두 계획 모두 중국이 갈수록 지역분쟁에서 공격적으로 나가는 것이기 때문에 특히나 걱정스럽다. 이들 열도에 대해 영유권을 주장하는 나라들 간에 군사충돌이 벌어지기라도 하면 그것은 연루되는 나라 모두에 심각한 재앙이 될 것이고, 미국이 거기에 가담하기라도 하면 세계적인 재앙이 될 것이다. 그것은 두 핵강대국 사이에 벌어지는 최초의 전쟁이 될 것이므로, 승자는 없고 오직 전지구적 파멸만이 있다는 것을 당사자들이 잘 알고 있으리라 믿는다. 그러나 극단의 감정에 휘말리면 어떤 나라든 자신의 이익에 반하는 일도 충분히 벌일 수 있다는 사실을 결코 무시해서는 안 된다. 이것은 역사가 지금껏 알려준 바이다.

또다른 긴박한 사안으로는 이란문제가 있는데, 이란이 우라늄을 농축하여 핵무기를 개발할 것이라는 우려가 갈수록 커지고 있었다. 조지 W. 부시 행정부시절 유럽연합은 우라늄 농축을 포기하도록 하기 위해 이란과 협상을 벌였지만 소득이 없었다. 오바마 행정부가 들어섰을 때 미국은 적극적으로 이 대화에 가담 ─ 생각은 좋았다 ─ 했지만 회담은 여전히 교착상태를 면치 못했다. 지그 헤커와 나는 이 교착상태를 타개하는 일이 트랙 2 회의의 최우선과제라고 보았다. 그래서 이란의 국가안보 보좌관과의 대화를 위해 제네바에 초청되었을 때 그 기회를 이용해 공식적인 미국 협상가에게 도움이 될 만한 돌파구를 마련하고자 했다.

2007년부터 2012년까지 이란 관료들과 네번의 트랙 2 회의를 가졌는데 목표는 이란의 핵병기 개발을 막기 위한 공식회담을 추진하는 것이었다. 한번은 제네바에서 다른 한번은 암스테르담에서 열린 처음 두번의 회의는 이란의 국가안보 보좌관과 함께였다. 뉴욕시에서 열린 다음 두번의 회의는 이란 외무장관과 가졌는데 그가 유엔 회의에 참석하러 온 참에 이루어진 것이었다. 모든 모임을 빌 밀러가 주선했다. 내가 국방장관이고 그가 우크라이나 대사였을 당시 그와 긴밀하게 일을 해나간 적이 있었다. 장교로 외국에 파견되었던 초반에 그는 이란에서 5년을 근무했으므로 미-이란 사안에 열성을 보였고 경험도 충분했다. 그러나 슬프게도 이렇다 할 결과물은 나오지 않고 있다.

일을 진척시킬 방안은 유럽연합과 미국이 이란의 우라늄 농축을 허용하되 신뢰할 만한 검증체제에서 농축 정도를 제한하는 것이라고 믿는다. 예상컨대 이란도 그런 제안은 받아들일 것이다. 이란이 아예 핵폭탄을 만들기로 작정한 거라면 그런 협상전략은 실패하겠지만, 진지하게 그것을 시험해보지 않고서야 알아낼 방도는 없는 것이다.

이란 관료들의 입에서 나온 터무니없는 반이스라엘 발언으로 인해, 이란이 핵병기를 갖게 된다면 자신들을 공격할 거라는 이스라엘의 두려움이 증폭되었다. 이스라엘 정부가 이란의 핵 프로그램을 실존적 위협으로 여기게 되면 그것을 파괴하거나 저지하기 위해 공습할 가능성은 충분했다. 그런 공습이 정말 어렵다는 사실은 차치하고라도 그것이 의도치 않은 결과를 낳을 것임은 분명했는데, 모두 안 좋은 결과일 것이고 무척 심각한 상황도 초래할 것이었다.

예전에 이란 핵 프로그램에 관한 트랙 2 대화에 계속 참여했던 개인적 동기는 이란 핵병기가 참사를 가져올 수 있다는 믿음 때문이었는데, 다행히도 본격적인 공식협상이 트랙 2 회의를 대신하게 되었다. 이 책을 쓰는 시점에서 미국과 유럽의 협상단이 이란과 합의에 이르렀다. 그러나 미국, 이스라엘과 이란에는 이 합의를 강력하게 비방하는 목소리가 있다. 미국, 이스라엘의 경우 그러한 비방은 협정의 조항이 허술해서 이란이 협정을 악용하여 핵병기를 제작할 것(북한이 IAEA 회원자격을 악용한 것처럼)이라는 우려에서 비롯한다. 이란의 경우에는 분명 협정이 너무 강력해서 자신들이 핵병기 개발을 못하게 될 거라는 우려에서 생겨날 것이다. 당연히 두 입장이 다 옳을 수는 없겠지만, 사실 난 둘 다 틀렸다고 본다. 그것은 그냥 협상을 통한 협정체결의 일반적인 문제를 반영하는 것일 뿐이다. 협상의 양쪽 당사자가 함께 받아들이는 타협책은 양국의 극단주의자들을 절대 만족시킬 수가 없다. 미국 쪽 협상자로서 미국의 모든 정파를 만족시킬 수 있는 협상은 쉽게 해낼 수 있다. 내가 협상 테이블의 양쪽에 다 앉아 있을 수만 있다면 말이다! 미국 내의 반발로 합의에 실패한다면 이란 핵 프로그램을 전혀 규제할 수 없고 그 프로그램에서 실제로 무슨 일을 하고 있는지를 감시조차 할 수 없게 된다. 이란의 극단주의자들은 당연히 그 결과를 반기겠지만 미국과 이스라엘 편에서 어떻게 그것을 바람직하게 여길 수 있는지 이해하기가 힘들다.

이란이 핵을 보유하려는 이러한 위험은 우리가 이제 위험천만한 핵시대에서 새로운 장에 접어들었음을 보여준다. 전세계에 걸쳐 여기저기 흩어져 있는 핵시설들의 허술한 보안문제와 핵확산이라는, 예전부터 있었던 두가지 위험이 점점 커지고 있다. 핵안보라는 중차대한 문제는 냉전시대하고는 또 많이 달라져서, 복잡한 문제들이 터져나오면서 확실하게 경계하고 국제적으로 협력해야 할 필요성은 숨

가쁘게 커져가고 있다. 이란의 핵위기에서 시간은 우리 편이 아니다.

　갈수록 복잡해지는 핵을 둘러싼 국제적 장면에서 인도와 파키스탄의 비중이 더 커지고 있다. 두 나라는 분리된 이후 세번의 전쟁을 치렀는데, 경제 규모나 인구, 군사력 면에서 상당히 우위에 있는 인도가 세번의 전쟁을 다 '이겼다.' 매번 캬슈미르 지방이 주요쟁점이었고, 그 영토문제가 아직 해결이 안 되었으므로 네번째 전쟁이 요원한 일이라고 볼 수는 없다. 게다가 이제는 두 핵보유국이 맞서게 되는 것이다. 하지만 인도와 파키스탄 국민들은 자신들이 보유한 핵무기가 전쟁억제력을 지니기 때문에 네번째 전쟁은 일어나지 않을 거라고 믿는다. 전쟁이 일어나면 그것이 핵전쟁이 될 텐데, 주변지역으로까지 확산될 것이고 불가피하게 방사능 낙진이 그 나라들 너머의 지역까지 오염시켜 많은 나라에 심각한 사상자를 낼 것이다. 이를 생각하면 상황의 악화가 양국 모두에게 끔찍할 것이므로 종국에는 전쟁을 벌이지 않으리라는 것이다. 하지만 여기서 전쟁억제력은 전혀 믿을 만하지 않다. 동남아시아에서 지역 핵전쟁이 발발할 수도 있다는 나의 우려는 최근 파키스탄이 시도하는 '전술' 핵무기의 배치계획 때문에 더욱 커지고 있다.
　이 상황의 심각성을 인식하며 나의 스탠퍼드 동료이자 전 국무장관인 조지 슐츠와 함께 스탠퍼드에서 트랙 2 회담을 주선했다. 파키스탄 인사들과만 하기도 했고, 파키스탄과 인도의 인사들과 함께 대화를 하기도 했다. 한 회담의 곁다리 회의에서 파키스탄의 퇴역한 군 고위관료가 앞으로 벌어질 지역 핵전쟁에 대해 심히 걱정이 된다고 털어놓았다. 파키스탄에 '뭄바이 2' 공격을 계획하는 무리가 있는데, 자기 생각에 파키스탄 정부는 그것을 막지 못할 것이라고 했다. 인도에 대해 다시 그런 식의 테러 공격을 하게 되면 인도 정부는 2008년 뭄바이 공격 때 보여주었던 자제심을 더이상 보이지 않고 파키스탄에 군사보복을 감행할 것이다. 그렇게 되면 수적으로 밀리는 파키스탄 군대는 자신의 '전술적' 핵무기로 인도의 침략을 물리치고 싶은 마음이 들 거라는 것이었다. 이 자포자기식 논리는 핵무기 공격이 오직 파키스탄 안에서 벌어지기 때문에 인도정부가 마찬가지로 핵무기로 대응하지는 않을 거라고 가정한다. 퇴임한 파키스탄 관리와 나는 파키스탄에서 '전술적' 핵무기를 사용하게 되면 그것이 전면적인 핵전쟁이 될 가능성이 다분하다고 생각했으므로 그런 가정이 미심쩍다고 보았다.

이렇게 위험한 상황에서 기댈 만한 희망은 정부차원이건 비정부차원이건 양국에서 생각있는 사람들이 함께해나가는 활동이다. 파키스탄 내에 바로 그런 파멸을 조장하려는 테러 집단들이 충분히 있을 수 있는 상황에서, 전쟁을 억제하기 위해 핵무기에 의존해서는 안 된다는 사실을 이해하는 사람들 말이다. 트랙 2 회의에서 우리는 당장이라도 폭발할 듯한 카슈미르 분쟁과 두 나라 사이의 유서 깊은 적대감을 해결할 직접적인 방도를 찾을 수 없었다. 그러나 핵전쟁으로 또다른 전쟁이 벌어질 가능성을 낮출 수 있는 간접적인 방법은 찾을 수 있었다. 가장 큰 영향력 — 가장 중요한 최상의 예방책 — 은 외교적인 것이 아니라 경제적인 것인 듯하다. 즉 인도와 파키스탄 간의 무역을 장려하는 것이다. 다시 말하지만 MAD가 아니라 MAED(경제적인 상호확증파괴)여야 한다. 여기서 중국과 대만과의 관계가 비교대상이 될 수 있다. 그 경우 대만과 본토 간의 광범위한 무역과 합자회사로 인해 군사충돌의 가능성은 상당히 줄어들었는데, 두 나라가 경제적으로 밀접하게 연결되어 있어 전쟁이 곧 공도동망의 길이 되었기 때문이다.

어쩌면 의식의 중요성에 대한 또다른 우화 — 오늘날의 '글로벌리즘'의 차원에서 보자면 특히 중요한 — 라고 할 이 경우에서 원대한 핵억제 전략은 대중이 핵무기의 위험과 감축의 필요성을 폭넓게 의식하게 하는 것이라는 사실이 드러난다. 세계경제가 갈수록 서로 복잡하게 얽히면서 경제위험은 훨씬 보편적이고 지속적이 되었다. 때문에 주로 두 강대국 안에 은폐되어 있고 멀리 떨어진 오지나 해저에 배치되어 있어서 나와 동떨어진 일이라고 느껴지는 군사위험보다는 개인과 민족, 사회적 측면에서 훨씬 더 지속적인 인식의 대상이 된다.

그래서 트랙 2 회담은 인도와 파키스탄 간의 무역과 합자회사를 늘리는 활동에 주력해왔다. 2011년과 2012년에 고무적인 결과가 있었고, 두 나라가 계속해서 이해관계를 쌓아나가는 것이 우리의 바람이다.

하지만 인도와 파키스탄에서 일어날 수 있는 지역전쟁에 대한 우려에도 불구하고 장관시절에 가졌던 북한과의 음울한 경험은 북한이 핵무기 보유국이 되면 얼마나 위험할지 산남이 서늘할 징도였다. 북한은 수십년 동안 핵개발에 대한 열망을 가져왔고, 그들에게는 그 열망을 현실화할 수 있는 기술과 외골수 기질이 있다는 것을 알았다.

몇달만 더 시간을 들이면 여섯에서 여덟기의 핵폭탄을 만들기에 충분한 플루토늄을 얻을 수 있는 상태가 수년 동안 지속되어왔다. 세계에 남은 마지막 스딸린 체제로서 인도와 파키스탄의 민주주의체제에 비하면 예측할 수 없이 위험한 곳이라 하겠다.

대북정책 심사

승리와 비극

> 따라서 미국의 정책은 북한정부를 지금 있는 모습 그대로 다루어야지,
> 우리가 바라는 모습을 가정하며 대해서는 안 된다.
>
> ——클린턴 대통령과 김대중 대통령,
> 오부찌 케이조 수상에게 제출된 대북정책 심사, 1999[1]

    내가 막 국방장관이 되었을 때인 1994년에 일어났던 북한 위기는 미국과 북한 사이에 체결된 쌍무협정인 '기본합의문'에 의해 해결되었다. 그 합의문에 의해 북한은 흑연감속 원자로에서 플루토늄을 제조하기 위해 세운 영변의 핵시설을 폐쇄했다. 일본과 남한은 총 1천 MW(e)의 출력을 제공할 수 있는 두기의 경수로(LWR)를 북한에 세워주고, 미국은 경수로가 완성되어 전기를 공급할 수 있을 때까지 중유를 공급하기로 합의했다. 다른 나라들도 함께 지원하기로 했는데 그 모든 일은 처음에는 스티븐 보즈워스 대사, 다음으로는 밥 갈루치의 주도로 이루어진 것이었다. 모든 것이 순조롭게 진행되는 듯했다. 영변 핵시설은 폐쇄상태였고(그것은 같은 기간에 수십기의 폭탄에 들어가는 플루토늄을 공급할 수 있었을 것이다), 비록 일정이 늦어지기는 했지만 경수로도 공사 중이었고, 미국은 매해 중유를 공급하고 있었다.

하지만 북한에서 어떤 일이든 오랫동안 탈없이 진행되는 법은 없다. 1998년에 새로운 위기가 대두했다. 북한은 남한과 일본 일부지역에 이를 수 있는 중거리탄도미사일인 로동을 제작하고 실험, 배치했다. 그뿐 아니라 장거리 미사일인 대포동 1호와 대포동 2호를 개발하고 있었는데, 둘 다 첫단계로서 로동을 변형한 것이다. 대포동 미사일은 완성될 경우 남한과 일본의 일부지역은 물론이고 미국의 목표지점에까지도 이를 것이다. 결과적으로 양국에서 이 미사일을 크게 우려했는데, 대륙간 미사일의 경우 핵탄두를 탑재할 게 아니라면 군사적으로 의미가 없는 것이기에 특히 그러했다. 1998년 8월 31일 북한이 위성 발사시험으로 일본 상공에 대포동 1호를 쏘아 올렸다가 실패하자 이 우려는 더 커졌다. (러시아와 미국이 성공적으로 쏘아올린 최초의 위성은 군사 로켓에 의해 궤도에 진입했다.) 이 실험발사는 미국과 일본 양국에서 공분을 자아내어 미 의회와 일본국회에서 합의문에 명시된 자금지원을 중단해야 한다는 요구가 거세졌다. 하지만 합의문이 파기된다면 북한은 영변의 핵시설을 다시 가동할 것이고, 그렇게 되면 북한은 그 미사일에 핵탄두를 탑재하기 위해 필요한 플루토늄을 생산하게 될 것이었다.

이 위태로운 시기에 미 의회는 대북정책의 외부심사를 요구했고 클린턴 대통령이 이를 받아들였다. 클린턴 대통령은 내게 심사 책임자를 맡아달라고 했고, 나는 수락하지 않을 수 없었다. 기본합의문으로 지난 위기를 해결한 이후 4년 만에 생겨난 위험요소, 훨씬 그 수위가 높아진 위험요소로 인해 심사를 요구한 것이라 보았다. 정책심사에 시간을 할애하기 위해 스탠퍼드에서의 시간을 반으로 줄였다.

막강한 팀이 필요했기 때문에 나의 오랜 동료인 애시 카터에게 심사위원회의 부위원장을 맡아달라고 했다. 그가 제안을 받아들여 마찬가지로 하버드의 일을 반으로 줄였다. 또한 국무부의 확고한 지지가 필요했는데, 국무부는 전통적으로 대통령이 임명한 사람들이 끼어드는 것을 너무나 싫어했기 때문에 문제가 될 수도 있었다. 하지만 나는 국방장관 시절에 당시 미 대사였고 이제는 국무장관인 매들린 올브라이트[2]와 긴밀히 협조하며 일했었다. 최상의 국무부 팀과 함께 작업하면 충분히 성공할 수 있다고 그녀에게 말하며 적극적으로 협조하며 일하겠다고 맹세했다. 그러자 그녀는 아주 능력이 뛰어난 부장관인 웬디 셔먼에게 애시와 함께 공동부위원장을 맡아줄 것을 요청했다. 또한 국무부의 한국 전문가인 에반스 리비어와 국무부의 떠오르는 샛별인 젊은 한국계 미국인 필립 윤도 파견했다. 백악관이 전에 함께 일한 적이 있던 아시아정책 전문가인 켄 리버설도 파견해주었으니 아주 운이 좋았다.

그다음으로 어려운 작업은 의회였다. 관련된 위원회들마다 가서 브리핑을 했는데, 원만히 진행되었고, 주요 의원들과는 일대일 면담도 했다. 이 면담 역시 순조로웠는데, 존 맥케인 상원의원만은 예외였다. 그는 기본합의문에 반대했던 인물로서 북한과 더이상 대화할 필요가 없다는 입장이었다. 내가 국방장관이었을 때 맥케인 상원의원과 관계가 좋았다는 게 좀 도움이 되기는 했지만, 그가 이 프로젝트를 지지하지 않는다는 것은 명백했다.

마지막으로 남한정부와 일본을 이에 가담시키는 것이 정말 중요하다고 보았는데, 각각 다른 의미에서 어려움이 있었다. 김대중 남한 대통령은 이 대북심사가 '햇볕정책'을 틀어지게 할 수 있다고 우려했고 케이조 오부찌 일본 수상은 북한과의 핵심사안, 즉 몇십년 전에 북한에서 납치하여 여전히 억류하고 있는 일본 민간인의 석방을 얻어내는 일을 미국 쪽에서 무시할 거라고 우려했다. 나는 아시아로 가서 오부찌 수상과 김대중 대통령을 차례로 만나 그들의 조언을 진지하게 듣고 그들의 이해관계를 충분히 대변하겠다고 약속했다. 그 약속을 지키는 데 도움이 될 테니, 우리 세사람이 '3자' 프로젝트의 공동위원장 자리를 맡고 대북심사에 함께할 정부의 고위급 대표자들을 지명해달라고 요청했다. 이 제안은 그들로서는 전혀 예상치 못한 것이었으므로 경계를 풀고는 우리의 팀에 최고의 인원을 합류시켰다. 이후로 나는 카또오 료오조오와 임동원이 지지하지 않는 결정을 내린 적이 한번도 없다. 이런 접근방식으로 인해 내가 보기에도 지나치게 프로젝트의 시작이 늦춰졌지만, 궁극적으로는 최종보고서에 승인이 필요했을 때 커다란 이득이 되었다. 일본과 남한에서 '페리 프로세스'라 불렀던 이러한 협력과정은 그 나라에서 널리 퍼지게 되었고 지금까지도 그러하다.

나는 이렇게 협력해 일을 해나가는 것이 위험천만한 핵문제에서는 물론이고, 갈수록 세계적 차원의 안보문제가 대두되는 전지구화 시대에 중요한 사안을 해결하는 모범방식이라고 믿는다. 협력방식을 믿는 이유는 역사적으로 서로 갈등하고 경쟁하던 나라들도 중요한 목표를 위해서는 상호신뢰와 존경의 정책하에 협력할 수 있다는 것을 경험으로 알았기 때문이다. 북한 위기가 불길한 징조였음은 두말할 나위도 없다. 본디 특성상으로도 그렇지만 역사적으로도 핵무기 위기는 전지구적 위기가 되고 만다. 외교를 통해 국제적 계획과 절차에 합의하고 협조해 위협을 줄이는 것은 모든 국가에 절박한 관심사이다.

같은 취지에서, 남한과 일본뿐 아니라 중국과 러시아 정부관료들역시 불러서 정보회의를 열었다. 그들이 심사의 공식적인 승인과정에 참여하고 있지는 않더라도 그들에게 상황을 알려주고 의견을 듣기 위해서였다.

이렇게 협력작업의 기반을 닦아놓은 후 심사에 착수했다. 이후 다섯달에 걸쳐 3자 그룹은 여섯번의 회의를 가졌다. 워싱턴에서 한번, 토오꾜오에서 한번, 호놀룰루에서 두번, 그리고 서울에서 두번이었다. 한국과 일본이 전통적으로 서로를 불신하는 까닭에 초반에 회의의 진전은 더디었지만, 내 예상대로 일본과 한국의 공동위원장들은 그런 건 곧 넘어섰다. 이후 회의는 순탄하게 진행되었고 우리는 금방합의에 도달했다.

3자 프로젝트 팀은 우리의 연합군 병력이 전력에서 확실히 우위에 있고, 북한도 그것을 충분히 알고 있음을 인정했다. 우리 편의 전쟁억제력이 탄탄할 뿐 아니라 북한이 핵무기를 갖는 것 —— 북한이 영변시설을 재가동하여 플루토늄을 생산하기 시작하면 충분히 가능하다 —— 을 계속해서 저지할 수 있으리라는 결론을 내렸다. 북한이 하고자만 한다면 몇달 안에 영변시설을 재가동할 수 있다는 사실은 충분히 인식하고 있었다.

각 정부에서 고전적인 방식과 새로운 방식의, 근본적으로 다른 두개의 전략을 저울질하고 있음을 알게 되었다. 새로운 전략이 더 나았

298

는데, 그것은 북한이 핵무기를 제조할 수 있는 핵시설을 해체하는 동안 포괄적 정상화와 평화협정(한국전쟁이 휴전으로 끝났기 때문에 사실상 여전히 전시라고 할 수 있다)을 위해 단계적으로 나아가는 것이었다.

좀더 고전적이라 할 다른 방식은 북한에 점점 강력한 제재를 가하는 강압전략으로서, 그들로 하여금 어쩔 수 없이 핵시설을 포기하도록 밀어붙이는 것이다. 강압적 접근법을 택하더라도 우리는 제7함대에 핵심부대를 추가하고 남한에 추가병력을 배치하고 BMD 씨스템의 배치를 가속화하는 등 우선 우리의 전쟁억제력을 강화할 것을 제안했다.

두번째 전략은 비용도 많이 들고 전쟁으로 비화될 위험성이 컸으므로 우린 첫번째 전략에 역량을 집중했다. 그러나 무엇보다 각 나라의 입법부와 세 동맹국의 전폭적인 협조(3자회의가 그를 위한 길을 닦아놓은 셈이었다) 없이는 어떤 국가도 일방적으로 그 전략을 시행할 수 없다는 점을 강조했다. 더욱 중요하게는 우리가 선호하는 첫번째 전략과 그것이 요구하는 조건에 북한이 협조하도록 만들어야만 했다. 그렇지 않다면 강압전략으로 넘어가는 수밖에 없으니 말이다. 세 나라의 수장들이 모두 우리의 제안을 받아들여서, 내가 평양을 방문하여 북한 지휘자들이 첫번째 전략을 받아들일지 타진해볼 것을 승인했다. 김대중 대통령과 오부찌 수상은 내가 미국만이 아니라 남한과 일본을 대표하도록 승인한다는 편지를 써주었다. 우리의 행동계획에 대해 전폭적인, 심지어 열광적인 지지가 있었고, 그것은 그 계획을 세운 3자회담의 중요성을 입증하는 것이었다. 북한의 합의를 이끌어내려면 각 입법부의 승인이 필요할 것임을 알았지만 그 단계에서는 아직 입법부의 승인을 받지는 않았다.

북한정부는 우리가 미 전투기를 타고 평양에 들어가는 것을 허용했고, 그것은 그들이 우리의 임무를 진지하게 받아들인다는 좋은 징조였다. (그게 아니었으면 베이징으로 들어가 가끔씩 다니는 평양행 비행기를 기다렸다 타야 했는데, 그 커다란 불편 또한 피할 수 있었다.) 우리 전투기가 북한 영공을 가로지를 때 아무래도 좀 긴장했었음을 고백해야겠다. 지상의 방공포대는 우리의 비행을 허용한다는 연락을 받았을까? 그건 분명했다. 북한 대표단이 공항에서 우리를 맞은 뒤 숙소로 데리고 가 쉬도록 했다. 그날 저녁 최고인민회의 의장과 만났는데, 사실상 북한에서 실제권력은 김정일이 쥐고 있기 때문에 그 만남은 화기애애하기는 했지만 의례적인 것이었다. 그가 나에게 준 일정표를 살펴본 후 군지휘자들과의 만남이 잡혀 있지 않다는 점을 지적했다. 내가 미국의 전 국방장관이었음을 상기시키며 군지휘자와 만나게 해줄 것을 요청했다. 또한 의약품을 가져왔으므로 평양의 소아병동에 그걸 전달하고 싶다고도 했다. 그는 모두 받아들였다.

다음날 아침 우리는 호위를 받으며 회의실로 갔고, 우리가 다 모여 앉자 북한군 장군을 선두로 한 대표단이 들어왔다. 대화는 대충 이런 식으로 진행되었다.

"이 회의는 내가 원한 게 아니었소." 그가 곧장 말을 던졌다. "당신을 만나라는 지시를 받았을 뿐이오. 핵무기를 포기하라는 식의 그런 얘기는 아예 꺼내지도 않는 게 좋을 거요."

내가 물었다. "핵무기가 왜 필요하다고 생각합니까?"

"침략으로부터 우리를 지키기 위해서지!"

"누구의 침략 말인가요?"

"(나를 가리키며)당신들이지! 우린 핵무기를 개발할 거요. 그러고 나서 당신들이 우리를 공격하기만 하면 핵무기로 당신들 도시를 다 박살낼 거라고. 팰로앨토도 예외는 아닐걸!"

내가 외교상 솔직함의 가치를 인정하기는 하지만, 그래도 이건 너무하지 않은가! 어쨌든 군장성들의 입장이 어떠한지는 정확히 알게 되었다. 시작이 상당히 거칠기는 했지만 이어진 대화는 사실 흥미로우면서 유용했다. 곁가지로 북한 정부부서 간의 관계를 잘 알려준 대목이 있었는데, 북한 외무장관을 대표하여 참석한 인물이 어떤 점을 지적하기만 하면 장군이 말을 막으며 이렇게 얘기하는 것이었다. "이 '책상물림들' 말은 들을 필요도 없습니다. 군사문제에 대해서는 전혀 아는 게 없는걸!"

다음날의 경험은 무척 달랐다. 평양의 소아병동을 방문했는데, 내과 과장이 우리를 상냥하게 맞았다. 많은 양의 항생제가 포함된 의약품을 전달하자 그녀는 거의 눈물이 글썽해졌다. 항생제가 없어서 죽지 않아도 될 아이들이 죽어가고 있다고 말했다. 그러곤 아이들을 좀 만나볼 것을 권했는데, 곧 주저하더니 미안한 말투로 이렇게 말하는 것이었다. "미리 말씀을 드려야 할 것 같은데요. 오늘 아침에 당신들이 찾아올 거라고 아이들한테 얘기했더니 자기들을 죽이러 오는 거냐고 묻더라고요." 증오심에 가득 찬 선전선동에 의해 비뚤어진 마음을 보여주는 이보다 더 슬픈 사례가 있을까? 북한 주민들은 국영 라디오와 텔레비전 외에는 뉴스를 접할 방법이 없고, 국영방송은 '파시스트 전쟁 미치광이들'인 미국에 대한 경고를 365일 24시간 내내 쏟아부었다. (예를 들어 1994년 위기 당시 북한 매체는 나를 '전쟁광'이라고 불렀더랬다.[3]) 그렇기는 하지만 아이들을 둘러보는 일은 별다른 문제없이 끝났고 아이들은 즐거워했다.

그곳에서 지낸 사흘의 대부분을 북한 고위급 외교관인 강석주와 협상을 하며 보냈는데 논의 중에 엄포나 위협 같은 건 전혀 없었다. 북한은 확실히 자신들의 미사일을 중하게 여겨서, 그것으로 전쟁억제도 되고 위신도 세우고 외국에 팔면 현금을 확보할 수도 있다고 보았다. 그러나 핵무기와 장거리 미사일을 포기하는 것이 관계의 정상화를 위한 길이라는 사실도 이해했다. 무엇보다 중요하게는, 수십년 간 이어진 불안정한 상황을 끝내고 안전하고 안정적이며 번창하는 한반도를 이룰 수 있는 관계정상화를 분명 바라고 있었다.

평양을 떠나기 전에 시내구경을 했는데, 유명한 주체사상탑도 포함되어 있었다. 거기 올라가 있는데 버스 한대가 아래쪽에 정차하더니 승객들이 내려서 손을 맞잡고는 종잡을 수 없는 방식으로 춤을 추기 시작했다. 주변의 거리는 텅 비어 있었기 때문에 춤추는 저들이 누구냐고 묻지 않을 수 없었다. 안내원이 대답하기를, '자발적으로 온 대중'이라는 것이었다.

귀국하면서 우리 팀은 북한에서 우리가 제시한 협력전략을 받아들일 용의가 있는 거라고 의견의 일치를 보았다.

302

평양에 다녀온 다음해에는 만사가 정상화를 향해 가는 듯했다. 2000년 시드니 올림픽에서 남과 북의 대표단이 함께 입장했고, 김정일은 상하이 방문길에 주식시장과 뷰익 자동차공장을 들렀다. 남북이 최초로 정상회담을 열었고, 일본과 북한도 정상회담을 계획하기 시작했다. 아찔할 정도로 들뜬 그 시기에 나와 리는 아들 데이비드와 한국에서 태어난 손자 마이클을 데리고 서울로 여행을 갔다. 마이클을 입양한 게 한살도 안 되었을 때였는데 벌써 열다섯살이 되었고, 그래서 그애가 자신의 고국을 다시 가보았으면 했다. 오랜 비행 끝에 밤늦은 시각에 서울의 공항에 도착해보니 방송국에서 나온 기자들이 떼로 몰려들어 마이클과 나를 인터뷰하겠다고 아우성을 쳤다. 우리를 마중 나온 스티븐 보즈워스 미 대사가 아직 잠도 덜 깬 마이클이 카메라에 잡히지 않도록 겨우 막으면서 우리를 서둘러 대사관 숙소로 데리고 갔다. 이후 사흘 동안 리와 나는 데이비드와 마이클을 데리고 한국을 구경시켜주었다. 기차를 타고 신라의 왕릉을 보러 가기도 했다. 어디를 가든 한국 사람들이 우리를 알아보고는 얘기를 나누고 싶어했는데, 너나 할 것 없이 모두 마이클에게 통역을 기대하는 눈치였으나 사실 마이클은 한국말을 하지 못했다.

서울에서의 마지막 날 저녁에 우리는 남한과 브라질의 축구경기에 초대받았다. 서울에서 열린 올해의 경기라 할 만했다. 두 팀은 막상막하로 연장전까지 0대 0 승부를 이어갔는데, 그때 한국의 레프트윙 선수가 브라질의 패스를 가로채서는 쏜살같이 공을 몰고 가서 결승골을 터뜨렸다. 마이클과 나는 환호하며 벌떡 일어났고, 몇 좌석 앞에서 진을 치고 있던 사진기자가 손을 흔들며 환호하는 우리의 사

'페리와 그의 맏손자의 축구 환호.' 1999년 3월, 한국과 브라질의 축구경기를 관람하던 페리와 그의 손자 마이클 페리(오른쪽에 두 손을 올리고 있는 인물). ©조선일보

진을 찍었다. 다음날 아침 『조선일보』는 '페리와 그의 맏손자의 축구 환호'라는 설명과 함께 그 사진을 1면에 실었다.[4] 마이클에게 얼마나 멋진 기념품인지! 다음날 아침, 공항으로 가기 바로 전에 우리는 마이클을 기념품 가게에 데리고 갔고, 마이클은 거기서 티셔츠를 골랐다. 마이클이 지갑을 꺼내려 하자, 점원이 말했다. "너 마이클 페리구나. 돈 안 내도 돼!" 마이클도 나도 그 일을 잊지 못할 것이다. 그것은 한국국민들의 진정한 환대와 따뜻한 마음을 보여주었다. 그것은 또한 전쟁의 상흔을 지닌 분단국가에서 그들이 얼마나 진심으로 평화를 원하는지를 또렷이 보여준 것이라 믿는다.

'햇볕정책'은 계속되었다. 2000년 10월, 김정일은 고위군사관료인 조명록 소장을 워싱턴으로 보냄으로써 우리의 제안에 대한 지지를 표명했다. 워싱턴으로 가는 길에 그가 스탠퍼드로 나를 만나러 왔다. 내게 부탁해 씰리콘밸리 회사들을 둘러보라는 김정일의 지시가 있었다고 해서, 난 그를 데리고 쌘프란시스코만을 차로 돌면서 세군데의 첨단기술 관련 회사를 방문했다. 그가 방문했을 때는 마침 쌘프란시스코만에서 매해 열리는 해군의 전통적인 축하행사인 '함대주간'이 진행되고 있었다. 그래서 베이 브릿지를 차로 건너가는 중에 미 해군 곡예비행단 블루 에인절스가 밀집대형으로 머리 위를 날고, 그 아래 바다에서는 순양함과 구축함과 항공모함이 퍼레이드를 벌이는 모습을 맘껏 구경할 수 있었다. 북한 소장은 그 모든 것을 그를 위해 마련했다고 생각했을 수도 있다!

그날 저녁 조 소장을 위해 스탠퍼드의 엔사이나 홀에서 만찬을 준비하고 세명의 한국계 미국인 사업가도 초대했다. 그중 한사람이 당시 루슨트 테크놀로지의 고위기술직이었고 후에 벨 연구소의 소장이 된 나의 친구 김정이었다.[5] 그날 만찬에 앞서 정은 조 소장에게 루슨트의 첨단광학 실험실을 보여주었다. 조 소장이 그 기술을 제대로 이해하지는 못했지만, 북한에 있는 그 무엇보다 수십년은 앞선 기술임은 분명 인식했을 것이다. 저녁식사 자리에서 세명의 한국계 사업가들은 조 소장과 한국어로 대화를 했을 뿐 아니라, 우리가(그리고 북한의 중국 동료들이) 북한에 권하고 있는 자유시장체제에서 한국인들이 얼마만큼의 성공을 거둘 수 있는지를 몸소 증명해 보였다.

다음날 조 소장은 워싱턴으로 가서 클린턴 대통령과 다른 정부관료들을 만났고, 김정일이 보낸 평양으로의 초대장을 대통령에게 주었다. 워싱턴에서의 마지막 날 저녁에 올브라이트 국무장관이 그를 위해 연회를 마련했고, 나도 참석하여 그의 옆자리에 앉았다. 마침 그날이 나의 생일이었으므로 올브라이트 장관이 '생일축하' 노래를 제안했다. 조 소장은 옆 테이블의 사람들이 하는 얘기에서 내가 자신보다 세살 많다는 사실을 알고는 일어나서 연장자인 나에게 축배를 들었고(북한 문화에서는 나이가 많다는 것은 아는 것도 많고 현명하는 것을 뜻한다) 그에 자리에 있던 미국인들이 모두 재미있어했다. 그곳의 화기애애한 분위기는 앞서 1년 동안 이루었던 진전과 더불어 북한의 핵위협이 이제 사라질 거라는 희망을 품게 했다. 하지만 사실은 그렇지 않았다.

그 당시는 클린턴 대통령의 두번째 임기가 세달밖에 남지 않았을 때였다. 그가 대통령직에서 물러나기 전에 처리하고자 했던 두개의 주요 대외정책 사안이 북한의 정상화와 이스라엘-팔레스타인 평화협정이었다. 그 두 사안을 최우선과제로 삼았는데, 하나를 해결할 기회를 잡았다는 믿음하에 이제 둘 다에 힘을 쏟을 시간은 없다고 보았다. 그래서 남은 임기를 중동 평화협정에 집중하기로 했는데, 거의 성공할 듯했으나 야세르 아라파트가 마지막 순간에 겁을 먹고 물러남으로써 이루어지지 못했다. 그래서 창의적이면서 결단력 있게 추진했음에도 불구하고 클린턴 대통령은 안타깝게도 둘 다 이루지 못하게 되었던 것이다.

내가 클린턴 행정부에 들어갔을 당시 합동참모본부 의장이었던 콜린 파월[6]은 이제 조지 W. 부시 행정부의 국무장관 지명자였다. 난 그에게 지금까지의 협상과정을 설명했고, 그는 북한과 계속 협상해나가 성사되게 할 계획이라고 말했다. 부시 대통령이 취임한 지 불과 6주 만에, 새 행정부로부터 내가 시작한 북한과의 협상을 지속해 나가겠다는 다짐을 듣기 위해 김대중 남한 대통령이 워싱턴을 방문했다. 파월 장관이 그 문제를 장담한 게 분명한 것이, 다음날 『워싱턴 포스트』지에는 '부시가 클린턴의 회담을 이어받다'[7]라는 헤드라인이 실렸다. 그런데 같은 날 오후 김대중 대통령이 부시 대통령을 만났을 때 부시 대통령은 북한과는 모든 대화를 중단한다고 딱 잘라서 말했고, 그래서 이후 2년 동안 북한과의 대화는 전혀 이루어지지 않았다. 우리가 오랫동안 공들여온 외교가 그렇게 한순간에 내동댕이쳐지는 걸 본 나는 너무 당황스럽고 화가 났다. 그리고 외교적으로 풀어나갈 기회가 사라져버리면서 한국의 미래가 어떻게 될지 낙담하지 않을 수 없었다. 국무부에 있는 나의 오랜 친구들인 콜린 파월과 리치 아미티지에게 호소를 해보았지만, 그들로서도 대통령의 결정에 따라야지 별도리가 없었다.

2002년 10월, 제임스 켈리 국무부 차관보가 평양을 방문하여, 미 정보국에서는 북한이 또다른 핵처리과정을 진행하고 있고 그것도 우라늄 농축과정이라는 정보를 입수했다고 북한정부 고위관리들에게 말했다. 영변시설이 가동되던 당시에는 플루토늄을 생산했는데 그것은 핵연료를 제조하는 것과는 완전히 다른 과정이었다. 그 근거가 무엇이었는지 한번도 공개된 적이 없지만, 2002년에 북한이 우라늄 농축 프로그램의 초기단계에 있었던 것은 분명한 것 같다. 그 회의는 서로 악감정만 더해진 채 끝났고, 곧바로 미국과 일본과 남한은 합동성명서를 발표했다. "(…) 핵무기를 위한 우라늄을 농축하려는 북한의 프로그램은 기본합의문와 핵확산금지조약, 북한의 국제원자력기구 핵안전 합의, 그리고 한반도의 비핵화에 대한 남북공동선언의 명백한 위반이다."8) 그 결과 북한과 미국이 나란히 기본합의문에서 탈퇴했다. 미국은 중유공급을 중단했고, 일본과 북한은 경수로 건설을 중단했다. 충분히 예상할 수 있겠지만 이에 북한은 영변시설을 재가동하여 다시 플루토늄 생산(1994년 위기의 발단이었던 행위)을 시작했다. 부시 행정부는 그 행위를 '받아들일 수 없는' 것이라 했지만 그것을 막기 위한 아무런 조치도 취하지 않았다.

2003년, 그 지역의 위험수위가 점점 올라가는 데 놀란 중국은 북한과 남한, 일본, 중국, 러시아, 미국이 참가하는 소위 6자회담을 성사시켰다. 이 회담은 좋은 방안처럼 보이긴 했지만 확실히 '실제상황'과는 동떨어진 채 이루어졌으므로 별다른 성과를 내지 못했다. 사실회담이 진행되는 중에 북한은 영변의 재처리과정을 끝내고 2006년 10월 9일 첫번째 핵폭탄 실험을 했던 것이다. 부시 행정부가 회담이 진행되는 동안 영변의 모든 과정을 잠정중단할 것을 주장하지 않은 것은 심각한 잘못이었다고 본다. 그것은 1994년 클린턴 대통령이 북한과 회담을 시작하기 전에 요구했던 핵심조건이었던 것이다.

공식외교의 실패에 좌절감을 느끼고 난 북한과의 트랙 2 외교에 집중하기 시작했다. 2007년 2월에 남북 휴전선 근처 개성의 남북공동 특별경제구역을 처음으로 방문했다. 그곳에는 여남은곳 이상의 현대식 생산시설이 이미 완성되었고 더 많은 시설의 건설이 예정되어 있었다. 개성식 사업 모델에 따라 북한은 대지와 노동력을 제공하고 남한은 자본과 경영을 담당했다. 난 그곳의 상황에 무척 감명을 받았고, 미래의 한국을 선도할 수 있다고 믿었다. 남한 회사들은 기초적인 기술로 질 좋은 상품을 생산하는 시설을 세우는 일을 잘 해내었다. 근로조건은 훌륭했고 북한 노동자들의 생산성도 높았다. 내 친구 김정도 이 방문에 동행했는데, 제조업 분야의 그의 경험과 한국어 실력 덕을 많이 보았다.

2008년 1월, 스탠퍼드 동료인 존 루이스와 지그 헤커가 북한을 방문하여 영변의 핵처리 공장을 광범위하게 둘러보았는데, 그 시설들의 해체작업이 진행 중인 것을 볼 수 있었다. 어쩌면 북한과 다시 협상의 길에 들어설 수도 있을 듯했다.

그로부터 한달 뒤 이명박 대통령의 취임식을 보러 남한으로 갔다. 이 대통령은 취임사에서 북한에 핵무기 포기를 종용하고, 그에 동의한다면 경제재건에 도움을 주겠다고 제안했다. 그보다 몇주 전에 북한은 뉴욕 필하모닉을 평양으로 초청하여 콘서트를 개최함으로써 세상을 놀라게 했더랬다. **나로서도** 너무 뜻밖으로 북한정부는 나를 그 콘서트에 초청했는데 머무는 동안 비공식적인 쌍무적 핵회담을 위해 협상가들을 만나달라고 요청했다. 콘서트가 이 대통령의 취임식 바로 다음날인 2월 26일이었고, 북한으로 가는 유일한 항로인 베이징을 거쳐 가는 방식으로는 서울에서 평양까지 갈 수 있는 시간이 안 되었으므로 난 거절할 수밖에 없었다. 뜻밖에도 북한정부는 내가 초청에 응하기만 하면 공식차량으로 비무장지대를 지나 서울에서 평양으로 들어오는 걸 허용하겠다고 했다. 난 즉시 받아들였다.

비무장지대를 가로지르는 것은 으스스하면서도 아주 각별한 경험이었다. 북한정부가 나를 데리고 갈 차를 보내주긴 했지만, 전날밤에 눈이 많이 내렸기 때문에 길을 치워야 했다. 그 길에 차라고는 우리 차 한대뿐인데 정부가 빗자루와 삽을 든 수천명을 동원하여 평양까지 이르는 그 길을 치우는 것을 보고는 놀라서 입이 딱 벌어지지 않을 수 없었다. 날씨가 좋을 때라도 그 길에 차는 이따금씩만 다닐 뿐이었고 북한 주민들은 보통 차가 없기 때문에 관료들이나 이용했다. 나를 호위하며 내내 험악한 인상을 하고 있던 한국군 대령이 비무장지대를 지나자 별안간 만면에 미소를 띠며 농담을 던졌다. "인삼을 드리고 싶었는데, 부인과 함께 계시는 게 아니라 그러면 안 될 것 같더라고요."(그 '농담'은 인삼이 정력제 효과가 있다는 데서 나온 것이다.) 썰렁한 농담이긴 했지만 그 덕에 분위기는 한결 누그러졌다. 평양에 도착하여 북한 관료들과 가진 핵논의는 별 성과를 보지 못했지만 그날 저녁의 콘서트는 무척이나 인상적이었다.

훌륭한 공연은 예상한 바였고 뉴욕 필하모닉은 그 상황에 걸맞은 아주 멋진 모습을 보였다. 내가 예상치 못했던 것은 거기에서 무대에 걸린 성조기를 보고 미국 국가의 연주를 듣는 것이었다. 그러나 무엇보다 놀라웠던 일은 북한 사람들이 모두 일어나 미국 음악가들에게 박수갈채를 보냈던 일이다. 정말이지 경이로운 순간이 아닐 수 없었다. 민족과 민족 간의 우정이 그렇게 북받치며 쏟아져 나오는 순간은 그때껏 한번도 경험해본 적이 없었다. 미국의 고위급 행정부 관료들 몇명이 더 초청되었으나 그들은 거절했다. 내가 보기에 그들은 또다시 기회를 놓쳐버린 것이었다. 1971년의 '핑퐁 외교'가 그저 핑퐁 게임이나 하자는 것이 아니었던 것처럼 그 행사는 단지 콘서트만이 아니었다. 콘서트와 그 여파는 북한과 새로운 관계를 탐색해볼 수 있는 좋은 기회였고, 한반도 안보의 의미심장한 진전으로 이어질 잠재성이 다분했다.

그날의 콘서트가 북한과의 긍정적인 관계를 위한 또다른 돌파구를 마련할 수 있기를 바랐다. 그러나 미국이 그 직후 착수한 일은 제재의 강화였다. 이후로 북한은 도발을 이어갔다. 미 정보국에 따르면 북한은 2009년에 두번째 핵실험을 했고 아마 성공했을 것이다. 위성을 쏘아 올렸지만 궤도진입에 실패했는데, 2012년에는 그것마저 성공했다. 앞선 유엔 결의는 북한이 장거리 미사일을 쏘아 올리는 것을 금지했지만, 그 결의를 비웃기라도 하듯 그들의 위성은 대포동 장거리 미사일의 초기 두 단계로 이용되었고 그후 유엔은 제재조치를 명했다. 북한은 아랑곳없이 2013년 2월 세번째 핵실험을 했다. 제재에 대해 내놓은 북한정부의 성명은 놀랄 만큼 독설로 가득했다.

조선민주주의 인민공화국에서 하나씩 하나씩 발사되는 모든 위성과 장거리 로켓포, 그리고 고도의 핵실험이 조선인민의 불구대천의 원수인 미국을 표적으로 한다는 사실을 숨기지 않을 것이다.[9]

2000년에는 경제재건을 위해 핵무기에 대한 열망을 기꺼이 포기할 듯이 보였던 북한과 어느정도 정상화에 이를 가능성(확실함은 아니지만)이 우리에게 있었다. 2015년에 우리가 마주하게 된 것은, 6개에서 10개의 핵무기로 무장한 채 더 많은 핵폭탄을 위한 핵분열성 물질을 생산하며 장거리 미사일을 실험하는 도전적이고 분노로 가득한 북한이다. 결과로 보자면 아마 이것이 미국 역사에서 가장 실패한 외교가 아닐까 싶다.

이라크에서의 대실책

그때와 지금

2003년 이라크를 침공하겠다는 조지 W. 부시 대통령의 결정은 결과적으로
미 외교사에서 가장 낭비적 행위 중 하나로 여겨지게 되었다.[1]

——토머스 E. 릭스 『대실책』 첫 문장, 2006

트랙 2 사업은 핵과 관련된 사안이 우선이었기에 핵강대국이나 핵
을 보유하려는 나라들에 초점이 맞춰져 있었다. 하지만 이라크를 모
른 체할 수는 없었다. 전쟁이 일어난 주된 이유는 이라크가 핵보유
능력이 있다는 주장 때문이기도 했다. 북한과 더불어 이제 이라크까
지 정말로 핵과 관련해 우려할 만한 경우가 된 것이었을까? 시간이
흐른 뒤 드러난 바로는 이라크는 당시 현실적으로 가능한 핵무기 프
로그램이 없었다.

하지만 곧 엄청난 사상자가 나올 것이고 어려운 윤리문제까지 수
반한 전쟁을 무시할 수는 없는 노릇이었다. 더군다나 손주인 니콜라
스 페리가 해병대에 입대하여 미군에게 가장 위험한 지역 중 하나인
팔루야로 세번이나 파병이 되었으니 이라크전은 내게 절실한 문제
였다. 그래서 곧 이라크전에 대한 격렬한 논쟁에 휘말리게 되었던 것
이다.

2006년 초입에 미국은 이라크전을 두고 완전분열되어 있었다. 현대 미국 역사에서 가장 비극적인 기간 중 하나였던 베트남전쟁을 환기하며 '대실책'이라든지 '수렁'이라든지 하는 단어들로 주로 이라크전을 묘사하고 있었다. 이라크전이 어느 정도의 재앙이 될지 분명해진 후, 미군이 갈수록 위험하게 거기에 얽혀 들어가는 데 놀란 미의회는 독립적인 양당합작의 연구조직인 이라크 연구단(ISG)을 위촉하여 이라크 문제에서 어떻게든 진전을 보기 위해 합의를 끌어내는 임무를 맡겼다. 제임스 베이커와 리 해밀튼이 공동단장이 되고 각각이 자신의 당에서 네명의 위원을 선출했는데, 나도 거기에 포함되었다. 그에 더해 베이커와 해밀튼은 40명의 전문 고문단도 모집했다. 위원도 그렇고 고문단도 그렇고, 정부에서 지급하는 보통의 여행경비 외에는 어떤 보수도 없었다. 우리는 2006년 3월에서 8월까지 한달에 두세번 만나서 정부 안팎에서 선정된 이라크 전문가들과 논의를 하고 그에 대해 심사숙고를 거듭했다.

여러 시각을 살피고 권고안을 만들면서 우리가 다루는 문제가 미 대외정책상의 수많은 자잘한 오류들이 모여 만들어낸 거대한 오류라는 결론에 도달했다. 뒤에서 그 오류들을 자세히 얘기할 텐데, 갈수록 위험해지는 오늘날의 세계에서 그것이 우리 행위의 부정적 청사진이라고 믿기 때문이다. 그 오류는 두 부류로 나뉜다. 첫번째는 이라크 침공의 근거와 관련이 있고, 두번째는 침공과 이후 점령의 방식과 관련이 있다.

조지 W. 부시 행정부는 이라크 침공의 근거로 무엇보다 이라크의 대량살상무기(WMD) 프로그램을 들며 당장이라도 커다란 위험이 닥칠 듯이 대대적인 선전을 했다. 불법적인 핵 프로그램을 막기 위한 군사행동 — 그것은 정당한 조치였을 수 있다 — 은 핵시설을 목표로 하는 것이므로 이라크를 점령할 필요는 없었을 것이다. 하지만 이라크의 핵무기도 그렇고 다른 WMD도 그렇고 임박한 위험은 고사하고 그런 위험의 조짐도 없었다. 전쟁 전에 이루어진 유엔 감시단의 보고서가 옳았던 것으로 보인다.

부시 행정부가 내놓은 두번째 미심쩍은 정당화는 이라크가 알카에다를 지원하고 있고 그로부터 미국이 긴박한 위험에 처해 있다는 것이다. 아프가니스탄에서 그랬듯이 알카에다를 무력화하기 위한 군사행동은 당연히 정당화될 수 있다. 그런데 알카에다가 아프가니스탄을 훈련지역으로 이용한 것은 사실이었지만 미국의 침공 이전에 이라크에서는 이렇다 할 활동을 보이지 않았고 이라크 정부와도 중요한 관계를 맺고 있지 않았기 때문에 군사행동을 정당화하기 어려웠다.

부시 행정부가 내세운 이라크 침공의 세번째 근거는 이라크에 민주주의정부를 세움으로써 중동지역의 안정화에 기여한다는 것이었다. 그곳에 민주주의정부가 자리 잡는다면 이라크 국민들은 물론 중동지역에 축복이 될 것임은 명백하다. 하지만 민주주의를 총칼을 휘두르며 확산하는 일은 정부가 예상한 것보다 훨씬 더 어려운 일이 될 것이었다. 지금까지 이라크에 민주주의적이고 안정된 정부를 세우는 데 성공한 전략이 무엇이 있었던가? 부시 행정부의 시도는 심각하고 근본적인 오류를 안고 있으므로 결과는 절대 확신할 수 없었다.

네번째 오류는 실행방식과 관련된 것으로 특히나 심각한 결과를 초래했다.

부시 행정부는 그 지역 정권들과 동맹국들로부터 지지를 받지 못했다. 사막의 폭풍 작전 때 미군이 연합군의 약 70퍼센트를 차지했고 보스니아 작전의 경우 50퍼센트 정도를 차지했던 것에 비해 이때는 미군의 비율이 거의 90퍼센트에 육박했다.

이라크 군을 격파한 후 미국정부가 들여보낸 군대는 안정을 확보하기에는 너무 부족했다. 이라크 군대가 산지사방으로 흩어져 전국 곳곳에서 대량약탈을 자행하는 상황에서 미국은 그곳에 질서를 확립할 만한 인적·물적 자원이 부족했다. 역설적으로 반란군들이 점점 세력을 넓힐 수 있는 기회만 제공한 셈이었다.

미국정부는 이라크 군을 무찌른 뒤 몇주 지나서 이라크 군을 해산하고 대부분의 공무원들을 해고했다. 일자리를 잃은 약 40만명의 분개한 젊은이들이, 게다가 많은 수가 여전히 무장을 한 채로 이라크의 마을들에 산재하게 되었는데, 이라크에는 얼마 안 되는 연합군 말고는 어떤 보안부대도 없었다.

미국정부는 이라크 임시정부로 하여금 헌법을 제정하고 선거를 실시하라고 압력을 가했는데, 소수자 권리에는 무관심한 문제투성이 과정에서 시아파와 수니파의 피비린내 나는 권력투쟁만 부추겼을 뿐이었다.

그 모든 것들이 누적된 결과는 이라크 내 안보문제의 처참한 실패였다. 매달 백명 가까이의 미군 병사와 수천명의 이라크 국민들이 죽거나 부상당했다. 연합군이 점점 심해지는 폭력을 막을 방도가 없는 상황에서 백만명이 훨씬 넘는 이라크 국민들이 나라를 등졌고, 그중에는 많은 전문인력이 포함되어 있었다. 미 의회가 이라크 연구단을 조직한 것은 이렇게 상황이 걷잡을 수 없이 악화되던 때였다. 진상조사과정에서 핵심은 이라크 정부와의 논의였다. 9월에 우리는 바그다드에 나흘간 머물면서 고위 정부관료와 미군 사령관들과 회의를 가졌다. 회의의 주관은 짐 베이커가 맡거나 리 해밀튼이 맡았는데, 둘다 최고의 외교 인사들이었다. 미국과 동맹국 외교팀들의 유능함과 헌신적 태도는 감동적이었다. 당시 상황이 이라크 정부 지도자들로서는 능력 밖의 일임이 확실했는데, 이라크에는 역사상 민주주의제도가 시행된 적이 없었음을 감안하면 놀랄 일도 아니었다. 미군의 지휘자들은 뛰어난 능력을 보여주었고 미군 병력도 고도의 훈련과 작전수행 능력을 보여주었다. 이라크 군지휘자들과 병사들은 충성도와 실력이 많이 낮았다.

나로서는 이 사실들이 전혀 놀랍지 않았다. 이라크의 해병원정군에서 군복무를 하고 있던 니콜라스 페리 일병으로부터 현장 분위기를 들었기 때문이었다. 니콜라스는 당시 위험하기로 악명 높은 지역인 팔루야에 두번째로 파병되어 보병순찰이나 기마순찰을 수행하고 있었다. 우리 연구단의 평가는 닉의 평가와 일치했다. 미군부대는 최고의 수준이었으나 이라크 부대는 규율도 없었고 무엇 때문에 싸우는지 목적의식도 없었다. 미국에서 마련한 훈련 프로그램을 거친 이라크 군사들조차 고향에 돌아가기 위해 몇주 동안 군대를 무단이탈하는 것에 대해 아무렇지도 않게 생각했다. 게다가 많은 병사들이 중대 사령관보다 자기 부족에 더 충성심을 보였다. 그다음해 닉이 세번째로 팔루야에 파병되었을 때, 이라크 부대와 함께 거리를 돌면서

이라크의 니콜라스 페리 일병.

그들을 현장 훈련시키는 임무를 맡았다. 이라크 군대가 어떤지 알았기 때문에 그가 안전할지 너무나 걱정이 되었다. (위에서 언급한 대로 이라크 군의 역량이 한참 떨어진다는 사실을 알고 나면 미 병력이 물러난 후에 사담 후세인 이후의 새로운 체제를 지키기 위한 전투에서 그 군대가 패배할 것임을 충분히 예상할 수 있었다. 이는 훈련도 중요하지만 ── 미국은 심지어 이라크 군대를 위해 비용이 많이 드는 훈련을 제공하기도 했다 ── 동기부여가 그에 못지않게 중요하다는 사실을 보여준다. 훈련이란 그 나라의 문화와 군인들의 삶의 질과 관련을 맺으며 이루어져야 하는데, 이라크에서는 두가지 모두 불투명했다.)

318

이라크에서 돌아온 뒤, 우리는 닷새 동안 합의에 이르기 위해 집중 논의를 했다. 합의에 성공한 것은 뛰어난 공동단장들의 공로였다. 이라크의 분쟁상황이 미국에 심각한 문제가 된다는 사실에 대해 다들 인식을 같이했고, 그를 해결하기 위해서는 초당적인 합의를 이루어야 함을 알았다. ISG 보고서는 2006년 12월 6일에 공개되었다. 보고서는 임무의 성격을 바꿀 것과 그 지역의 외교활동을 활성화하고 이라크 정부를 강화할 것, 그리고 미군과 연합군을 다시 파병할 것을 권유했다.

임무의 성격을 바꾸는 일이 핵심이었다. 우리의 결론은 현 이라크 정부의 역량을 강화해 내전을 막는 데 중점을 두어야 한다는 것이었다. 이라크 내의 알카에다를 섬멸하기 위한 노력도 계속해야 할 것이었다. 전쟁 전에는 이라크 내의 알카에다 세력이 미미했지만 이제는 확고한 기반을 갖고 대량살상을 자행하고 있으므로 이라크가 더욱 불안정해진다면 앞으로 중대한 문제가 생길 수 있기 때문이다. 저항군들을 잘 끌어들이면 안와르 지방의 저항의 방향을 바꿔놓을 수 있을 거라고 제언했다. 그 지역에서 이미 그러한 작전을 쓰기 시작했는데 고무할 만한 결과를 보이고 있었다. 이라크의 알카에다 지도자들이 안와르 지방에서 자신들의 역량을 과신하고 있어서 그 지역 족장들이 그들에게 등을 돌리고 있었으므로 효과적인 전략이 되리라고 믿었다. 또한 정보와 군수품, 항공지원 등으로 이라크 군을 계속해서 지원해야 한다고 주장했다. 이라크 정부가 안정을 위해 노력하고 수니파와 석유 수익을 나누어 그들도 어떤 이익을 얻게 할 긍정적이고 부정적인 장려책 모두가 필요했다. 부정적 장려책으로 중요한 방안은 미국정부가 철수날짜를 확실히 못 박아, 이라크 정부가 가능하면 빠른 시일 내에 안보를 스스로 책임져야 한다는 사실을 이해하게 만드는 것이었다.

보고서를 받고 일주일 후에 대통령은 이라크의 상황을 진전시킬 새로운 방안을 제시했는데, 그것은 중요한 두가지 점에서 ISG의 제안과 달랐다. 약 3만명의 전투인력을 추가파병하고 대부분은 바그다드를 확보하는 데 투입한다는 것(ISG도 그 안을 권고할 것을 고려하기는 했지만 그에 대한 합의에 이르지 못했다)과 철수날짜를 확정하는 데 동의하지 않았다는 것이다. 당시 내게 든 생각은 대통령이 똑같은 전략을 계속 유지하면서 군지휘자들에게 실패의 책임을 지움으로써 질 수밖에 없는 게임에 판돈만 더 키운다는 것이었다. 그러나 나의 생각이 틀렸음이 곧 드러났다. 몇주 만에 부시 대통령은 이라크 전략의 설계자라 할 도널드 럼스펠드 국방장관을 경질하고 대신 밥 게이츠2)를 앉혔다. 밥 게이츠는 ISG 위원이었을 뿐 아니라 우연찮게도 나와 카터 행정부에서 함께 일했던 나의 오랜 친구였다. 더나아가 대통령은 이라크의 군지휘관을 데이비드 페트레우스 장군이 작성한 새로운 군지침서에 상술된 반란진압작전 — 안와르 지방의 수니파를 우리 편으로 끌어들이는 일을 특히 강조한 — 에 중점을 둔 팀으로 교체했다. 나는 이 새로운 전략이 ISG가 제안했던 것보다도 나은 전략이라고 보았으므로 성공할 확률이 높다고 보았다. 돌이켜보면 ISG 보고서의 진짜 가치는 대통령을 압박하여 이라크에서의 전략과 지휘자들의 교체결정을 빨리 내리게 한 것 아닌가 싶다.

수년에 걸친 군사충돌과 생명과 재산상의 끔찍한 댓가를 치르고 난 후에야 이라크 집단들 사이에 폭력이 줄어들게 됨으로써 미국은 마침내 군대를 철수할 단계에 이르렀다. 하지만 당연하게도 상대적으로 잠잠하던 그 시기는 오래가지 못했다. 이라크가 상대적으로 안정적인 민주정치와 과거보다 나은 안정과 평화를 가져올, **끌어안는** 정치의 방향으로 갈 수도 있다는 조짐은 꽤 있었다. 하지만 그럼에도 불구하고 전통적인 종파 간 폭력이 다시 일어남으로써 그 희망은 박살나버렸다. 정말이지 미군이 철수한 후 이라크는 수니파와 시아파 사이의 피비린내 나는 분쟁으로 갈수록 분열되고 있었고 그것을 빌미로 다른 폭력집단들이 가담하는 바람에 그 분쟁을 적어도 가까운 시일 내에 해결한다는 것은 거의 불가능해 보인다.

사실 이 책을 쓰는 시점에 이라크는 금방이라도 결딴이 날 듯한 상황이다. 2014년에 수니 극단주의자들은 중동에 칼리프를 다시 복귀하는 일에 목숨을 건 새로운 '국가'인 이슬람국가(ISIL)를 결성하여, 시아파와 알라위파가 정부를 주도하는 이라크와 시리아의 정부군을 공격하기 시작했다. 2015년, ISIL의 군병력은 놀라운 규율과 전투력을 보여주며 이라크 정부군과 맞서 여러번의 싸움을 승리로 이끌었다. 이라크 정부군은 사실 수적 우세에도 불구하고 나라를 위해 싸울 의지가 있는 것인지 의문을 갖게 했다. 미군이 이라크를 점령하고 있을 때 알카에다를 물리치는 데 주요한 역할을 했던 안와르 지방의 수니 부족장들은 분명 대 ISIL 투쟁에 함께하지 않았다. 시아파가 주도하는 정부가 수니 소수파에게 동등한 행정역할을 나눠주지 않았던 것의 결과가 이제 이 끔찍한 형태로 나타나는 것이다. 그에 대한 대응으로 이라크 정부는 시아파 민병대를 조직했는데 이는 오히려 수니파와 시아파를 더 분열시키고 말았다. 연합군이 제한적으로 공습을 가해 전세를 역전시키고자 했지만 적합한 이라크 지상군이 존재하지 않는 상황에서 그러한 지원은 결정적이지 못했다. 민주주의적 이라크를 건설하겠다는 미국의 목표는 중동지역의 세력을 수니파와 시아파에 따라 새롭게 재편하는 내전에 길을 내주고 말았다. 그로써 국가 간 경계가 무너지고 시아파가 지배하는 지역과 수니파가 지배하는 지역 간 내전이 끊이지 않을 것이었다. 그러한 상황에서는 극단적인 종교만이 세력을 넓힐 수 있다. 이 글을 쓰는 시점에서 미군과 연합군은 군사전략을 바꿔볼 것을 고려하고 있지만, 이라크의 지상전에 다시 휘말리기를 극도로 꺼리기 때문에 이 갈등의 결과가 어떻게 될지는 불투명하다. 하지만 분명한 사실 하나는 이라크에서 미국이 벌인 돈키호테 같은 행보가 참사를 낳았다는 것이다. 그 참사가 어느 정도가 될지가 여전히 해결해야 할 문제이다.

핵무기가 테러리스트 집단과 다른 폭력집단에로 확산되는 것을 막아야 하는 지금의 세계에서 이라크는 적어도 그런 식으로는 그 중차대한 목표를 이룰 수 없다는 사실을 분명히 보여준다.

핵안보 프로젝트

예전의 '냉전 전사들'이 새로운 전망을 제시하다

> 미국이 핵무기 없는 세상의 평화와 안전을 추구하는 데 전력을
> 다할 것임을 확신을 갖고 분명히 밝히는 바입니다.
> ──2009년 4월 5일, 프라하에서 버락 오바마 대통령[1]

1986년 10월 11일과 12일 이틀간 아이슬란드의 레이캬비크에서는 역사적인 정상회담이 열렸다. 조지 슐츠 국무장관을 대동한 로널드 레이건 미 대통령과 예두아르트 셰바르드나제 외무부장관을 대동한 미하일 고르바초프 소련 총서기장의 회담이었다. 놀랍게도 그들은 각국의 모든 핵무기의 해체에 대해 논의하고 있었다. 레이건과 고르바초프 둘 다 합의를 바랐지만 결국 그렇게 되지는 못했다. 고르바초프가 공격용 핵무기와 방어용 핵무기가 연결되어 있다는 사실을 들며 미국에서 'SDI 프로그램을 실험실로 한정한다'는 조항을 넣고자 했던 것이 걸림돌이었다. 이는 레이건으로서는 받아들일 수 없는 조건이었고, 그래서 회담은 합의에 이르지 못하고 끝나버렸다.

암울하던 핵의 시대에 레이캬비크 회담은 대단한 중요성을 지닌다. 헨리 키신저의 말에 따르면 천방지축의 인류가 '신의 불'을 소유하게 된 현 시대에 벌인 가장 위험한 사건이 쿠바 미사일 위기였다고

주장할 수도 있을 것이다. 핵시대에 우리에게 닥쳤던 일촉즉발의 경우가 그때가 유일한 것은 아니지만, 쿠바 미사일 위기는 전세계가 재앙의 문턱까지 갔다 온 것이었다. 그리고 앞서 지적한 대로 그 재앙을 피할 수 있었던 것은 운이 좋았기 때문이었을 수도 있다. '운'이라는 것은 핵으로 인한 환난에서 우리를 구해주는 구원자 치고는 절망스러울 만큼 신뢰하기 힘든 존재이다. 정말이지 상상도 하기 어려운 과잉살상을 불러올 냉전시대의 핵경쟁은 그것이 인류문명의 종말을 초래하리라는 비관주의를 완화할 만한 어떤 일도 한 바가 없다. 그런데 느닷없이 레이캬비크에서 핵병력을 해체해야겠다는 완전히 새로운 생각으로 핵강대국이 자리를 함께한 것이다! 각성된 사고방식이 나타난 것이 그때가 처음은 아니었다. 그리고 설사 합의에 이른다 해도 과연 그것을 끝까지 관철시킬 수 있을지 회의적인 시각도 분명 있었고 그럴 만도 했다. 그럼에도 레이캬비크 회담은 사고방식의 새로움뿐 아니라 우리가 노력하면 핵무기 사용을 막고 더 나아가 완전히 없앨 수도 있다는 사실을 확실히 보여주는 등불로 생각될 만하다.

워싱턴으로 돌아온 뒤 레이건과 슐츠는 핵무기의 제거를 논의했다는 사실만으로 혹독한 비판을 받았다. 특히 새처 수상의 비판은 대단해서, 일부러 워싱턴까지 찾아와서 슐츠에게 맹렬한 질책을 퍼부었고 레이건 대통령에게는 에둘러 우려를 표명했다. 맹비난에도 불구하고 조지 슐츠는 레이캬비크의 긍정적 의미를 이해했고 이후로도 세계적인 핵병기가 초래할 위험을 막으려는 노력을 계속해나갔다.

그로부터 거의 20년이 흐른 후 슐츠는 레이캬비크 정상회담이 중요한 역사적 순간이므로 기념할 만하다는 생각을 하게 되었다. 이것을 스탠퍼드 물리학자 씨드 드렐과 논의했고, 드렐은 20주년이 되는 날에 맞춰 레이캬비크 정상회담을 돌아보는 세미나를 스탠퍼드 후버 연구소에서 개최할 것을 제안했다. 씨드와 짐 굿바이 전 대사[2]가 20년이 지난 시점에서 레이캬비크 회담의 교훈을 계승하는 적절한 발표문을 섭외하고 회의를 조직하는 힘든 일을 떠맡았다.

세미나에서는 활발한 토론이 벌어졌다.[3] 애초의 레이캬비크 회담에서 국방부 대표였던 리처드 펄이 참석했는데, 완전한 핵 폐기라는 건 1986년에도 터무니없는 생각이었고 지금도 그렇다고 잘라 말했다. 그러나 참석자들 대부분은 그 문제를 다시 검토해야 한다고 보았고, 그런 생각을 가장 설득력 있게 주창한 사람은 베테랑 미 외교관인 맥스 캠플먼[4]이었다. 캠플먼은 인본주의적 관점에서 '그래야 마땅함'을 확보하는 것이 얼마나 중요한지를 역설했다. 그는 '모든 인간은 평등하게 창조되었다'는 독립선언서에 빗대어 그 점을 주장했다. 독립선언서에 서명했던 당시 미국의 실제적인 면을 보면 그것은 분명 사실이 아니었지만, 선언서에 서명했던 인사들 대부분은 **마땅히 그래야 한다**고 믿었다는 것이다. '그래야 마땅함'을 미래의 전망으로 선포함으로써 미국은 오랜 시간이 걸리고 남북전쟁의 경우처럼 때로 엄청난 고통이 따르기도 했지만 그럼에도 그것을 이루는 방향으로 나아갈 수 있었다. '그래야 마땅함'을 이상으로 설정하지 않았다면 그 방향으로 나아가는 일 자체가 힘들었을 것이다. 캠플먼의 그 비유를 초석으로 삼아, 핵무기 없는 세상이라는 생각이 1986년에는 때 이른 것이었다 할지라도 이제는 그것을 실현할 때가 왔다는 결론에 참석자들 대부분이 생각을 같이했다.

그 컨퍼런스는 내 생각의 전환점이었다. 핵의 위험에 대한 우려를 넘어 핵무기 없는 세상이라는 비전을 지침으로 앞으로 나아갈 수 있는 기폭제가 되어주었다. 특별히 유리한 지위에 있었던 탓에 나는 몇 십년 동안 핵무기의 위험에 깊은 우려를 해왔지만, 완전한 핵폐기는 현실성이 없다는, 이미 발명된 핵무기를 없던 일로 할 수는 없다는 생각이 있었다. 대신 핵무기로 인한 위험을 줄일 수 있는 현실적인 조치에 역량을 집중했다. 그렇게 몇십년이 지났는데 이루어낸 바가 별로 없다는 사실을 알게 되었다. 여전히 세상에는 수만기의 핵무기가 있고 다른 나라들도 핵무기를 제조하려는 단계를 밟고 있다. 어떤 식으로든 의미있는 성공을 거두려면 국제적인 차원의 노력이 있어야 하는데, 미국과 소련이 자기 나라의 안보에 핵무기가 필수적이라고 주장하는 마당에 너희들에겐 핵무기가 필요없다는 미국의 설교를 진지하게 받아들일 나라는 없었다. 그때에 나는 핵무기의 완전폐기라는 목표를 향해 나아가기란 매우 어렵고 긴 과정일 거라고 믿었고 그건 지금도 마찬가지다. 하지만 컨퍼런스가 끝난 후, 국제적인 노력이 핵무기의 완전폐기를 목표로 하지 않는다면 핵의 위험을 줄이는 한정된 목표도 결코 이룰 수 없을 거라는, 그리고 그 미래적 전망을 주요추진력으로 삼는 일이 무엇보다 중요하다는 결론에 이르게 되었다. 어쩌면 나는 고전적인 무기규제 주장보다 맥스 캠플먼의 '그래야 마땅함'에 더 감명을 받았는지도 몰랐다.

그 회의의 중요성과 추진력에 고무되어 조지 슐츠와 씨드 드렐, 쌤 넌과 나는 다음해 레이캬비크 기념일에 다시 모임을 열기로 했다. 그리고 그동안은 핵무기가 노정하는 엄청난 위험에 전세계의 주의를 환기하기 위해 신문에 특별기고문을 싣기로 했다. 그 위험을 줄이기 위해 당장 조처를 취해야 함을 강조하며 핵무기 없는 세상을 위해 첫 발을 디뎠다는 사실을 부각하고자 했다. 우리 그룹은 세명의 민주당원과 한 명의 공화당원으로 구성되어 있었다. 조지는 핵무기의 위험을 줄이는 일은 양당합작으로 이루어져야 하고 우리의 제의도 처음부터 양당합작으로 보여야 한다고 지적했는데, 상당히 일리있는 얘기였다. 헨리 키신저가 조지로부터 함께하자는 제의를 받고 우리와 합세했고, 우리의 논설문이 양당합작으로 보일 수 있도록 씨드가 자발적으로 자신의 이름을 기고문에서 뺐다. 2007년 1월, 조지가 이 운명적인 논설문을 『월스트리트 저널』에 기고했다.[5]

안보전문가들로부터 통상적인 논평 정도를 받을 것으로 예상했는데, 세계 방방곡곡에서 그 뉴스를 실어 나르고 편지가 쏟아져 들어오는 것을 보고 깜짝 놀랐다. 대부분은 진작에 핵병기에 대해 심각하게 다시 생각해봤어야 했다는 데에 동의했다. 이후 몇년 동안 우리는 논설문에서 개략적으로 제시한 생각을 검토하기 위해 마련된 국제회의에 참석하고, 러시아와 중국, 인도, 일본, 독일, 이탈리아, 노르웨이, 영국 등의 정부관료와 NGO 관계자들과 회의를 하느라 빡빡한 일정으로 움직였다.

당연히 우리 기고문은 수년 동안 핵무기 폐기를 위해 노력해온 전문가 집단의 관심을 끌었다. 그중에는 '뭘 하느라 이제야 나선 거냐?'는 식으로 짜증스럽게 반응하는 경우도 있었다. 그러나 대부분은 자신들이 그렇게 오랫동안 추진해왔으나 별 성과가 없던 대의를 진전시킬 절호의 기회라고 보았다. 마치 '냉전 전사들'이 '평화주의자들'의 대열에 함께함으로써 그 대의에 신뢰를 높여 이제 공동의 대의로 바꿔놓은 듯했다.

그것은 일면 사실이었지만, 견해차이도 여전히 있었다. 오랫동안 핵무기 폐기를 지지해왔던 나의 오랜 동료인 브루스 블레어는 이 기회를 이용해서 '글로벌 제로'라는 조직을 결성했다. 그 목표는 모든 핵무기를 폐기하는 국제조약을 제정한다는 명쾌할 정도로 간단한 것이었다. 우리 그룹의 성원들은 어떻게든 협력해볼까 하여 각자 브루스와 '글로벌 제로'의 다른 회원들과 논의를 해보았지만 노력은 수포로 돌아갔다. 최종목표는 같았지만 그것을 어떻게 이룰 것인가에 대한 견해차가 너무나 컸던 것이다. 우리로서는 핵무기를 금지하는 국제협약보다는 핵무기의 위험을 단계적으로 축소해나가면서 왜 그것이 필요한지 그리고 어떻게 그 일을 해나갈 것인지를 전파하는 것이 좀더 현실적이라고 보았다. 쌤 넌이 적실하게 잘 표현했듯이, 우리의 목표는 산 정상에 다다르는 것이지만 우리는 아직 중턱에도 못 미치는 곳에 베이스캠프를 치고 있는 셈이고, 게다가 산 정상은 안개에 싸여 제대로 보이지도 않는 상황이었다. 따라서 앞으로 길고 힘든 여정이 될 것임을 이해하면서, 또한 설사 우리가 정상에 도달하지 못한다 해도 우리의 발걸음이 세계를 조금씩 더 안전하게 할 것이라고 믿으며 한걸음씩 올라갈 수밖에 없는 것이다.

글로벌 제로와 좀더 공통의 기반을 찾지 못한 것이 못내 아쉽다. 그들이 전세계 많은 대학들에서 활동 그룹을 조직했기 때문에 더욱 그러하다. 장기적인 성공을 이루려면 냉전 이후에 태어난 미국의 젊은 세대들이 핵무기에 대해 제대로 이해하는 것이 필요하기 때문이다.

1년 후 우리는 후속논의를 다룬 기고문을 2008년 1월자 『월스트리트 저널』에 실어서,[6] 첫번째 기고문에서 제시한 목표를 어떻게 이룰 것인지에 대해 상술했다. 거기서 개략적으로 그려 보인 모든 단계적 조치들은 핵 제로를 향해 나아가는 것이었지만, 제로의 목표에 다다르지 못한다 해도 그 각각이 조금씩 세계를 더 안전하게 만들 수 있는 것이었다. 더 나아가 우리의 시각은 이제 전지구적이었다. 미국과 러시아 간의 핵무기 경쟁이 무엇보다 강조되던 냉전시기는 이제 지났다. 핵무기로 인한 위협을 완화하기 위해서는 세계적인 역학관계를 면밀하게 고찰해야 하는 때인 것이다.

　여러 편의 기고문을 쓰는 동안 우리 네사람이 합의에 이르는 과정은 언제 봐도 교훈적이고 역동적이었다. 이면을 들춰보자면, 스탠퍼드의 씨드 드렐과 짐 굿바이, 핵위협방지구상의 스티브 앤드리어슨과 그외 다른 이들이 함께 초고를 작성한다. 초고가 나오면 몇주에 걸쳐 엄청난 양의 이메일이 오가고, 그러고 나서야 모두가 동의하는 최종안에 도달한다. 이는 결코 쉬운 일이 아니었다. 사실 우리가 합의에 도달했다는 자체가 기적에 가까웠다고도 볼 수 있었다. 놀랍게도 우리의 차이가 정치당파로 인한 적 — 그러니까 공화당 시각 대 민주당 시각으로 대립된 적 — 은 없었던 반면, 각자가 정부에서 가졌던 서로 다른 지위로 인한 차이는 분명 있었다. 국무장관이었던 조지와 헨리는 쌤이나 나보다 국제외교 분야에서 훨씬 경험이 많았다. 두사람 다 그러한 견해를 딱 부러지게 밝히는 데 아주 일가견이 있었고, 예전에 외교문서에 서명을 할 때는 보통 그것이 최종문안이 되었다. 그런데 지금은 동료들의 견해에 대해서도 똑같은 비중을 두는 논의과정을 꼭 거쳐 중차대한 사안의 합의를 이끌어내야 했다. 매번 그 일을 성공적으로 해내서 우리의 견해를 강력하게 전달하고 내적 결속력을 높였다.

난 조지가 비공식적으로 우리의 대표 격이라고 보았지만, 그는 그 역할을 그렇게 대단히 여기지는 않았다. 누군가가 그의 글을 좀 고쳤으면 좋겠다고 하면, 그는 진지하게 고려해본 뒤 자신의 글을 그대로 받아들이도록 설득을 하거나 아니면 그 수정을 정중히 받아들였다. 헨리는 외교분야에서 엄청난 경험을 갖고 있고 글솜씨도 뛰어난데다 다른 나라의 지도자들로부터 존경받는 인물이었기 때문에 그의 견해에 특히 비중을 두었다. 쌤은 한결같이 조리있는 견해를 보였는데, 의견차이가 있을 때면 상원 위원회 의장일 때 갈고닦은 실력으로 훌륭한 타협책을 끌어내곤 했다. (요즘의 상원에선 보기 힘들어진 자질이다.) 뛰어난 재능과 국제외교상의 풍부한 경험을 지닌 그 세사람과 그렇게 중차대한 사안들을 논의했던 그 과정은 나로서는 둘도 없이 소중한 경험이었다.

각자 무척이나 다른 배경을 지니고 있고 지리적으로 멀리 떨어져 있었다는 것을 고려하면 그렇게 중차대한 과업을 위한 협력이 성공한 것은 정말 놀랍다. 과학기술의 힘이 큰 도움이 되었는데, 서로 의견을 나누고 차이를 조정할 수 있는 많은 선택적 가능성들이 생겨났던 것이다. 그래서 직접 만나는 일은 1년에 몇차례면 족했다. 그러나 무엇보다 결정적이었던 것은 자신의 의견을 거리낌없이 표현할 수 있게 한 신뢰감과 서로에 대한 존경이었다.

그렇게 기고문을 계속 싣고 세계 여기저기를 찾아다닌 결과 다른 나라의 전 정부관료들도 핵무기 없는 세상을 위해 목소리를 내기 시작했다. 당파적 입장을 초월하여 13개국에서 모인 비슷한 유형의 전 관료들 ── 영국과 프랑스, 독일, 이탈리아, 러시아, 남한을 포함하여 ── 이 가세하여 우리의 방안을 지지하고 각국 정부가 행동에 나설 것을 촉구하는 기고문을 쓰기 시작했다. 우리는 그 나라의 대부분을 방문하여 새로 형성된 그룹과 함께 우리의 주장과 전략을 두고 협력하고 민족지도자들도 만나보았다.

핵이 심각한 도덕적 문제를 내포하고 있으므로 종교지도자들 역시 의견을 표명하기 시작했다. 냉전 당시 가톨릭 주교들과 복음주의자들은 그렇게 치명적인 무기를 사용하는 일이, 혹은 그저 사용하겠다고 위협만 가할지라도 그것이 도덕적으로 정당화될 수 있는지 의문을 제기하는 글을 발표했었다. 그중 가장 도드라진 것이 일단의 가톨릭 주교들이 발표한 논문으로서, 핵억제는 '정의로운 전쟁' 원칙하에서만 정당화될 수 있다고 결론 내렸다. 이제 종교단체들이 그 문제를 재검토하기 시작했다. 가톨릭 주교들과 복음주의자들이 앞선 글들을 재검토하고, 종파를 초월한 새로운 단체('연합종교 선도기구')가 빌 스윙에 의해 창설되어 연구를 시작했다.

그룹으로서든 개별적으로든 우리도 각자 글을 발표하고 연설을 하고 전세계의 컨퍼런스에 참석하는 등 더 깊이 관여하기 시작했다. 우리 모임에 '핵안보 프로젝트'라는 이름을 붙였다. (비공식적으로는 '계시록의 네 기사' '4중주' '4인방' 등으로 불렸다.) 2001년에 쌤넌과 테드 터너가 설립하고 나도 그 시초부터 이사로 있었던 조직인 핵위협방지구상(NTI)이 우리 작업에 협조와 지원을 아끼지 않았다.

NTI는 직접 핵위협을 축소하거나, 어떻게 더 신속하고 영리하게 큰 규모로 축소할 수 있는지 각 정부에 알려주는 프로젝트를 계획하고 시행한다. 또한 사람들의 의식수준을 높이고 해결방안을 지원하기 위한 공개적인 노력을 한다.

냉전 후에 긴급한 주의를 요했던 조치 중 하나가 쌓여 있는 핵분열성 물질의 안전을 확보하는 데 주도적 역할을 하는 일이었다. 주목할 만한 실례로 들 수 있는 것이 세르비아에서 대량의 핵분열성 물질을 제거하는 일을 촉진한 경우였다. NTI 프로젝트는 미국정부가 전 세계적으로 퍼져 있는 위험한 핵물질을 제거하여 궁극적으로 희석하는 주요 프로그램을 만들도록 영향력을 발휘해왔다. 워런 버핏으로부터 상당한 재정을 지원받아, 핵확산을 줄일 목적으로 국제원자력기구 내에 핵은행을 설립하는 데 큰 기여를 했다. 2012년에 NTI는 모든 국가의 핵분열성 물질의 안전조항 효율성을 등급별로 평가한 최초의 보고서를 펴냈다. 또한 대중들에게 핵위협을 알리기 위해 「마지막으로 주어진 최고의 기회」라는 영화도 제작했다.[7] 핵분야에 그치지 않고 자연적인 이유에서나 생물학적 테러로 인해 생겨나는 전염병을 경고하기 위한 매우 의미심장한 작업도 해왔다.

2009년에 핵안전 프로젝트는 우리의 견해를 알리는 다큐멘터리 제작을 지원하기로 결정했다. 잘 만든 영화가 기고문이나 연설보다 훨씬 많은 대중에게 다가갈 수 있다고 보았기 때문이다. NTI에서 핵의 위험을 생생하게 보여주고 우리 각자와의 인터뷰를 담은 영화를 제작하는 데 동의했다. 벤 고다르가 감독을 맡고 마이클 더글러스가 내레이션을, 콜린 파월 장군이 도입부의 소개를 맡은 영화 「핵 티핑 포인트」가 2010년에 공개되어,[8)9)] 나와 동료들은 미국 전역에서 개봉을 계획했고 상영 후엔 항상 질문을 받았다. 극장상영을 마친 후에는 DVD를 여기저기 돌려서 각자 지역사회에서 그 영화를 상영하고 그 사안에 대한 토론을 조직해달라고 요청했다. 정부와 전문가들, 비정부단체들, 그리고 친구와 친지들이 이 일에 발벗고 나서주었다.

『뉴욕 타임스』편집인이자『비밀의 제국』저자인 필 타우브먼이 우리의 기고문에 관심을 보였다. 우리 다섯명(기고문에 서명한 네명과 씨드 드렐)이 많은 세월을 '냉전 전사들'로 살다가 어떻게 핵무기에 대해 지금 같은 생각에 이르게 되었는지를 책으로 써보고 싶다고 했다. (그 결과물인『동반관계』는 2012년에 출간되었다.)[10)]

2008년 대통령 선거기간에 맥케인 상원의원과 오바마 상원의원 모두 핵무기 없는 세상에 대한 로널드 레이건의 생각을 지지하는 연설을 했다. 2008년 말엔 대중의 지지도가 높아지면서 운동에도 탄력이 붙었지만 사실 비공식적인 트랙 2가 할 수 있는 것은 딱 거기까지였다. 진정 중요한 결과물을 내려면 이제 정부가 나서야 했는데, 그때까지도 정부 쪽에서의 조치는 전혀 없었다.

그러다가 2009년, 취임한 지 겨우 10주 정도 지났을 무렵 오바마 대통령이 프라하에서 연설을 했는데 이제는 유명해진 다음과 같은 구절이 있었다. "미국이 핵무기 없는 세상의 평화와 안전을 추구하는 데 전력을 다할 것임을 확신을 갖고 분명히 밝히는 바입니다."[11)] 프라하의 군중이 커다란 함성으로 지지했다. 집에서 TV로 그 연설 장면을 보면서 난 벅차오르는 감동을 느꼈다. 이런 일이 진짜로 일어날 수 있는 건가? 이후로 나는 종종 그 연설의 녹화물을 다시 틀어 보았는데, 언제나 깊은 감동이 나를 휩감았다.

몇달 후, 오바마 대통령과 메드베데프 러시아 대통령이 모스끄바에서 정상회담을 갖고, 핵무기 없는 세상을 지지한다는 사실을 함께 공표하고 새로운 군축협정을 위해 전력하겠다고 했다. 그리고 9월에 오바마 대통령은 유엔 안보리 회의를 맡아 진행했고 놀랍게도 핵무기 철폐를 지지하는 결의안이 15대 0으로 통과되었다.[12) 나는 슐츠와 키신저, 넌과 함께 이 역사적인 회의를 지켜보는 영광을 누렸고, 이 순간이 우리 공동작업의 정점이었다고 본다. 이 과정이 점점 속도를 더해가면서 전세계적으로 많은 정부들이 거들기 시작했다. 일본과 호주는 핵비확산과 군축을 위한 국제 위원회를 조직했고, 내가 미국 위원으로 그 조직에 참가했다.[13)

2009년은 진정 '아누스 미라빌리스,' 즉 기적의 해인 듯했다. '아누스 미라빌리스'는 전통적으로 과학분야에서 기적적인 돌파구를 열었던 두 시기를 가리킬 때 사용된다. 뉴턴이 만유인력과 광학에 대한 획기적인 논문을 발표했던 1666년과, 아인슈타인이 상대성이론에 대한 논문을 포함하여 세편의 획기적인 논문을 발표했던 1905년이 그것이다. 모든 동유럽 국가들이 거의 무혈로 독립을 얻었던 1989년, 베를린 장벽의 붕괴로 정점에 이른 그해를 바츨라프 하벨 체코슬로바키아 대통령이 '아누스 미라빌리스'라고 불렀던 것으로 기억한다.

2009년이 기적의 해였다면 2010년은 행동의 해였다. 그 행동은 진정 기억에 남을 만한 4월의 한주 동안 폭발적으로 터져 나왔다. 4월 6일 화요일, 오바마 대통령은 그렇게 고대하던 핵태세 검토서를 드디어 공개했는데 거기서 미 군사전략 면에서 핵무기의 역할을 확실하게 축소했다. 그날 저녁 대통령은 워싱턴의 백악관 상영관에서 『핵 티핑 포인트』의 시사회를 열었다. 그 영화에 등장한 우리 네사람과 배우자들, NTI의 핵심관료들, 그리고 대통령의 안보팀이 초대되었다. 상영에 앞서 대통령은 핵무기에 대한 자신의 사고와 행동에서 우리의 시각이 지침이 되었으므로, 안보팀도 이 영화를 보고 그렇게 되기를 바란다고 말했다.

수요일에 오바마 대통령은 메드베데프 대통령을 만나기 위해 프라하로 갔다. 목요일에는 오바마 대통령과 메드베데프 대통령의 쌍무회담에 이어 러시아와 미국 간의 New START 군축협정 조인식이 있었다. 그 주말에는 49명의 세계 지도자들이 워싱턴에 모였고, 월요일과 화요일 이틀에 걸쳐 전세계적으로 핵분열 물질의 통제를 강화하기 위한 첫번째 핵안보정상회의가 열렸다.

그리고 4월 29일, 상원 외교위원회에서 처음으로 New START 협정에 대한 청문회가 열렸는데, 전 국방장관인 제임스 슐레진저와 내가 첫번째 증인으로 참석했다. 청문회는 전반적으로 우호적이었다. 위원장들과 간부위원들, 존 케리 상원의원과 리처드 루거 상원의원은 더할 나위없이 정중했다. 그러나 존 카일 상원의원이 주도하는 강력한 협정 반대파가 있었다. 이렇게 심각하게 둘로 나뉜 상원이 인준에 필요한 3분의 2의 인원을 모을 수 있으리라고는 상상하기 힘들었다. 그러나 2010년 12월 22일, 잔여회기 중의 상원은 내로라하는 수많은 정치전문가들의 예상과는 반대로 찬성 71표로 인준에 성공했는데, 그것은 13명의 공화당 의원들이 공화당의 입장과는 달리 찬성표를 던졌기 때문에 가능했다. 상원이 New START 협정을 인준하지 않았다면 미국은 세계의 지도적 역할을 포기하게 되었을 것이고 전 지구적 핵군축의 노력은 산산이 흩어졌을 것이다. 러시아 의회도 인 준에 성공했다.

여기까지는 정말 흡족할 만했다. 그런데 곧 상황이 역전되기 시작 했다. 핵위험의 축소 움직임은 덜컹거리기 시작하더니 심지어 퇴행 했다. 2012년 서울과 2014년 헤이그에서 열린 두번째와 세번째 핵안 보정상회의를 빼면 2011년부터 미국과 러시아는 한참을 퇴보했다 해도 무방하다. 구태의연한 사고가 다시 힘을 얻으면서 공동선을 위 해 핵의 위협을 완화하고자 하는 초월적 비전을 가로막기 시작했다. 우울하기 그지없지만 교훈을 삼을 만하므로 이 후퇴와 좌절의 과정 을 시간 순서대로 기술해보겠다.

우선 나로서는 논란의 여지가 없을 거라고 보았던 New START 비 준이 실제로는 정치논쟁을 불러왔기 때문에 오바마 대통령은 첫번 째 임기 때 포괄적 핵실험금지조약(CTBT)의 비준을 요청하지 않기 로 결정했다. (CTBT는 클린턴 대통령 임기 중인 1996년, 내가 아직 국방장관으로 재직 중일 때 조인되었으나, 1999년에 상원에서 거의 당의 노선에 따른 투표로 비준에 실패했다.)

그사이 북한은 핵무기의 제조와 실험에 나서고 있었고, 이란도 그 방향으로 가는 듯한 조치들을 취하기 시작했다. 북한과 이란의 핵무 기 제조를 막지 않는다면 다른 나라들도 그뒤를 따를 것이고, 그러면 핵확산금지조약은 유명무실해질 것이 분명했다.

동시에 파키스탄과 인도 역시 핵분열성 물질과 폭탄을 제조하고 있었다. 더욱 우려되는 일은 파키스탄이 '전술적' 핵무기, 즉 억제용이 아니라 전투에 사용할 무기를 개발하기 시작했다는 것이다. 이러한 제반사정은 테러 집단이나 국지전에서 핵폭탄이 사용될 가능성을 높일 것이었다.

게다가 러시아에서 메드베데프에 이어 뿌찐이 대통령이 되고 미국이 유럽에 계속해서 BMD 씨스템을 배치하자 러시아는 New START의 후속협정에 전혀 관심을 보이지 않게 되었다.

이렇게 절망적인 상황이 이어지는 것을 보며 핵안보 프로젝트는 미국과 다른 나라들을 핵의 위험을 축소하는 노력에 끌어들이기 위해 다시 한번 박차를 가하기로 했다. 우선 종교적·사회적 지도자들을 만나 그 구성원들에게 우리의 메시지를 전파해달라고 요청했다. 유럽에서 유사한 활동을 하고 있는 그룹들이 활동범위를 넓혀 유럽 지도자 네트워크를 결성했고 그에 힘입어 NTI도 북미에서 마찬가지의 핵안보 지도자협의회를 구성했다는 것을 알게 되었다. 그 협의회에는 우리보다 한두 세대 젊은 인원들이 주로 속해 있다. 아시아 태평양지역과 라틴아메리카에서도 유사한 네트워크가 생겨났다. 핵무기 없는 세상을 향해 진지하게 나아갈 태세는 아직 되어 있지 않더라도 핵무기가 현재 노정하는 아주 심각한 위험을 줄이기 위한 행동은 취해야 하는 것이다.

2013년, 우리(나와 슐츠, 키신저, 넌)는 『월스트리트 저널』에 다섯번째 기고문을 실었고,[14] 그러한 위험을 축소하기 위해 취해야 하는 단계적 조치들을 상세하게 제시했다. 가장 중요한 조치들은 다음과 같다.

지도자들에게 결정할 시간을 더 주기 위한 핵전력 태세의 변화

내가 경험했던 핵공격에 대한 잘못된 경보에 대해서는 앞서 상술한 바 있다. 핵으로 인한 대참사를 일으킬 수도 있었을 경보였는데, 냉전시대에 잘못된 경보가 한번만 있었던 것이 아니다. 스콧 쎄이건의 획기적인 저서인 『안전의 한계: 단체들과 사건, 그리고 핵무기』는 기술이 점점 복잡하게 발전할수록 재앙을 일으킬 우연한 사고의 가능성이 많아진다는 불편한 진실을 기록하고 있다.[15] 그리고 핵무기는 지금까지 인류가 가졌던 가장 복잡한 씨스템에 속한다. 에릭 슐로서는 최근 저서인 『명령과 통제: 핵무기와 다마스커스 사건, 그리고 안전이라는 환상』에서 대중에게 알려지지 않은 핵관련 사고들과 거의 사고가 될 뻔했던 경우를 폭로하는데, 간담이 서늘할 정도이다.[16] 잘못된 경보에 대한 이 이야기들은 전지구의 생사가 걸린 결정을 지도자들이 겨우 몇분 만에 내려야 하는 현 상황에서 인류가 직면하는 위험을 무자비할 정도로 적나라하게 보여준다. 냉전시기에는 가능한 한 빨리 대응해야 한다는 주장이 일리가 있었지만, 그러한 주장이 현재에는 유효하지 않음이 분명하다. 그런데도 여전히 냉전 시의 긴급사태에 맞추어 고안된 시대착오적인 씨스템에 따라 운용되고 있는 것이다. 핵이 탑재된 탄도 미사일이 몇분 안에 발사될 수 있는 즉각발사 상태인 세계 도처의 핵무기들을 모두 제거한다는 목표를 미국이 분명하게 세워야 할 때다.

New START하의 핵무기 감축의 가속화

미국은 New START를 통해 이미 합의된 핵무기 감축에 속도를 내고 그 수준 이하로 감축하는 것을 기꺼이 국가정책으로 삼겠다고 선언할 수 있을 것이다. 미국은 또한 유럽에 배치된 미국과 러시아의 전술적 핵무기를 통합, 축소하는 일에 지원을 아끼지 않겠다고 선언할 수 있다. 유럽의 핵무기는 나토와 러시아 모두에게 군사 자산이라기보다는 안보 위험요소에 더 가깝다고 본다. 장기간에 걸쳐 미국과 러시아는 현재의 협정이 포괄하지 않는 수천기의 전역(戰域) 핵무기와 전술적 핵무기, 그리고 역시 현재의 협정이 포괄하지 않는 예비로 비축 중인 수천기의 무기를 포함한 핵병력의 상당부분을 축소하려는 노력을 해야 한다. 그러나 핵무기 감축에서 조금이라도 진전을 이루기 위해서는 미국과 러시아가 불신과 공포를 조성하는 다른 안보 사안들을 먼저 해결할 필요가 있다.

검증과 투명성 방안

핵무기 감축에 대한 합의는 서로 신뢰하고 협조하는 데 꼭 필요한 검증과 투명성 없이는 이루어질 수가 없다. 2014년에 미국은 NTI와 협조하여 핵무기 실험실뿐 아니라 무기와 핵물질을 축소하고 통제하기 위한 핵심기술과 혁신방안을 개발하는 전세계의 과학기술자들과 새로운 검증방안을 마련하는 일을 선도했다.

파국적인 핵 테러를 방지하기 위한 핵물질의 확보

오늘날 핵폭탄을 제조하는 데 필요한 물질이 전세계 25개국의 수백곳에 쌓여 있다. 불과 10년 전만 해도 40개국이 넘었으니 그 정도면 상당한 진전을 이루었다고 볼 수는 있다. 하지만 핵물질이 남아 있는 지역 대부분이 제대로 보안이 안 되기 때문에 치명적인 그 물질이 도난당하거나 암시장에서 팔릴 위험이 있다. 핵안보정상회의 당시 핵물질의 안전을 확보하기 위해 들였던 헌신적 노력이 다시 중요해졌다. 그 과정은 앞으로 몇 세대에 걸쳐 안보를 높일 잠재력을 지니고 있다. 그런데 세계의 지도자들이 핵안보를 중요하게는 여기지만, 핵무기에 쓰일 수 있는 핵물질의 소재를 파악하고 관리할 전지구적 씨스템이 아직 마련되어 있지 않다. 무기에 사용될 수 있는 모든 핵물질을 무단으로 빼내는 일을 막는 포괄적인 세계적 핵물질 안보 씨스템을 개발함으로써, 이 간극을 메우는 일에 세계 지도자들이 협조해야 한다. 2016년 핵안보정상회의에서 그런 매우 긍정적인 결실이 생길 수도 있다.

요컨대 2007년에서 2010년까지는 핵군축과 핵무기 없는 세상을 향한 전진에서 눈에 띄는 진척이 있었던 괄목할 만한 기간이었다. 그러나 바로 이어진 2011년에서 2014년에는 그 진전이 점점 느려지더니 아예 멈춰버린 실망스러운 기간이었다. 그러나 그런 실망스러운 상황전개는 사실 2014년에 벌어진 러시아의 우크라이나 침공과 함께 시작된 참담한 급변의 서곡일 뿐이었다. 미국은 그것을 '믿을 수 없는 침공행위'라고 지칭하며 러시아에 대한 국제적인 제재를 마련했다. 제재는 경제적으로는 효과가 있었으나 정치적으로는 그렇지 못했다. 러시아는 더 나아가 크림빈도를 합병하더니 동우크라이나의 분리주의자들을 계속 지원했다.

결과적으로 2015년에 미국과 러시아의 관계는 냉전시기 이후 밑

바닥까지 곤두박질쳤다. 그래서 지난 20년간의 핵군축 노력을 이어 나가기는커녕 새로이 핵무기 경쟁을 시작하게 된 것이다. 러시아에서는 핵무기를 다시 만들기 위한 방대한 프로그램이 진행 중이다. MIRV가 장착된 새로운 ICBM(조지 H. W. 부시 대통령이 협상한 조약에 의해 금지되었던) 두 기를 제조, 시험, 배치하고 있다. 또한 신세대 핵잠수함과 거기에 실릴 SLBM까지 제조해 시험 중이다. 동유럽 인근 국가들을 위협할 단거리 미사일 또한 만들고 있다. 이 모든 새로운 프로그램은 러시아로 하여금 신미사일에 장착할 신핵탄두를 시험하고 싶은 욕구를 부추길 것이고, 이런 추세대로라면 그들이 곧 CTBT에서 탈퇴하여 그러한 무기의 실험을 개시할 것이라고 본다.

혹시 지금 벌어지고 있는 일이 얼마나 심각한 문제인지 제대로 이해를 못할까봐 러시아 관료들은 성명을 통해 다음과 같은 사실을 분명히 했다. 오랫동안 지켜왔던 핵무기의 '선제사용금지' 정책을 거부하고, 자신들의 안보에 어떤 위협이 가해진다면 그 위협이 핵무기로 인한 것이든 아니든 그에 대응해 핵무기를 사용할 충분한 용의가 있다고 명시한 것이다. 또한 칼리닌그라드에 기지를 둔 이스칸데르 미사일로 동유럽 국가를 공격하겠다고 대놓고 위협을 가했다. 게다가 미국에 대한 암묵적인 위협도 있었다. 2014년 3월 16일, 뿌찐 대통령이 방송의 수장자리에 앉힌 드미뜨리 키셀료프는 다음과 같은 놀랄 만한 성명서를 발표했다. "러시아는 미국 전역을 방사능 낙진으로 덮어버릴 수 있는 유일한 나라이다."

이런 식의 온갖 망언과 도발이 계속되는 동안 미국은 핵병기를 현대화할 방법을 고심하고 있었다. 가장 뻔한 선택은 똑같이 대응하는 것이고, 그렇게 되면 향후 20년에 걸쳐 아마 몇조 달러에 이르는 돈을 퍼부으면서 러시아와 똑같이 우리도 핵실험을 하게 될 것이다. 러시아의 망언과 행동을 그냥 무시하는 일보다는 이편이 벌어질 가능성이 크다.

우리로서는 지도자들이 세번째 방안을 선택하기 위해 모든 노력을 기울이기를 바랄 수밖에 없다. 수십년 동안 한번도 발휘해본 적이 없는 그런 정도의 수완을 갖고 러시아와 외교를 해나가는 방안 말이다. 상상할 수도 없을 만큼 어려운 일이겠지만 그것에 실패한다면 대재앙이 초래될 것이다.

상황은 이렇게 심각하게 역전되고 있지만 핵안보 프로젝트는 여전히 할 일을 해나갈 것이다. 이 일에 실패해서 테러리스트가 핵폭탄을 사용하거나 핵전쟁이 벌어질 경우 그 결과는 너무나 참혹할 것이기 때문에 단호한 행동을 등한시할 수가 없다. 우리는 핵무기의 위험을 축소하는 구체적인 조치를 계속 추진해나갈 것이다. 현재 국제기류는 핵무기 없는 세상으로 나아가는 데 우호적이지 않지만 우리는 그 비전을 절대 놓지 않을 것이다. 궁극적으로 모든 핵무기를 없앤다는 비전이 흔들린다면 핵의 위협을 줄이기 위해 우리가 제안하는 조치들이 국제적으로 지지받을 수 없을 거라고 믿기 때문이다. 마찬가지로 이 비전은 결코 단 한번의 원대한 조치로 달성할 수 없고, 한걸음 한걸음 안전한 세계로 다가가는 단계에 의해 가능하다고 믿는다.

앞으로 전진
핵무기 없는 세상을 꿈꾸며

전 인간이 그저 버티며 연명할 뿐이라고는 믿지 않습니다.
인간은 번창할 것입니다.
—1950년 12월 10일, 윌리엄 포크너의 노벨문학상 수락 연설 중[1)]

이 책은 여러번에 걸쳐 세계를 핵의 벼랑 끝으로 몰아넣었던 경우를 비롯하여 핵으로 인해 일어날 수 있는 참사를 막기 위해 수십년의 세월에 걸쳐 쏟은 나의 노력에 대한 이야기이다.

핵의 벼랑 끝에서 보낸 나의 여정을 담은 이 이야기가 모든 곳의 젊은이들에게 울려 퍼지기를 희망한다. 1946년에 잿더미로 변한 전후 일본에서 내가 젊은 병사로 처음 맞닥뜨렸던 무시무시한 임무, 현대식 전쟁의 전례없는 폐허를 목격해야 했던 그 버거운 임무를 위해 지금 이 순간에도 어디선가 젊은이들이 나서고 있다. 온 하늘 밝히는 섬광, 이제는 과거 어느 것보다 수백만배는 더 강력할 그 섬광이 가져올 재앙을 머릿속에서 떨칠 수가 없다. 2차 세계대전의 무기는 도시를 파괴했지만, 오늘날의 무기는 문명 자체를 파괴할 것이다.

우리시대의 낙관적인 견해들, 인류의 폭력이 감소할 거라든가, 전지구적 정치지형이 굴곡이 있기는 하겠지만 결국에는 인본주의적 통치체제가 정착되는 쪽으로 나아갈 것이라거나, 전지구적 자유시장경제가 수백만명을 끔찍한 가난에서 구해낼 것이라는 견해들은 물론 고무적이다. 점점 진보해가는 이런 과정은 정말이지 희망적이지만 핵갈등은 그 모든 결과물을 눈 깜짝할 순간에 뒤집어엎을 수 있다.

무엇보다 가장 큰 위험은, 대부분이 바닷속 깊은 곳이나 먼 외지에 숨겨져 있는 탓에 대중이 금방이라도 닥칠 수 있는 핵으로 인한 파멸을 인지하지 못한다는 사실이다. 대부분이 방관할 뿐이다. 어쩌면 이것은 패배주의나 그와 한통속으로 나타나는 회피경향 때문일 수도 있다. 어떤 사람들은 이것이 대개 '상상도 할 수 없이 무지막지한 일'을 대면하기를 두려워하는 인간의 원초적인 감정이라고 보기도 하고, 또 어떤 사람들은 핵공격을 막는 무난한 미사일 방어 씨스템이 있거나 아니면 만들 수 있다는 환상을 기꺼이 믿고자 하기 때문일 수도 있다고 한다. 또 많은 사람들은 핵억제력이 무한정 유지될 수 있다는 믿음을 여전히 가지기 때문이라고 보기도 한다. 세계 지도자들이 즉각적이면서도 정확한 상황판단력을 항상 갖고 있고, 현 상황이 어떤 맥락에서 벌어지는지 그 본질을 알고 있으며, 가장 비극적인 군사적 오판을 피할 수 있는 행운이 항상 함께할 거라는 그런 믿음 말이다.

이러한 대중적인 방관에도 불구하고 치명적인 핵의 위험을 줄일 진지한 조치를 취하게 될 거라고 믿을 만한 근거가 과연 있을까? 수년전, 냉전시기에서도 가장 임울했던 때이자 핵무기로 인한 위험을 완화하는 길을 가로막는 장벽이 지금보다도 훨씬 막강했을 때 존 F. 케네디 대통령은 성공할 수 있다는 믿음을 가지라고 촉구했다.

우리 중에는 그것이 불가능하다고 믿는 사람이 너무 많습니다. 비현실적이라고 여기는 사람들이 너무 많습니다. 하지만 그것이야 말로 위험천만한 패배주의적 믿음입니다. 전쟁은 불가피하고 인류는 멸망할 것이고 우리는 스스로 통제할 수 없는 힘에 휘둘리고 있다는 결론이 그로부터 생겨나는 것입니다. 그런 식의 사고를 버려야 합니다. 지금 문제는 우리 인간이 스스로 초래한 것입니다. 따라서 우리 인간이 해결할 수 있습니다.[2]

이는 현재도 마찬가지이다. 핵무기로 인한 위험에 맞서는 일은 감당하기에 벅찬 일이지만 그럼에도 그 위협을 직시하고 그것을 줄이기 위해 전력해야 한다. 당연하게도, 여러 국가들이 전쟁계획의 하나로 핵무기를 배치하는 한에서는 국지전에서 혹은 테러 집단에 의해 그 무기가 사용되지 않는다고 확신할 수가 없다. 단 하나의 핵무기가 사용된다 해도 그로 인해 9·11테러 때보다 백배는 더 많은 사상자가 발생할 것이다. 그것만이 아니라 그에 따르는 경제적·정치적·사회적 여파는 우리 삶 자체를 박살낼 수도 있다. 하지만 그런 참사가 생길 가능성을 상당히 줄일 수 있는 방안이 있으므로 그런 조치를 취하도록 행동에 나서는 일이 우리의 최우선과제가 되어야 한다.

핵무기가 다시는 사용되는 일이 없도록 가능한 모든 방법을 강구해야 한다.

2년에 걸쳐 엄청난 진전을 보았던 핵의 위험을 줄이는 일이 어떻게 삐거덕거리다가는 아예 후퇴하기 시작했는지를 앞서 설명했다.

여기서 문제는 항상 있어왔던 것들이다. 예의 정치문제와 경제사안, 국제적인 협력보다 강한 민족주의, 그리고 핵의 위험과 관련해서는 상상력이 너무 부족하다는 점 등이다.

새로울 것 없는 이 장애물들은 진정 실의에 빠지게 할 만하지만 그렇다고 포기해서는 안 된다. 그에 대한 응답이 꼭 환상을 품고 산다든지, 수수방관이나 패배주의에 빠지는 것일 필요는 없다. 이 책에서 얼마간 상술했다시피, 오늘날 핵무기가 주는 궁극적인 위협에 인류가 맞설 수 있다는 희망, 핵을 축소하고, 궁극적으로는 완전히 제거하기 위해 행동에 나설 것이라는 희망 ─ 그것도 사실에 입각한 ─ 을 가질 수 있을 만큼 낙관적인 경우들이 우리 역사에는 충분히 있어왔기 때문이다.

아직 전세계에 수천개의 핵무기가 존재하기 때문에 특히 핵무기의 위험을 축소하려는 구체적인 방안에 중점을 두고 핵위협방지구상과 핵안전 프로젝트가 기울여온 희망적인 노력을 앞서 상술한 바 있다. 여러 정부에서 이미 핵무기의 위험을 줄이기 위해 중요한 조치들을 취했다는 사실을 떠올리며 더 용기를 내야만 한다. 예를 들면 다음과 같은 것이다.

우크라이나와 카자흐스탄과 벨라루스의 핵무기를 제거하게 된 국제적인 노력의 경우, 심지어 냉전이 막 끝난 적대 분위기에서도 핵의 위험을 완화하기 위해 협력함으로써 희망을 증명해 보였다.

2007년과 2008년의 신문 기고문을 통해 나와 슐츠, 키신저, 넌은 단기적으로 세계의 안전을 도모하고 궁극적으로는 핵무기 없는 세상으로 나아가기 위한 구체적이고 현실적 조치를 요구했다. 이후로 기고문에서 개략적으로 밝힌 생각들에 대한 전세계적인 지지가 있었는데, 편지와 신문사설, 두드러진 시민단체의 결성, 오바마 대통령의 프라하 연설, 그리고 핵무기 없는 세상에 대한 지향을 만장일치로 분명히 한 유엔 안보리의 결의안 등을 그 예로 들 수 있다.

다른 한편, 말과 행동은 다르다는 옛말을 기억할 필요도 있다. 세계 주요국들이 바른 말은 해왔지만 실제로 한 일은 무엇이 있나?

그에 대답하자면, 적어도 희망을 가져도 될 만큼은 해왔다는 것이다.

그중 중요한 예는 오바마 대통령이 프라하에서 연설을 한 다음해에 미국과 러시아가 양편에서 배치된 핵무기를 축소할 것을 요구하는 New START 협정을 조인했다는 것이다. 그 축소의 정도는 그다지 대단하지는 않다. 하지만 협정의 가치는 핵에 대한 미국과 러시아의 대화를 다시 활성화했다는 점과 배치된 핵병력에 대한 투명성을 높일 수 있는 포괄적 검증조치를 확립했다는 점이다.

하지만 오바마 대통령의 프라하 연설에 뒤이은 조치로서 훨씬 더 중요한 것은 전세계에 흩어져 있는 핵분열성 물질을 더 분명하게 통제하는 데 중점을 둔 핵 정상회담을 격년마다 열기로 한 것이다. 테러집단이 핵폭탄을 확보하는 데 주된 장애물이 바로 핵분열 물질의 제조가 어렵고 복잡하다는 점이므로, 이 물질이 새어나가지 않게 단단히 관리하는 것이 만일에 일어날 수 있는 끔찍한 사태를 막을 최선이다. 그리고 미국과 러시아의 핵병기가 여전히 과잉수준이기는 하지만 냉전이 한창일 때에 비하면 많이 줄었다는 사실도 기억해야 한다.

이러한 조치들을 보면 책임있는 정부는 핵무기의 위험을 인지하고 그를 줄이려는 행동에 착수한다는 사실을 알 수 있다. 그러나 지금까지의 성취를 하나씩 벽돌을 쌓아가는 과정으로 받아들여야지 다 이룬 듯이 마냥 축하하기만 한다면 현명하지 못한 일이다. 핵무기의 위험을 줄이는 일에 광범위하고 진지하며 긴급하게 나서야만 하는 것이다. 그를 위한 구체방안은 앞에서 대략적으로 제시한 바 있다.

그 모든 방안들은 아주 복잡해서 시행까지는 오랜 세월이 걸릴 것이다. 동료들 중에는, 특히 글로벌 제로 운동에 함께하는 이들 중에는 우리가 그런 식으로 현실적인 단계 조치들을 강조하다보면 국제적인 합의에 의해 핵무기를 완전히 없앤다는 자신들의 목표 —— 어떤 면에서 보자면 핵확산금지조약의 주요한 다음 단계 —— 에서 자꾸 멀어지게 된다고 믿는 이들이 있다. 그러나 핵위기에 오랫동안 관여해온 나의 시각에서 보자면 단계적 조치들은 진정한 진전을 이루기 위한 전주곡이다.

정말이지 첫발걸음을 떼어놓지 않고서야 핵무기 없는 세상을 이룰 희망은 없다고 믿는다. 그러나 동시에 그 조치들을 궁극적인 비전과 단단히 결부하지 않는다면 그 어려운 단계적 조치들을 이뤄낼 의지를 모을 수가 없을 것이다. 문제는 그러한 조치들을 시행하는 데 얼마나 걸릴지가 아니다. 그보다는 전세계의 정부들이 그 방향으로 움직이지 않고 있다는 것이다.

정부가 움직이지 않는 이유는 우선 행동에 나서지 않을 수 없을 정도의 압력이 국민들로부터 나오지 않기 때문이다. 근본적으로 너무나 중요한 문제이므로 다시 한번 강조하자면, 문제는 단순히 미국과 세계 다른 나라의 국민들이 오늘날 핵무기로 인해 우리 모두가 직면한 위험을 제대로 이해하지 못한다는 점이다. 대부분의 대중은 핵의 위험이 냉전과 함께 종식되었다고 믿는 듯하다. 다행스럽게도 우리 아이들이 이제는 학교에서 '머리 감싸고 몸 숙이기' 훈련을 하지는 않지만 국민들에게 핵이라는 초월적 문제에 대한 인식과 우려가 부족한 탓에 민주주의정부들이 번거로우면서 비용이 많이 드는 조치를 취하기가 어려울 수밖에 없다. 핵공격이 벌어지고 나면, 대중 — 그러니까 얼마일지 모르지만 살아남은 대중 — 은 더이상 무관심할 수가 없을 것이다. 하지만 그런 일이 벌어지기 전에 그 위협을 완화한다면 얼마나 좋겠는가.

전세계적으로 핵의 위험을 줄이는 일에서 성과가 있으려면 미국이 앞장을 서야 한다. 그리고 미국인들이 그 중요성을 제대로 인식하지 못한다면, 그러니까 오늘날에는 냉전시기에 그랬듯이 핵무기가 우리의 안보를 보장하는 것이 아니라 오히려 안전을 위협한다는 사실을 이해하지 못한다면 미국이 앞장설 수가 없다. 핵을 이용한 충돌을 방지하는 일이 무엇보다 우선적인 공공선을 도모하는 일이므로 평상시의 지엽적인 이해관계나 당파정치보다 훨씬 더 중요하다는 사실을 대중과 지도자들이 분명히 인식해야 한다.

핵무기가 다시는 사용되는 일이 없도록 하는 생산적인 조치의 핵심은 대중의 교육이다. 앞 장에서 서술했다시피 핵위협방지구상은 핵의 위험에 대한 대중들의 인식수준을 높이기 위한 뜻깊은 프로그램을 시행 중이다. 나는 밀레니얼 세대(대략 1980년대 전후부터 2000년 초반 사이에 출생한 세대를 일컫는 용어 — 옮긴이)와 이후 세대, 그러니까 지금 10대와 20대인 우리의 젊은 세대들의 의식을 높이기 위해 노력해왔다. 대학에서 젊은 사람들에게 둘러싸여 연구를 하고 있으니 당연한 선택이라고도 하겠다. 하지만 나는 이 하나의 대학에 있는 학생들보다 훨씬 더 많은 젊은이들에게 가 닿기를 바란다. 모든 대학과 고등학교의 학생들, 그리고 학교에 속해 있지 않은 많은 젊은이들이 접할 수 있는 프로그램을 통해서 말이다. 핵의 위험이라는 문제에 대처하는 일은 수십년이 걸릴 것이므로 궁극적으로는 미국과 전세계에 사는 현재의 청년들이 풀어나가야 할 일이다. 나의 세대는 냉전시대의 핵위험과 씨름해왔다. 이후 세대는 우리가 남겨놓은 치명적인 핵의 유산을 상대해야만 한다.

지금까지 나의 길을 걸어오며 인간에게는 심지어 전시의 지독한 불확실성 속에서도 최대의 선을 위해 희생과 헌신을 마다하지 않고, 공동의 인간성을 기반으로 협력해, 위기에 대응하는 능력이 있다는 사실을 굳게 믿게 되었다. 이 책에서 연대기 순으로 기록한 수많은 예는 세계 방방곡곡의 국가수장들과 외교관, 군장성, 국회의원 들은 물론이고 과학자와 기술자, 기업경영자, 일반 국민 들이 관여했던 것이다. 대중이 제 목소리를 내서 그들이 핵의 위험에 대해 적극적으로 사고하고 어느 당파에서나 정당하다고 보는 합의를 이끌어내는 데 함께하면 큰 진전을 이룰 수 있다. 핵의 시대를 맞아 새로운 사고방식이 필요하게 되었고, 대중은 그 사실을 깨닫게 될 것이다. 적절한 기회만 주어지면 대중은 이해할 것이다.

그런 믿음을 갖고, 경험에서 나온 대중과 핵의 위험에 대한 확신을 실행에 옮길 프로젝트(www.wjperryproject.org)를 가능한 가장 광범위한 규모로 시작했다. 이 책은 그 프로젝트의 첫 단계이다. 이 책이 나의 생각을 집약하고는 있지만, 이것만으로는 행동에 나서달라는 나의 요청이 충분히 많은 사람들에게 닿을 수는 없다. 특히 젊은 세대의 경우 인터넷으로 이룰 수 있는 정도에 비하면 턱없이 부족할 것이다. 따라서 전세계의 젊은 세대들이 알았으면 하는 바람에서 이 내용을 온라인상에 개방하고 모든 휴대기기에서 이용할 수 있게 했다.

내 자신이 수많은 경험을 해왔기 때문에 여기서 제시한 과업이 얼마나 힘든 일이 될지는 누구보다 잘 알고 있다. 오늘날 세계가 직면한 핵의 위험을 완화하려는 나의 노력이 사실상 불가능한 추구일 수도 있다는 사실도 잘 안다.

그러나 중요한 많은 것들이 걸려 있고 인류 전체가 너무 큰 위험에 처해 있기 때문에 편안한 노후를 즐기는 대신 그 위험을 줄이기 위해 할 수 있는 것이라면 무엇이든 하면서 여생을 보내기로 했다. 이런 일을 하는 이유는 이것이 기다린다고 되는 문제가 아니라고 믿기 때문이다. 냉전시기의 핵병력을 구축하는 일에 함께했으므로 그것을 해체하기 위해 무엇이 필요한지 잘 알고 있을 뿐 아니라 그 일에서 내게 특별한 책임이 있다고 믿기 때문이다. 그래서 핵의 벼랑 끝에서 난 여전히 나의 길을 가고 있다.

가로막은 장벽이 불가항력으로 보여 절망에 사로잡힐 때마다, 주변의 무관심으로 인해 기가 꺾일 때마다, 결국 핵무기가 인류를 파괴하게 될 것이라고 절망할 때마다, 그래서 이 일을 이제 그만두어야겠다는 생각이 들 때마다 난 1950년 12월에, 그러니까 북한이 남한을 침공하기 6개월 전이자 위험천만한 냉전이 막 시작되었을 당시에 윌리엄 포크너가 노벨문학상 수락 연설 중에 했던 만고불변의 명언을 되새긴다.

이제 영혼의 문제라고는 없습니다. 있는 것이라고는, 내가 언제 폭탄에 날아갈 것인가? 이런 질문뿐입니다. (…) 전 인간의 종말을 받아들이지 않겠습니다. 그냥 인간은 계속 연명해나갈 것이므로 불멸의 존재라고 말하기는 아주 쉽겠죠. 파멸의 마지막 종이 울려, 붉게 물들며 사라져가는 최후의 저녁에 변함없이 버티고 있는 쓸모없는 최후의 바위조차도 스러져갈 때, 심지어 그때조차도 여전히 소리 하나가 더 있을 것이니, 그것이 바로 지치지도 않고 여전히 떠들어대는 인간의 보잘것없는 목소리일 거라고 말입니다. 전 이런 운명을 받아들이지 않겠습니다. 전 인간이 그저 버티며 연명할 뿐이라고는 믿지 않습니다. 인간은 번창할 것입니다.

핵은 우리의 일상적 삶에 자주 관심거리로 등장하지는 않는다. 하지만 등장할 때는 항상 문젯거리로, 그것도 대개 무시무시한 문제로 등장하는 특성이 있다. 최근에 그런 일이 연이어 두번 있었다. 한번은 경주를 진원지로 발생한 강한 지진으로 그 일대에 산재한 원자력 발전소에 대한 우려가 커진 일이고, 또 한번은 북한의 핵실험이다. 경주의 지진이 북한의 핵실험으로 발생했을 수도 있다는 의견이 있어 그것을 두고 또 논란이 있었는데, 사실 근본적으로는 그런 식의 논란이 의미가 없다는 게 핵문제의 특성이기도 하다.

이 책의 저자라면 그런 식의 논란이 '초현실적' 태도에서 나온다고 할 법하다. 핵무기가 재래식 무기보다 더 성능이 좋을 뿐 동일한 무기인 양 여기는 태도가 그것인데, 북한의 핵실험 이후 우리도 핵무기를 배치해야 한다고 목소리를 높였던 한편의 주장에서 전형적으로 찾아볼 수 있다.

핵의 위험에 대해 제대로 이해하고 있다면 상식적으로 나와야 하는 주장은 북한에 핵이 있으니 우리도 핵으로 맞서자가 아니다. 그 핵이 한반도의 파멸을 가져올 것이 분명하고 심지어 만약 실험만으로도 한반도 지층을 불안정하게 해서 남한의 원전들을 위태로운 상황에 빠뜨린다면 더더욱 그렇다. '어떻게든 북한의 핵무기 개발을 막을 방도를 찾아야 한다'라는 주장이 나와야 한다. 이때 '어떻게든'이란 지엽적인 이해관계나 이념 대립을 초월해야 한다는 것을 의미한다.

그 이유는 핵 자체가 '초월적인' 문제, 그러니까 구체적인 상황을 초월한 전지구적인 차원의 문제라서 개인이 자신의 삶에 직결된 것으로 실감하기 힘들지만 보편적으로 모든 사람들에게 해당되는 그런 문제이기 때문이다. 또한 요즘의 상황처럼 실질적인 문제로 등장할 때 그것을 개인적인 차원에서 해결하거나 회피할 방도가 없다는 의미에서도 그렇다. 2011년 후꾸시마 원전사고 후 방사능 오염을 걱정하며 한동안 일본을 가지 않는 것은 물론 일본산 식품, 특히 수산물을 먹지 않겠다는 사람들이 많았다. 방사능이라는 게 사라지는 게 아닌 이상 바다와 땅으로 유출된 방사능 물질을 평생 피해가며 사는 일이 사실상 불가능하다는 점에서, 그것은 의미가 아주 없지는 않겠지만 결과적으로 부질없는 일이 될 가능성이 크다.

후꾸시마 원전사고가 사람들에게 불러일으킨 엄청난 공포와 우려를 생각하면 북한의 핵실험에 대한 사람들의 반응은 불가사의할 정도다. 후꾸시마의 경우는 천재지변으로 인한 사고였고 그렇기 때문에 인간의 의지와 상관없이 핵재앙이 닥칠 수 있다는 우려는 당연하다고 할 수 있다. 그와 달리 핵무기문제는 기본적으로 우리 인간들의 의지에 달린 일인데도 핵무기를 당연시하거나 불가항력적으로 여기는 입장을 흔히 찾아볼 수 있으니 말이다.

'핵무기 없는 세상'이란 정치나 외교를 모르는 순진한 생각이라고 반박할 수도 있다. 하지만 인간의 의지로 핵무기를 줄이고 평화의 분위기를 일궈냈던 가까운 과거의 감동적인 노력을 담고 있는 이 책은 그것이 여전히 우리 의지의 문제임을 웅변해준다.

물론 악화되는 최근의 세계정세가 증명하듯이 쉬운 문제는 아니고, 특히 우리 운명을 스스로 결정할 수 없는 한국의 경우엔 더욱 그렇다. 북한이 다시 핵으로 한반도를 위협하는 현재, 거의 합의 직전까지 갔던 북핵문제가 그저 새로 당선된 미 대통령의 고집으로 인해 무산되어버린 상황은 안타까움을 넘어 분노를 일으킬 만하다. 하지만 이 역시 과연 불가항력이었을까? 우리가 북한과의 관계에서나 국가안보의 문제에서나 어느 정도의 주체적 권한을 가지고자 하는 노력을 그전부터 해왔더라도, 그래서 우리의 운명을 좌우할 문제에 어느 정도의 권한을 갖게 되었더라도 그렇게까지 허무하게 끝나버렸을까? 물론 역사에 '만약'은 없다. 역사에는 '교훈'이 있을 뿐이고, 그 교훈에 귀를 기울이지 않는다면 계속 '만약에'라는 후회만 거듭하게 될 뿐.

핵에 대한 얘기로 시작해서 너무 심각해져버렸지만, 사실 이 책에는 차관으로 시작해서 국방장관까지 올라간 저자가 그동안 수행한 무기개발이나 전쟁의 작전들, 그리고 무엇보다 군축과 관련된 일화들이 담겨 있다. 특히 냉전 직후 냉전의 당사자 양편이 협력해서 보여준 군축의 과정은 놀랍고 감동적이기까지 하다. 여전히 러시아보다 소련이 익숙한 윗세대에게나 소련이라는 나라는 들어본 적도 없는 아랫세대에게나 흥미롭게 읽히리라고 본다.

페리 전 국방장관은 레이캬비크 회담 20주년 기념 세미나에서 그 무엇보다 '그래야 마땅함'에 대한 맥스 캠플먼의 주장을 듣고 사고의 전환을 맞았다고 적고 있다. 방위산업에 몸담았던 '냉전시대 전사'가 이후 핵무기 없는 세상을 이루기 위한 노력에 매진하게 된 것이 바로 그러한 이상과 원칙에 대한 믿음이 아닌가 싶다.

'그래야 마땅함'이란 어쩌면 모두가 상식적으로 인정할 만한 생각일 수도 있다. 이 책에서 누누이 강조하듯이 지금의 무기수준에서 핵무기의 사용은 자멸을 초래할 것이라는 사실만이 아니다. 피부색이나 국적에 상관없이 정당한 대우를 받아 마땅하다든가, 억울하게 목숨을 잃은 사람들에 대한 애도는 이념 대립과 아무 상관이 없다든가, 우리 모두에게 행복추구권이 있고 국가는 그것을 보장할 책임이 있다든가… 국방과 핵을 중심으로 한 이 회고록을 읽으며 그런 것들이 떠오른다면 그것은 '헬조선'이라 불리는 우리의 상황이 상식과 너무나 멀어지고 있다는 반증일 테지만, 또한 '그래야 마땅함'에 대한 저자의 믿음과 그 믿음을 바탕으로 한 그의 삶이 전해주는 울림 때문이지 않을까 싶다.

2016년 10월
정소영

서문

1) Coll, Steve. *Ghost Wars: The Secret History of the CIA, Afghanistan, and Bin Laden from the Soviet Invasion to September 10, 2001.* New York: Penguin, 2005, 10면. Bergen, Peter L. *Holy War, Inc: Inside the Secret World of Osama Bin Laden.* New York: Free Press, Simon and Schuster, 2001, 97면.

1. 쿠바 미사일 위기

1) Kennedy, John F. "Radio and Television Report to the American People on the Soviet Arms Buildup in Cuba, October 22, 1962" JFKWHA-142-001, 22 1962년 10월. 2014년 8월 25일에 열람.

2) 앞의 글. 1962년 10월 22일, 소련이 쿠바에서 진행 중이던 군비증강에 대해 대국민보고를 하면서 케네디 대통령은 다음과 같이 선언했다. "쿠바로 수송되는 모든 공격용 군장비에 대한 엄격한 검역에 착수했습니다. 어느 나라의 어느 항구에서든 쿠바로 향하는 모든 선적은 그 종류를 막론하고 공격용 무기를 싣고 있는 것이 발각되면 되돌아가게 될 것입니다."

3) Kessler, Glen. "An 'Eyeball to Eyeball' Moment That Never Happened." *New York Times* 2014년 6월 23일자. 2014년 8월 25일에 열람. 쿠바 미사일 위기가 종결된 후 몇몇 신문은 "우리가 얼굴을 맞대고 일종의 눈싸움을 하고 있는 중

에 상대편이 눈을 깜박인 셈이라고 봅니다"라는 딘 러스크 국무장관의 말을 인용하며 케네디와 미국의 승리임을 주장하는 기사를 실었다.

2. 하늘 높이 솟구친 화염

1) "Atomic Education Urged by Einstein; Scientist in Plea for $200,000 to Promote New Type of Essential Thinking." *New York Times* 1946년 5월 24일자에 인용된 알베르트 아인슈타인의 1946년 5월 23일자 전보.

2) Senauth, Frank. *The Making of the Philippines*. Bloomington, IN: Author-House, 2012, 85면.

3. 소련 미사일 위기의 부상과 그에 대한 정보수집 경쟁

1) Powers, Thomas. *Intelligence Wars: American Secret History from Hitler to Al-qaeda*. New York, New York Review of Books, 2002, 320면.

2) Eckhardt, Roger. "Stan Ulam, John von Neumann, and the Monte Carlo Method." *Los Alamos Science* 특집호 (1987) 2013년 11월 7일 열람. 몬테카를로 방법은 스탠 울럼과 존 폰 노이만이 공동으로 발명한 통계적 표본추출 방법이다. 스탠 울럼은 1946년에 솔리테르 카드놀이에서 성공할 확률을 예상하는 방법으로 이 기술의 아이디어를 떠올렸고, 이후 울럼과 존 폰 노이만이 함께 중성자 증식률을 추산함으로써 로스알라모스에서 개발 중이던 핵분열성 무기의 폭발반응을 예상하는 방법으로 발전시켰다.

3) Snow. C. P. *Science and Goverment*. Cambridge: Harvard University Press, 19면.

4) Pedlow, Gregory, and Donald Welzenbach. *The CIA and the U-2 Program, 1954-1974*. US CIA, History Staff Center for the Study of Intelligence, 1998. 100~04면. 2014년 8월 25일에 열람. U-2가 처음 작전에 참여한 것은 1956년 6월 20일 수요일이었고, 같은 해 7월 4일 수요일에 소련 상공을 처음으로 비행했다.

5) Taubman, Philip, *Secret Empire: Eisenhower, the CIA, and the Hidden Story of America's Space Espionage*. New York: Simon and Schuster, 2003.

6) US Central Intelligence Agency. "Report of DCI Ad Hoc Panel on Status of the Soviet ICBM Program." 1959년 8월 25일 CIA 특별조사단이 CIA 국장에게 제출한 보고서. 2014년 8월 25일에 열람.

7) 포괄적 핵실험금지조약기구 준비위원회. "30 October 1961 — The Tsar

Bomb" 2014년 8월 25일에 열람. 역사상 제작된 가장 대규모 핵무기의 실험은 1961년 10월 30일 러시아 북극해의 노바야젬랴 섬에서 이루어졌다. 50메가톤 급의 위력을 보였다. 소련 기술자들은 낙진을 줄이기 위해서 원래 100메가톤 급이었던 것을 반 정도로 축소했다. 그 폭탄의 공식명칭은 RDS-220 수소폭 탄이지만, 서구에서는 짜르폭탄이라는 별칭으로 불렀다. 그것은 낙하산으로 공중투하되었는데, 비행기가 그 자리를 벗어날 수 있는 확률을 높이기 위해 낙하지연 낙하산을 부착했다. 조종사와 승무원이 살아올 확률은 겨우 50퍼센 트 정도로 추정되었다. 폭발이 일으킨 충격파로 인해 비행기의 고도가 순식간 에 1킬로미터 내려갔지만 비행기는 무사히 착륙할 수 있었다.

8) ESL(Electromagnetic Systems Laboratory) 주식회사는 1964년에 캘리포니아 에서 법인으로 설립되었다. 창업이사는 윌리엄 J. 페리(최고경영자), 제임스 M. 할리, 클래런스 S. 존스, 제임스 F. 오브라이언, 앨프레드 헐트먼이었다.

4. 최초의 씰리콘밸리 기업가와 첩보기술의 발전

1) Stanford Graduate School of Business. "Franklin Pitch Johnson." 2013년 11월 6일 열람. 프랭클린 P. '피치' 존슨은 1962년에 드레이퍼앤존슨 투자회사를 설립했다.

2) Stanford University, Stanford Linear Acceleration Center. "A Brief Biography of Wolfgang K. H. Panofsky." 2014년 8월 26일에 열람. 보통 '피프'로 불리는 볼프강 K. H. 파놉스키는 연구원이자 기계설계자, 기초연구 책임자로서 소립 자 물리학분야에서 지대한 영향을 끼친 인물이다. 1951년에서 1963년까지 스 탠퍼드에서 물리학 교수로 재직했고, 1953년에서 1961년까지는 스탠퍼드 고 에너지 물리학 연구소 소장, 1961년에서 1989년까지는 스탠퍼드 선형가속장 치센터(SLAC) 원장을 역임했다. 1989년부터 시작해서 2007년 9월, 캘리포니 아 로스앨토스의 자택에서 타계할 때까지 SLAC의 명예원장으로 있었다.

3) Stanford University, Center for International Security and Cooperation. "Sidney D. Drell, MA, PhD" 2014년 8월 26일에 열람. 씨드 드렐(Sidney D. Drell)은 현재 스탠퍼드 대학의 후버 연구소 선임연구원이자 SLAC 국립가속장치 연구 소의 이론물리학 교수(명예직)이다. 그는 국제안보협력센터를 공동창립했고 1983년부터 89년까지 공동대표이사였다. 국가적으로 중요한 사안과 관련해 정부에서 자문을 구하는 학계 과학자 단체인 JASON의 원년회원일 뿐 아니라 로스 앨러모 국립연구소의 집행위원회 위원이다.

5. 복무 명령

1) 1977년 3월 펜타곤에서 진 푸비니와 빌 페리가 함께 나눈 대화 중에서. 페리
   가 풀어서 다시 씀.

2) Center for Strategic and International Studies. "Harold Brown" 2014년 8월
   26일에 열람. 지미 카터 대통령은 1977년 1월 20일 해럴드 브라운을 국방장관
   으로 지명했다. 1월 21일에 상원에서 인준을 받고 같은 날 취임선서를 한 후,
   1981년 1월 20일까지 국방장관으로 재임했다.

3) Pace, Eric. "Eugene Fubini, 84; Helped Jam Nazi Radar." *New York Times*,
   1997년 8월 6일자. 2014년 8월 26일에 열람. 유진 푸비니(진 푸비니)는 물리학
   자이자 전자공학자로서 케네디 행정부와 존슨 행정부에서 국방부 보좌관으
   로 일했다. 그는 또한 1943년과 1944년에 유럽 전쟁지역에서 미 육군과 해군
   의 기술보좌관이자 과학기술 자문역을 하면서, 주축국의 레이더를 찾아내어
   방해하는 작전에 도움을 주었다. 1961년에는 펜타곤의 방위연구기술부에 합
   류했다. 1963년에는 케네디 대통령이 그에게 국방보좌관에 또한 임명하여 군
   사부문 연구개발 프로그램을 통괄하도록 했다.

4) Stanford Engineering. "Paul Kaminski (PhD '71 AA)." 2007년 11월. 2014년
   8월 26일에 열람. 페리가 카민스키를 처음 만난 것은 그가 1976년에서 77년
   기간에 공군장교로 국방산업대학을 나가고 있을 때였다. 페리가 특별보좌관
   으로 그를 임용하고 싶다고 했고, 이때 카민스키는 처음으로 스텔스 프로그램
   을 접하게 된다. 그는 또한 1994년 10월 3일에서 1997년 5월까지 국방부 획득
   기술 차관으로 재직했다. 국방부의 모든 연구와 개발, 군수 프로그램을 총괄
   했다.

5) Nuclear Threat Initiative. "Sam Nunn." 2014년 8월 26일에 열람. 쌤 넌은
   1972년부터 1996년까지 24년 동안 조지아주의 상원의원을 역임했다. 상원에
   있는 동안 군사위원회와 상설조사 소위원회 의장을 맡았다. 또한 정보 위원회
   와 중소기업 위원회에도 참여했다. 2001년에 전지구적 안보를 강화하기 위한
   초당적 비영리단체인 핵위협방지구상을 테드 터너와 함께 창립했다.

6. 상쇄전략의 실행과 스텔스 기술의 출현

1) *The Atlantic*. "World War II: Operation Barbarossa." 2011년 7월 24일. 2014년
   8월 26일에 열람. 바르바로사 작전은 1941년 6월 22일 나치 독일과 추축국 연
   합이 대규모로 소련을 침공한 작전명이다.

2) US Army. *Army Ammunition Data Sheets: Artillery Ammunition.* Washington, DC: GPO, April 1973, 2면. 코퍼헤드는 탱크와 장갑차, 그리고 다른 이동 중이거나 정지해 있는 견고표적을 대상으로 사용하기 위해 고안된, 분리장전식 고성능 레이저유도포탄 발사체다.

3) Raytheon. "AGM-65 Maverick Missile." 2014년 8월 26일에 열람. AGM-65 매버릭은 헬리콥터와 전투기, 공격용이나 다지역 초계기에서 발사되는 정밀 공격 미사일이다. 이 미사일은 고정된 표적뿐 아니라 고속으로 움직이는 표적까지도 공격할 수 있는 유도성능을 지니고 있다. 오차범위가 1미터밖에 되지 않아 근접 항공지원에 사용된다.

4) Boeing. "AMG-114 HELLFIRE Missile." 2014년 8월 26일에 열람. 헬파이어 미사일(처음 명칭은 발사하고 끝내기 방식(Fire and Forget)의 헬리콥터 발사 미사일이었다)은 발사하는 비행체가 적군의 공격에 노출될 확률을 최소화하면서 탱크와 다른 표적을 무찌르도록 고안된, 레이저나 레이더로 유도되는 단거리 공대지 미사일이다. 1970년에 고안되었고 1976년에 그 개발이 진행되었다.

5) Boeing. "AGM-86B/C Air-Launched Cruise Missile." 2014년 8월 26일에 열람. AGM-86B/C ALCM(Air-Launched Cruise Missile)은 B-52가 낮은 고도와 높은 고도에서 수송하는, 음속보다 느린 자기유도식(self-guided) 장거리 미사일이다. 핵탄두를 장착하면 ALCM으로 부르고, 재래식 탄두를 장착하면 CALCM이라고 부른다. 1974년 6월에 개발 프로그램이 시작되었고, 정확한 관성항법을 위해 GPS를 사용한다.

6) Schwartz, Stephen. *Atomic Audit: The Costs and Consequences of U. S. Nuclear Weapons since 1940.* The Brookings Institute, 1998. 18쪽. 토마호크(BGM-109)는 군함이나 잠수함에서 발사되는 크루즈 미사일로서, 처음 바다 위를 이동할 때는 관성유도 씨스템을 사용하고 지상의 탄도를 이동할 때는 좀더 정확한 유도방법인 TERCOM으로 바뀌고, 탄두를 표적에 접근시키는 마지막 단계에서는 DSMAC(Digital Scene Matching Area Correlator)라는 유도체계를 사용하는 등 복잡한 항법을 사용한다.

7) US Airforce. "E-3 Sentry (AWACS)." 1 November 2003. 2014년 8월 26일 열람. 공중 조기경보 통제씨스템(AWACS)은 우호적·중립적·적대적 움직임에 대한 상황인식과, 책임지역의 지휘와 통솔, 전장 병력의 전투관리, 전투공간에 대한 전(全)고도의 전천후 감시, 그리고 합동작전, 동맹작전, 연합작전

시 적군의 움직임에 대한 조기경보를 제공한다. 제작과 시험, 평가는 1975년 10월 첫 E-3 센트리 기로 시작되었다.

8) Northrop Grumman. "E-8C Joint STARS." 2014년 8월 26일에 열람. 통합감시 및 목표공격 레이더씨스템(Joint STARS)는 지상감시를 수행하여 사령관들이 적의 상황에 대한 이해를 돕고 공격작전과 표적설정을 지원할 수 있도록 하는 공중 전투관리 지휘통제(C2) 플랫폼이다. 조인트 스타즈는 전방부대의 사정거리 너머 적의 기갑부대를 탐지하고 위치를 확인하여 공격하는 육군과 공군의 프로그램에서 발전되어 나왔다. 1982년에 그 프로그램이 하나로 합쳐져 공군이 주요 책임기관이 되었다. 노스롭 그루먼이 1895년 9월에 두기의 E-8C 개발 씨스템 제작을 위한 계약을 따냈다. 이 비행기는 아직 개발 중이었음에도 불구하고 1992년에 사막의 폭풍 작전에 배치되었다.

9) Federation of American Scientists. "Guardrail Common Sensors." 2014년 8월 28일에 열람. 본질적으로 가드레일은 항공수송 플랫폼에 통합되기 위해 기획된 신호정보 수집 및 위치추적 씨스템이었다. 1970년대 초반에 개발이 시작되어 다섯번 재개(가드레일 V)되면서 1990년대까지 지속되었다.

10) Federal Aviation Administration. "Global Positioning System." 2014년 8월 28일에 열람. 1973년에 처음 착수된 전지구적 위치확인장치는 다양한 이용자들에게 항법 정보를 제공하기 위해 약 시속 11,000마일로 지구를 도는 24개의 위성 네트워크의 개발과 더불어 시작되었다. 위성군(衛星群) 궤도의 운용과 유지는 국방부에서 담당하고 있다.

11) Fallows, James. *National Defense.* New York: Random House, 1981.

12) Perry, William J. "Fallows' Fallacies: A Review Essay." *International Security* 6:4 (Spring 1982), 174~82면.

13) Marquette University. The Les Aspin Center for Government. "The Honorable Les Aspin." 2014년 8월 28일에 열람. 레스 애스핀은 1970년부터 시작하여 위스콘신의 제1선거구에서 열한번 하원의원으로 당선되었다. 클린턴 행정부에서 1993년에서 94년까지 국방부 장관직을 맡았다.

7. 미 핵무기의 증강

1) Garland, Cecil. "The MX Debate." CBS, 1980년 5월 1일 방송.

2) Academy of Achievement. "Paul H. Nitze." 2014년 8월 28일에 열람. 폴 니츠는 1940년대 초반부터 여러 행정부에서 보직을 맡은 후 1963년에 국방 부장

관까지 오르는 동안 미 냉전전략을 발전시키는 데 중요한 역할을 했다. 부장관 임기를 마친 후에도 1989년까지 계속 행정부에서 근무했다. 그는 전략무기감축협정(SALT I 1969~73)의 미국 대표단의 일원이었는데, 후에 소련의 재무장을 우려하여 SALT II (1979) 비준에 반대했다. 2004년 10월 19일에 타계했다.

8. 핵경보, 군축, 그리고 놓쳐버린 비확산의 기회

1) Nuclear Threat Initiative. "Strategic Arms Limitation Talks (SALT I)." 2014년 8월 29일에 열람. 전략무기감축협정인 SALT I은 탄도탄요격미사일(ABM) 방어 씨스템과 전략 핵공격 씨스템을 모두 제한하기 위해 1969년 11월 17일에 미국과 소련이 시작한 협상을 말한다. 이 회담에서 나온 결과는 두가지다. 첫째는 전략공격무기를 제한하는 조처들에 대한 잠정합의안이고, 둘째는 전략 방어 씨스템의 제안에 대한 ABM 협정이다. 그것은 미국과 소련이 각자의 핵무기 씨스템에 대한 제한과 규제에 합의한 최초의 협정이었다. 1972년 5월 26일에 두 합의문에 서명하여 1972년 10월 3일부터 발효되었다.

9. 외교관으로서의 차관

1) Katz, Richard, and Judith Wyer. "Carter's Foreign Policy Debacle." Executive Intelligence Review 7:2 (1980). 2014년 1월 22일에 열람. 1980년에 중국 국방장관이 미국을 방문하여, 카터 대통령과 브라운 장관으로부터 미국이 중국의 재래식 군사력의 현대화를 돕겠다는 합의를 얻어냈다. 카터 대통령이 소련을 상대로 '중국 카드'를 쓰기로 결정했던 것이다.

2) From Mao to Mozart. Directed by Murray Lerner. United States: Harmony Film, 1981.

3) British Broadcasting Corporation. "1976: China's Gang of Four Arrested." 2014년 1월 22일에 열람. 4인방이란 문화혁명을 적극적으로 주도했던 네명의 중국인으로 장 칭과 왕 훙원, 야오 원위안, 장 춘차오를 말한다.

10. 다시 민간인의 삶으로

1) Public Broadcasting Service. "Reagan: National Security and SDI." 2014년 2월 4일에 열람. 1983년 3월 23일, 레이건 대통령이 핵의 위협으로부터 안전한 세상이라는 자신의 비전을 발표했다. 후에 언론은 그의 전략방위구상(SDI)에

'스타 워즈'라는 이름을 붙였다.

2) Perry, William J. "An Expensive Technological Risk." *Washington Post*. Editorial, 27 March 1983.

3) Perry, William J. "Critical Look at Star Wars." *SIPIscope. Scientists' Institute for Public Information* 13:1 (January-February 1985), 10~14면.

4) Institute of Contemporary Development, Russia. "Andrei Kokoshin Management Board Member." 2013년 11월 19일에 열람. 안드레이 꼬꼬신은 1992년에서 97년까지 러시아 국방 부장관이었고, 1997년에서 98년까지는 군 감독관, 국방위원회 의장, 안전보장이사회 의장을, 1998년부터 99년까지는 러시아 과학원 부원장을 역임했다.

5) US Department of Defense. "Ashton B. Carter." 2015년 2월 13일에 열람. 애슈턴 B. 카터는 2015년 2월 12일에 국방장관으로 임명되었다. 2011년 10월부터 13년 12월까지 부장관으로, 2009년 4월에서 11년 10월까지는 군수획득, 기술, 수송 차관으로 일했다. 최근의 국방부 직무 이전에는 하버드대의 존 F. 케네디 공공정책대학원의 국제관계 학부 학과장이자 윌리엄 J. 페리와 함께 예방적 방어 프로젝트 공동위원장을 맡았다. 그에 앞서 페리가 국방장관일 때 국방부에서 일하면서 넌-루거 협력적 위협감축 프로그램의 실행을 통해 핵무기를 해체하는 작업에 함께했다.

6) Arms Control Association. "The Intermediate-Range Nuclear Force (INF) Treaty at a Glance." February 2008. 2014년 2월 7일에 열람. 1987년의 중거리 핵전력 조약(INF)에 따르면 미국과 소련은 500킬로미터에서 5,500킬로미터 사이의 사정거리를 가진 지상발사 탄도미사일과 크루즈 미사일 — 핵미사일과 재래식 미사일을 다 망라하여 — 은 모두 폐기해야 할 뿐 아니라 앞으로 영원히 생산할 수 없었다. 그 결과 미국과 소련은 그 조약의 시행기한인 1991년 6월 1일까지 총 2,692기의 단거리, 중거리, 준중거리 미사일을 폐기했다.

7) Nuclear Threat Initiative. "Treaty between the United States of America and the Union of Soviet Socialist Republics on Strategic Offensive Reductions (START I)." 2014년 2월 7일에 열람. START I으로 알려진 미·소 전략무기감축협정은 조지 H. W. 부시 대통령과 미하일 고르바초프 대통령이 1991년 7월 31일에 조인했다. START I은 미국과 소련/러시아의 전략적 핵무기를 상당히 감축하도록 한 최초의 협정이었다. NTI가 정의한 바의 전략적 핵무기는 지상발사 대륙간탄도미사일(ICBM)과 잠수함발사 탄도미사일(SLBM), 전략 폭격기처

럼 장거리수송 씨스템에 장착되는 고성능 핵무기를 말한다. START I은 양편에 대해 총 1,600대의 수송수단과 6,000기의 탄두라는 제한을 두었다. 그 제한 내에 세계의 하부제한조항을 두었는데, 그것은 ICBM과 SLBM에 4,900기의 탄두, 최강급 ICBM 154기에 거기에 장착되는 탄두는 1,540기, 그리고 이동식 ICBM에 대한 1,100기의 탄두가 그것이다.

8) Nuclear Threat Intiative. "Treaty between the United States of America and the Union of Soviet Socialist Republics on Strategic Offensive Reductions. (START II)." 2014년 2월 7일에 열람. START II 협정은 부시 대통령의 임기가 끝나기 직전인 1월 3일에 조지 H. W. 부시 대통령과 러시아의 보리스 옐찐 대통령에 의해 조인되었다. 제2협정 단계는 모든 최강급 ICBM과 다탄두 각개유도 미사일(MIRV)에 실리는 모든 ICBM을 제거할 것을 요구했다(MIRV 일부는 하나의 탄두만을 장착하도록 재설계되기는 했다). MIRV 금지조항은 SLBM에는 적용되지 않았다.

11. 다시 워싱턴으로

1) President's Blue Ribbon Commission on Defense Management. "A Quest for Excellence: Final Report to President." June 1986. 2014년 8월 29일에 열람. 패커드 위원회라고도 알려진 대통령 직속의 블루리본 국방위원회는 1985년 7월 15일 로널드 레이건 대통령에 의해 국방관리의 주요 영역에 대한 연구를 수행할 임무를 부여받았다. 그 대상으로는 예산결정과정, 조달체계, 입법부 감독, 그리고 국방부와 합동참모본부, 통합명령체계와 특별명령체계, 삼군, 의회 사이에서 공식적·비공식적으로 조직과 운영에 대한 조정을 하는 일 등이 있었다.

12. 국방장관이 되다

1) 상원 인준청문회 실황녹음, C-SPAN, 1994년 2월 3일.

2) EBSCO Information Services. "Fact Sheet: Gore-Chernomyrdin Commission." 2013년 12월 16일에 열람. 양국 간의 협력을 증진하기 위해 고어 부통령이 체르노미르딘 러시아 수상과 함께 조직한 고어-체르노미르딘 위원회의 첫 회담은 1993년 9월 1일과 2일 이틀간 워싱턴 D.C.에서 열렸고, 두 번째 회담은 1993년 12월 15일과 16일에 모스끄바에서 있었다.

3) Halberstam, David. *War in a Time of Peace: Bush, Clinton, and the Generals.*

New York: Scribner, 2002, 265~66면. 모가디슈 전투로 인해 미군 쪽에서 18명의 사망자와 84명의 부상자가 발생했다. 소말리아인은 적어도 500명의 사망자와 700명 이상의 부상자가 발생했다.

4) Carpenter, Ted Galen. *Beyond NATO: Staying out of Europe's Wars.* Washington. DC: Cato Institute, 1994, 86면. 3자성명서는 1994년 1월 모스끄바에서 클린턴 대통령과 옐찐 대통령, 그리고 레오니드 끄랍추끄 우크라이나 대통령이 서명했다. 이 합의서에 따르면 끼예프가 7년 동안 단계적으로 핵병기를 폐기해야 했다.

5) Nuclear Threat Innitiative. "Ukraine." 2014년 8월 29일에 열람. 1991년에 독립하면서 우크라이나는 약 1,900기의 전략적 핵탄두와 2,000기의 전술적 핵무기를 포함하여 세계에서 세번째로 많은 핵병기를 보유하게 되었다. 거기에는 또한 SS-19 대륙간탄도미사일 130기, SS-4 대륙간탄도미사일 46기, 그리고 항공발사 크루즈 미사일을 탑재한 전략적 폭격기인 Tu-95 25대와 Tu-160 19대도 있었다.

6) Public Broadcasting Service. "Comments on the Nunn-Lugar Program." 2013년 12월 16일에 열람. 넌-루거 프로그램은 매해 미 국방예산의 일부를 사용하여 과거 소련에 속했던 국가들이 핵무기와 다른 대량살상무기를 해체하거나 안전하게 관리하는 일을 돕는다.

7) "Budapest Memorandums on Security Assurance, 1994." 5 December 1994. 2014년 8월 31일에 열람.

8) Devroy, Ann. "Clinton Nominates Aspin's Deputy as Pentagon Chief." *Washington Post*, 25 January 1994. 2014년 1월 5일에 열람. 클린턴 대통령은 1994년 1월 24일 월요일 윌리엄 J. 페리를 공식적으로 국방장관으로 지명했다.

9) Perry, William J. "Defense Secretary Nomination." C-SPAN. 13:23. 24 January 1994. 2014년 8월 29일에 열람.

10) "Unanimous Senate Confirms Perry as Defense Secretary." *Washington Post*, 4 February 1994. 2014년 1월 6일에 열람. 윌리엄 페리는 1994년 2월 3일에 97대 0의 만장일치로 상원에서 인준을 받았다.

13. 핵무기의 해체와 넌-루거 프로그램의 맥 잇기

1) Nunn, Sam. Interview with James McIntyre. CNN, Sevmash Shipyard,

Severodvinsk, Russia, 18 October 1996.

2) Bernstein, Paul, and Jason Wood. "The Origins of Nunn-Lugar and Cooperative Threat Reduction." *Case Study Series* 3. Washington, DC: National Defense University Press, April 2010. 2013년 1월 14일에 열람. 넌-루거 프로그램하에서 강력한 로켓을 해체하기 위해 미 대표단이 1994년부터 96년까지 우크라이나의 뻬르보마이스끄를 네번 방문했다. 첫번째 방문 때 미사일에서 핵탄두를 제거했고, 두번째 방문 때 미사일을 격납고에서 꺼내어 파괴했다. 세번째에 격납고를 파괴하고 그 지대를 복원했다. 네번째 그곳을 찾았을 때, 페리와 파벨 그라초프 러시아 국방장관과 발레리 슈마로프 러시아 국방장관은 예전에 10개의 핵탄두가 장착된, 미국을 겨냥한 미사일이 격납고에 들어 있던 그 자리에 해바라기를 심었다. 이제 거기에는 미사일 대신 환금작물인 해바라기가 자라는 것이다.

3) Sitovsky Family. 시똡스끼 가족이 윌리엄 J. 페리에게 보낸 편지. (영어로 번역)

4) Graham, Bradley. "US, Russia Reach Accord on Europe Treaty." *Washington Post*, 29 October 1995. 2014년 9월 4일에 열람.

5) United States Enrichment Corporation. "Megatons to Megawatts Program 95 Percent Complete." 24 June 2013. 2014년 2월 17일에 열람. 2013년 기준으로, 러시아의 고농축 우라늄(HEU)을 저농축 우라늄(LEU)으로 희석함으로써 만들어낸 상업용 원자로용 저농축 우라늄이 보스턴만 한 도시의 전기수요를 약 730년 동안 충당할 수 있게 되었다. 과거에 미국의 전기공급량 중 10퍼센트까지가 이러한 원료를 사용하는 핵발전소에서 생산되었다. 이 수치는 단지 뻬르보마이스끄의 핵무기만이 아니라 구소련 소유의 핵무기에서 빼낸 모든 우라늄을 기준으로 한 것이다.

6) Rosenberg, Steve. "WWII Arctic Convoy Veterans Recall 'Dangerous Journey.'" British Broadcasting Company, 30 August 2011. 2014년 2월 18일에 열람. 2차 세계대전에서 나치 독일이 소련을 침공한 후, 소련의 적군(赤軍)이 그것을 막아낼 수 있도록 서구 연합국에서 소련으로 보내는 탱크와 전투기, 연료, 탄약, 원자재, 식량, 그리고 그외 긴급보급품을 실어 나르기 위해 수송선들이 영국을 출발해 얼음이 뒤덮인 북극해를 거쳐 소련으로 항해했다.

7) Nunn, Sam. Interview with Jamie McIntyre. CNN, Sevmash Shipyard, Severodvinsk, Russia, 18 October 1996.

8) Hoffman, David. "The Bold Plan to Grab Soviet Uranium." *The Age* 23

(September 2009). 2014년 2월 25일에 열람. 사파이어 작전은 소련 붕괴 후 카
자흐스탄에 남겨진 거의 1,322파운드에 달하는 고농축 우라늄(24개의 핵폭탄
을 제조할 수 있는)을 확보하기 위한 임무의 암호명이었다.

9) Shields, John, and William Potter, eds. *Dismantling the Cold War: US and
NIS Perspectives on the Nunn-Lugar Cooperative Threat Reduction Program.*
Cambridge: MIT Press, 1997, 345~62면. "그런 결론에 도달하자, 나자르바예
프 대통령은 울바에 무기수준의 핵물질이 존재한다는 정보를 미국에 전달하
는 일을 승인했다. 그 정보가 1993년 8월 카자흐스탄의 미 대사인 윌리엄 코
트니에게 전해졌다. 1993년 10월 코트니 대사가 카자흐스탄의 고위관료들과
가진 심의과정을 통해 HEU를 제거하는 미-카자흐스탄 협력작업이 시작되
었다. (…) 미국은 1994년 2월까지는 울바의 상황을 직접적으로 확인할 수 없
었다. 에너지부의 오크 릿지 Y-12 발전소에 있는 핵기술자인 엘우드 기프트
가 거의 90퍼센트 순도의 U-235를 확인하자 (…) 3월 초에 미국의 핵비확산
고위관료 세명 — 국무부의 로버트 갈루치, 국방부의 애슈턴 카터, 국가 안전
보장회의의 댄 폰미너 — 의 회의를 거쳐 국방부가 주도하여 울바의 핵분열
물질을 확보하는 협력작업을 해나가기로 결정했다."

14. 북한 핵위기

1) "US Military Leader's War Outbursts." *Rodong Sinmun*(『로동신문』), 5 April
1994. translated by Dave Straub.

2) 위의 글.

3) Cosgrove, Peter. "Retired Army Gen. John Shalikashvili Dies." *USA Today*, 23
July 2011. 2014년 9월 4일에 열람. 존 샬리카시빌리 장군은 외국 출생으로 처
음 합참의장이 된 인물이다. 1993년부터 1997년까지 합참의장에 재임했다.

4) Kempster, Norman. "U.S. to Urge Sanctions for N. Korea : Strategy: National
security advisers meet after Pyongyang official storms out of nuclear arms talks
with Seoul. Clinton Administration also will pursue joint military maneuvers
with S. Korea". *Los Angeles Times*, 20 March 1994. 2014년 3월 28일에 열람. 제
재를 가하겠다는 미국의 위협을 받자, 박영수 북한 대표는 서울을 '불바다'로
만들어버리겠다고 협박하고는 한반도 비핵화를 논의하던 회담장에서 자리를
박차고 나가버렸다.

5) Scowcroft, Brent and Arnold Kanter. "Korea: Time for Action." *Washington*

Post, 15 June 1994. A25.「한국: 행동에 나서야 할 때」라는 1994년 기고문에서 스카우크로프트는 다음과 같이 적고 있다. "북한은 더이상의 재처리과정이 실행되고 있지 않음을 확증할 수 있도록 지속적이고 제한없는 IAEA의 감시를 허용해야 할 것이다. 그렇지 않으면 미국은 재처리능력 자체를 없애버릴 것이다. 잠재적인 군사행동은 그것이 필요하게 되었을 때 제한적으로 이루어지도록 계획하고 의도되지 않은 피해의 위험을 최소화하도록 신경 써서 작전을 짜야 한다. 그 점을 명확히 하고 나면, 필요할 경우 군사력을 사용할 용의가 있다는 사실을 분명히 해야 과거 북한의 핵협정 위반의 해결뿐 아니라 앞으로의 핵위협 방지 면에서 미국의 결단력을 북한에게 확실히 보여줄 수 있을 것이다."

15. START II의 비준과 핵실험금지조약을 둘러싼 밀고 당기기

1) Perry, William J. "Support START II's Nuclear Reductions." Speech, Moscow, Russia, 17 October 1996. Department of Defense. 2014년 9월 4일에 열람.

2) Collins, Cheryl. "Vladimir Zhirinovsky." *Encyclopaedia Britannica*, 26 May 2014. 2014년 9월 4일에 열람. 블라지미르 지리놉스끼는 러시아 정치가로서, 1989년 자신이 창립한 극우정당인 러시아자유민주당의 당수이다. 1993년 12월 지리놉스끼의 LDPR가 국회의원 선거에서 22.8퍼센트의 표를 얻으면서 서구세계를 경악케 했다. 1999년 국회의원 선거에서 후보자 명부의 최우선 후보자 세명 중 두명이 돈세탁으로 기소되면서 그 당의 후보자 명부가 무효처리되었다. 그러자 그는 다른 후보자 명부를 만들어 두마에서 17석을 확보했다. 2000년과 2004년에 두마 대변인으로 선출되었다.

3) Dobbs, Michael. "Senate Overwhelmingly Ratifies 1993 Arms Treaty with Russia." *Washington Post*, 27 January 1996. 2014년 3월 21일에 열람. 미 상원은 1996년 1월 26일 밤에 84대 7로 START II를 비준했다.

4) Pikayev, Alexander. "Working Papers: The Rise and Fall of START II, The Rusisan View." Carnegie Endowment for International Peace. No. 6, September 1999. 2014년 9월 25일에 열람. 페리의 발표 후 국수주의적인 러시아 자유민주당(블라지미르 지리놉스끼를 포함하여)은 이례적일 정도로 적대적인 방식으로 대응했다.

5) Keeny, Spurgeon, Jr. "Damage Assessment: The Senate Rejection of the CTBT." *Arms Control Today* 29:6 (1999), 9~14면. 2014년 3월 21일에 열람.

1992년 9월 23일, 미국은 1,030번째이자 마지막 핵무기 실험을 시행했다.

6) Ottaway, David. "War Games in Poland Proposed." *Washington Post*, 8 January 1994. 2014년 3월 21일에 열람. 1995년에 대통령은 지하 핵실험을 하지 않고도 미국의 핵무기를 안전하고 믿을 수 있는 상태로 유지하기 위해 비축량에 대한 연례평가와 보고를 의무화했다. 이어서 2003년 회계연도에 의회는 비축량에 대한 연례평가과정을 국방수권법 3141조로 법제화했다. 이 조항은 에너지부 장관과 국방부 장관이 매해 3월 1일에 대통령에게 연례평가의 결과에 대한 일괄보고서를 제출할 것을 의무화했다.

16. 나토와 보스니아의 평화유지 작전, 그리고 러시아와의 안보유대관계 생성

1) Kozaryn, Linda. "Joe Kruzel, DoD's Peacemaker." *American Forces Press Service*, 24 January 1995. 2014년 3월 3일에 열람. 조 크뤼젤이 국방부에서 유럽과 나토정책을 위한 부차관보로서 처음 맡은 임무 중 하나가 구 바르샤바 조약 가입국들이 나토와 가까워질 수 있도록 평화를 위한 동반자라는 프로그램을 고안한 것이다. 그에 앞서 조는 해럴드 브라운 국방장관의 특별보좌관과 에드워드 케네디 상원위원의 국방외교 입법보좌관으로 일했다. 1995년 8월 두명의 다른 협상가와 함께 병력수송 장갑차를 타고 사라예보로 향하던 중에 사라예보 외곽에서 비로 인해 지반이 약해진 도로가 내려앉으면서 장갑차가 500미터 언덕 아래로 구르는 사고가 나서 사망했다.

2) The Marshall Center. "About Marshall Center." 2014년 1월 13일에 열람. 1993년 6월 5일에 독일의 가미쉬-파르텐키르헨에서 공식적으로 헌정된 마셜 센터는 북미와 유럽, 유라시아 간의 대화와 상호이해를 증진하는 유명한 국제 안보 및 국방 연구소다.

3) Asia-Pacific Center for Security Studies. "History and Seal of the APCSS." 2014년 3월 3일에 열람. 안보연구를 위한 조지 C. 마셜 유럽센터를 따라 창설된 아시아태평양안보연구소(센터)는 1995년 9월 4일에 정식으로 문을 열었고, 윌리엄 J. 페리와 존 M. 샬리카시빌리 장군이 개관식에 참석했다.

4) William J. Perry Center for Hemishpheric Defense Studies. "About William J. Perry Center for Hemispheric Defense Studies." 서빈구국방연구센터는 1996년 아르헨티나의 바릴로체에서 열린 2차 국방장관회의 때 페리가 제안해서 1997년 9월 17일에 창설되었다. 2013년에 '서반구 국방연구 윌리엄 J. 페리 연구소'로 명칭을 바꿨다.

5) North Atlantic Treaty Organization. "Peace Support Operations in Bosnia and Herzegovina." 5 June 2012. 2014년 9월 4일에 열람. 나토가 처음으로 보스니아와 헤르체고비나에서 주요 위기대응·작전을 시작한 것은 1995년에 나토주도의 평화이행군(IFOR)으로, 그리고 1년 후 평화안정화군(SFOR)으로서였다. 이 임무에는 총 36개국의 동맹국과 동반자국이 군대를 파견했다.

6) Churchill, Winston. "Give Us the Tools." Speech, London, 9 February 1941, paraphrased in Thatcher, Margaret. "Speech to the Aspen Institute." Aspen, 4 August 1995. 2014년 9월 4일에 열람. 마거릿 새처 수상이 연설에서 인용한 문장은 '우리에게 도구를 주면 우리가 알아서 처리할 겁니다'였는데, 실제 윈스턴 처칠의 연설 속 문장은 '우리에게 도구를 주십시오. 그러면 우리가 알아서 처리하겠습니다'였다.

7) Perry, William J. Day Notes. 런던회담은 보스니아에 대한 최후통첩으로 마무리되었는데, 그것은 본질적으로 16개국의 외무장관과 국방장관과 국방부 수장을 포함한 참가국들이 미-영-프 3자의 합의를 지지한 방식이었다. 거기에는 러시아와 연락 그룹의 회원들, 지상군 파병국, 나토, 유럽연합, 유엔 등이 포함되어 있었다. 런던회담 후 페리는 대통령에게 보낸 보고서에서 국제사회의 최후통첩에 대해 설명했다. 그것은 고라즈데가 공격을 받게 되면, 혹은 그런 공격이 임박해 보이면 바로 공습을 감행하여 세르비아인들이 그 공격행위를 중단하게 만들 정도의 타격을 줄 것이라는 내용이었다.

8) Clinton, Bill. "Dayton Accords." *Encyclopaedia Britannica*. 2014년 9월 4일에 열람. 데이튼 합의는 1995년 11월 21일에 보스니아와 크로아티아와 세르비아의 대통령들이 한 평화합의문으로서, 보스니아의 전쟁을 종결하고 보스니아와 헤르체고비나에서의 평화를 위한 기본틀 협약의 개요를 잡았다.

9) Holbrooke, Richard. *To End a War*. New York: Random House, 1998.

10) Patton, George. Speech, Los Angeles, 1945, quoted in Case, Linda. *Bold Beliefs in Camouflage: A-Z Briefings*. Neche, ND: Freisen Press, 2012, 187면. 이 말은 2차 세계대전 직후 조지 패튼 장군이 연설에서 인용한 것을 포함하여 많은 위대한 인물들이 따다 사용했는데, 『손자병법』에서 나왔다고도 하고 인도 민족주의자 네루의 딸인 판디트의 격언이라고도 하고 로마에서 나온 것이라고도 한다.

11) The George C. Marshall Foundation. "The Marshall Plan." 2104년 9월 4일에 열람. 1947년 6월 5일의 연설로 세상에 알려진 마셜플랜(공식적으로는 유럽

부흥계획)은 주로 서구의 기운과 경제를 부흥하기 위한 것이었다. 독일을 포함한 16개국이 계획에 참여하여 미국의 경제협력국을 통해 제공되는 행정적·기술적 지원을 받아 나라별로 자신들에게 필요한 지원을 정했다.

17. "오점 없이 완벽한" 아이티 침공작전과 서반구 안보를 위한 연대구축

1) *National Security Issues in Science, Law and Technology*, ed. T. A. Johnson. Boca Raton: CRC Press, 2007.

2) United States Institute of Peace. "Truth Commission: Haiti." 2014년 9월 4일에 열람. 장 베르트랑 아리스티드 아이티 대통령은 1991년 9월 군부 쿠데타로 축출되었다. 군부 지도자인 라울 세드라스는 셀 수 없이 많은 인권침해를 자행하며 억압체제를 지속했다. 아리스티드는 1993년에 다시 정권을 잡았으나 군부의 저항으로 1994년 7월이 되어서야 유엔의 지지와 2만명의 미 병력의 도움을 받아 정식으로 대통령직에 복귀했다.

3) Girard, Philippe. *Peacemaking, Politics, and the 1994 US Intervention in Haiti. Journal of Conflict Studies 24:1 (2004); and Ballard, John. Upholding Democracy: The United States Military Campaign in Haiti, 1994-1997.* Westport, CT: Praeger, 1998. 61~84면. 아이티의 군사개입 방법으로 애초에는 세가지 별개의 작전이 있었다. 180합동특수임무부대와 제82공수사단으로 하여금 아이티로 치고 들어가도록 하는 OPLAN 2370과, 190합동특수임무부대와 제10산악부대를 순전히 평화유지군으로 들여보내는 OPLAN 2380, 그리고 두 작전을 통합해서 운영하는 OPLAN 2375가 그것이다. 1994년 9월 18일, 82공수사단의 낙하산 부대원들을 잔뜩 실은 비행기들이 노스캐롤라이나의 포트브랙 근처 포프 공군기지에서 일제히 이륙했고, 동시에 두척의 항공모함을 포함한 작전 중 함대가 아이티를 향해 전진했다. 하지만 작전수행 미군이 상륙하기 불과 몇시간 전에 카터 전 대통령이 대표로 있는 클린턴 대통령의 협상 팀이 군부가 앉혀놓은 에밀 쥬네샹 대통령과의 협상에 성공했고 그로써 작전은 취소되었다. 카터-쥬네샹 합의는 장 베르트랑 아리스티드 아이티 대통령에게 다시 정권을 이양하는 대신 정치사면을 제공했다. 군사작전은 다 합해서 2만명 이상의 부대가 동원되었고 대부분은 육군이었다.

4) US Congress. House of Representatives. H.R. 4310, *National Defense Authrization Act for Fiscal Year* 2013. 112th Cong., 2nd Sess., 2012. H. Act. H.R. 4310. 서반구 국방연구센터는 2013년 회계 연도에 국방수권법의 2854조항에

따라 '서반구 국방연구 윌리엄 J. 페리 연구소'로 명칭을 바꿨다.

18. 군사역량과 삶의 질 간의 '철의 논리'

1) Kozaryn, Linda D. "Secretary and Top NCOs Keep DoD's Focus on Quality of Life." *American Forces Press Service*, 26 July 1995. 2014년 1월 14일에 열람. "약 3년 전 군 상급부사관들과 함께 군부대를 방문하기 시작한 후 윌리엄 J. 페리 국방장관은 내내 삶의 질을 개선하는 데 역점을 두어왔고, 앞으로도 계속 그럴 의도다."

2) US Office of the Assistant Secretary of the Army, Installations, Energy and Environment. *Privatizing Military Family Housing: A History of the U.S. Army's Residential Communities Initiative, 1995-2010*, by Matthew Godfrey and Paul Sadin. Washington, DC; GPO, 2012. 2014년 9월 15일에 열람.

19. 무기여 잘 있거라

1) Kozaryn, Linda D. "President, Armed Forces Bid Perry Farewell." *American Forces Press Service*, 17 January 1997. 2014년 1월 14일에 열람. "오마 브래들리에 대해서 그가 GI의 장군이었다고들 했습니다." 존 M. 샬리카시빌리 장군이 말했다. "그렇다면 빌 페리는 확실히 GI의 국방장관이었습니다."

2) The Freeman Spogli Institute for International Studies at Stanford University. "Preventive Defense Project." 2014년 1월 21일에 열람. 예방적 국가방위(PDP) 는 스탠퍼드와 하버드에서 각각 행해지는 합동 벤처 프로그램으로 윌리엄 J. 페리와 애슈턴 B. 카터가 1997년 창설했다.

3) Carter, Ashton, and William J. Perry. *Preventive Defense: A New Security Strategy for America.* Washington, DC: Brookings Institute Press, 1999.

20. 러시아와의 안보유대관계의 단절

1) Friedman, Thomas L. "World Affairs; Now a Word from X." *New York Times*, 2 May 1998. 2015년 7월 22일에 열람. 이 인용은 1952년 모스끄바 주재 미 대사였던 조지 케넌과의 인터뷰에서 따온 것으로, 그는 'X'라고 서명하여 *Foreign Affairs*에 익명으로 기고한 글에서 40년간 미국에서 수행한 냉전적 견제를 분명하게 그려 보였다.

2) Stanford University, Center for International Security and Cooperation.

"Siegfried S. Hecker, PhD." 2014년 8월 31일에 열람. 지그프리드 S. 헤커는 현재 경영공학과 교수(연구교수)이자 프리먼 스포글리 국제관계연구소(FSI)의 선임연구원이다. 2007년부터 2012년까지 CISAC의 공동소장을, 1986년부터 1997년까지는 로스앨러모스 국립연구소의 다섯번째 소장을 역임했다. 그는 세계적으로 명망있는 플루토늄 분야와 전지구적 위협감축, 핵안보분야의 전문가이다.

3) "Russia Can Turn US to Radioactive Ash-Kremlin-Backed Journalist." *Reuters*, 16 March 2014. 2014년 11월 19일에 열람. 2014년 3월 16일 모스끄바에서 정부가 통제하는 TV에 나와 드미뜨리 키셀료프가 한 연설. 2013년에 뿌찐은 러시아를 호의적으로 그리는 새로운 국영통신사의 사장으로 키셀료프를 임명했다.

21. 중국과 인도, 파키스탄, 이란과 공통기반 찾기

1) Findings from a US-Pakistan Dialogue(원문 변형): Regional Security Working Group, chaired by William J. Perry and George P. Schultz, held at Stanford University, 23-24 August 2012.

22. 대북정책 심사

1) US Department of State, Office of the North Korea Policy Coordinator. Review of United States Policy towards North Korea: Findings and Recommendations, by William J. Perry, 12 October 1999. 2014년 3월 28일에 열람.

2) US Department of State. "Madeleine Korbel Albright." 2014년 3월 31일에 열람. 매들린 올브라이트는 1993년에서 1996년까지 유엔의 미국 상임대표였다. 1996년 12월 5일 클린턴 대통령이 국무장관으로 지명했다. 그때 그녀는 미국 최초의 여성 국무장관이자 미국 정부 역사상 가장 최고의 지위에 오른 여성이었다.

3) "US Military Leader's War Outbursts." *Rodong Sinmun*(『로동신문』), 5 April 1994. translated by Dave Straub.

4) "Perry and Oldest Grandson Heartily Cheer Soccer Match." *Chosun Ilbo*(『조선일보』), 28 March 1999.

5) Academy of Achievement. "Jeong Kim." 2014년 4월 1일에 열람. 1992년 김정은 선진적인 데이터 전송을 전문으로 하는 회사인 유리 씨스템을 세웠다. 6년

후 유리 씨스템을 10억 달러 이상의 값으로 루슨트 테크널러지에 매각하는 데 동의했다. 그리고 루슨트로 들어가 여러 부문을 동시에 담당했다. 후에 벨 연구소 소장이 되었다.

6) Academy of Achivement. "General Colin L. Powell." 2014년 4월 1일에 열람. 콜린 파월은 국가 안보보좌관과 합참의장을 역임한 쟁쟁한 군경력에 이어 2001년에 국무장관이 되었다. 2004년에 사임했다.

7) Mufson, Steven. "Bush to Pick up Clinton's Talks." *Washington Post*, 7 March 2001.

8) White House, Office of the Press Secretary. "Joint US-Japan-Rok Trilateral Statement." 26 October 2001. 2014년 4월 3일에 열람.

9) The National Defense Commission (DPRK), quoted in Hyung-Jin Kim, "North Korea Plans Nuclear Test, Says Its Rockets Are Designed to Hit U.S." *San Jose Mercury News*, 24 January 2013. 2014년 4월 3일에 열람.

23. 이라크에서의 대실책

1) Ricks, Thomas. *Fiasco: The American Military Adventure in Iraq.* London: Penguin Press, 2006. Ch. 1.

2) US Department of Defense. "Dr. Robert M. Gates, 22nd Secretary of Defense." 2014년 2월 25일에 열람. 로버트 M. 게이츠 박사는 22번째 국방장관으로 재직했는데, 새로 대통령이 선출된 뒤에도 계속 자리를 지킨 유일한 국방장관이다. 2006년부터 2011년까지 장관직을 수행했다.

24. 핵안보 프로젝트

1) Obama, Barack. "Remarks by President Barack Obama." Speech, Prague, Czech Republic, 5 April 2009. The White House: Office of the Press Secretary. 2014년 8월 31일에 열람.

2) Brookings Institute. "James E. Goodby." 2014년 4월 7일에 열람. 제임스 E. 굿바이는 1952년에 외무부에 들어갔다. 고위급 외무부(Senior Foreign Service)에서 장관급의 지위까지 올라갔고 대통령이 임명하는 대사급 지위에 다섯번 지명되었다. 공직생활 내내 굿바이는 협상가나 정책고문으로 일하면서 국제원자력기구의 창설, 제한적 핵실험금지와 START, 유럽비핵화 회의, 협력적 위협감축(넌-루거 프로그램)의 협상에 참여했다.

3) Stanford University, Hoover Institute. "Reykjavik Revisited: Steps toward a World Free of Nuclear Weapons." October 2007. 2014년 4월 7일에 열람. '레이캬비크 재고'라는 제목의 이 컨퍼런스는 2006년 10월 11일과 12일 이틀간 스탠퍼드의 후버연구소에서 열렸다.

4) Schudel, Matt. "Max Kampelman, Top Nuclear Adviser during Cold War, Dies at 92." *Washington Post*, 26 January 2013. 2014년 4월 7일에 열람. 맥스 M. 캠플먼은 오랫동안 변호사와 정치 고문을 역임하면서 냉전시대 최고 외교관이 되었다. 허버트 험프리 상원의원(미네소타주 민주당)을 돕는 일로 시작해서 중국에는 린든 존슨 행정부의 부통령이 되었다. 후에 레이건 행정부의 주요 외교관이 되었다. 1980년대에 캠플먼은 오랫동안 지속된 국제협상을 이끌었는데, 하나가 1981년에서 83년까지의 안보와 협력을 위한 마드리드 회의이고, 다른 하나가 1991년에 첫번째 START 협정을 조인할 때까지 미국과 소련 사이에서 핵무기의 제한을 두고 지속되었던 논의였다.

5) Shultz, George P., William J. Perry, Henry Kissinger, and Sam Nunn. "A World Free of Nuclear Weapons." *Wall Street Journal*, 4 January 2007. 2014년 4월 31일에 열람.

6) Shultz, George P., William J. Perry, Henry Kissinger, and Sam Nunn. "Toward a Nuclear-Free World." *Wall Street Journal*, 15 January 2008. 2014년 8월 31일에 열람.

7) *Last Best Chance*. Directed by Ben Goddard. Berkeley: Bread and Butter Productions, 2005.

8) *Nuclear Tipping Point*. Directed by Ben Goddard. Nuclear Security Project, 2010.

9) Nuclear Threat Initiative. "Nuclear Tipping Point Premere." 2014년 4월 8일에 열람. 2010년 1월 27일에 로스앤젤레스 유니버설 스튜디오에서 있었던 *Nuclear Tipping Point* 시사회.

10) Taubman, Philip. *The Partnership: Five Cold Warriors and Their Quest to Ban the Bomb*. New York: Harper, 2012.

11) Obama, Barack. "Remarks by President Barack Obama." Speech, Prague, Czech Republic, 4 April 2009. The White House: Office of the Press Secretary. 2014년 8월 31일에 열람.

12) Kessler, Glenn, and Mary Beth Sheridan. "Security Council Adopts Nuclear

Weapons Resolution." *New York Times*, 24 September 2009. 2014년 4월 7일에 열람. 2009년 9월 24일, 유엔 안전보장이사회는 미국이 초안을 작성한 핵무기 결의안을 만장일치로 채택했다. 이 결의안은 오바마 대통령이 '핵무기 없는 세상'을 향해 나아가기 위해 필수적이라고 본 많은 단계적 조치들을 인정했다.

13) International Commission on Nuclear Non-proliferation and Disarmament. "About the Commission." 2014년 4월 8일에 열람. 핵비확산과 군축을 위한 국제 위원회는 일본과 호주정부의 합동계획이다. 2008년 6월 9일 교토에서 케빈 러드 호주 수상이 제안하여, 7월 9일에 러드 수상과 후꾸따 야쯔오 일본 수상이 위원회를 조직하는 데에 합의했다.

14) Shultz, George P., William J. Perry, Henry Kissinger, and Sam Nunn. "Next Steps in Reducing Nuclear Risks: The Place of Nonproliferation Work Today Doesn't Match the Urgency of the Threat." *Wall Street Journal*, 6 March 2013. 2014년 11월 19일에 열람.

15) Sagan, Scott. *The Limits of Safety: Organizations, Accidents, and Nuclear Weapons*. NJ: Princeton University Press, 1993.

16) Schlosser, Eric. *Command and Control: Nuclear Weapons, the Damascus Accident, and the Illusion of Safety*. New York: Penguin Press, 2013.

25. 앞으로 전진

1) Faulkner, William. Speech, Stockholm, Sweden, 10 December 1950. Nobel-prize.org. 2014년 8월 31일에 열람.

2) Kennedy, John F. Speech, American University, Washington, DC, 10 June 1963. 케네디 대통령은 졸업식 연설에서 핵실험 방지조약에 미국과 함께 나설 것을 소련에 촉구했다. American.edu. 2013년 10월 21일에 열람.

윌리엄 J. 페리 William James Perry
미국 스탠퍼드대학 명예교수. 1927년 태어나 1957년 펜실베이니아주립대학에서 수학 박사 학위를 받았다. 이후 통신 및 군기술 분야의 민간회사 경영진으로 있다가, 1977년 카터 행정부에서 국방부 연구기술 차관으로 임명되었고 스텔스기 개발을 적극 추진하는 데 앞장섰다. 클린턴 행정부에서 국방장관을 역임했다. 이후 대북조정관 시절에 내놓은 '페리 프로세스' (Perry Process)는 북한 비핵화에 대한 포괄적 해결 방안으로서 북미관계 정상화와 한반도 평화체제를 위한 대표적 보고서로 꼽힌다. 공직에서 은퇴한 뒤에도 대북정책뿐 아니라 미 외교정책의 영향력 있는 원로로서 활동하며 균형감 있는 조언을 내왔다.

정소영 鄭素永
번역가, 영문학자. 용인대 영어과 교수로 재직했으며, 옮긴 책으로『십자가 위의 악마』『절망의 끝에서 세상에 안기다』『일곱 박공의 집』『사랑의 길』『미국, 변화인가 몰락인가』(공역) 등이 있다.

월리엄 페리 회고록
핵 벼랑을 건너다

초판 1쇄 발행 / 2016년 11월 18일

지은이 / 윌리엄 J. 페리
옮긴이 / 정소영
펴낸이 / 강일우
책임편집 / 안덕희 · 박대우
조판 / 박아경
펴낸곳 / (주)창비
등록 / 1986년 8월 5일 제85호
주소 / 10881 경기도 파주시 회동길 184
전화 / 031-955-3333
팩시밀리 / 영업 031-955-3399 편집 031-955-3400
홈페이지 / www.changbi.com
전자우편 / human@changbi.com

한국어판 ⓒ (주)창비 2016
ISBN 978-89-364-8607-5 03300